# Muttersprache 10

Herausgegeben von Viola Oehme

Erarbeitet von
Thomas Hopf, Brita Kaiser-Deutrich,
Sylke Michaelis, Viola Oehme, Gerda Pietzsch,
Bianca Ploog, Cordula Rieger, Adelbert Schübel,
Ute Schultes, Carola Schumacher,
Wiebke Schwelgengräber, Bernd Skibitzki,
Viola Tomaszek

**VOLK UND WISSEN**

Zu diesem Buch gibt es ein passendes **Arbeitsheft** (ISBN 978-3-06-061778-4).

Herausgeber, Autoren und Redaktion danken Thomas Brand (Berlin), Kristina Bullert (Sachsen-Anhalt), Simone Fischer (Sachsen), Hannelore Flämig (Brandenburg), Petra Schonert (Thüringen), Silvia Teutloff (Sachsen-Anhalt) und Bernd Skibitzki (Sachsen) für wertvolle Anregungen und praktische Hinweise bei der Entwicklung des Manuskripts.

**Redaktion:** Gabriella Wenzel
**Bildrecherche:** Angelika Wagener
**Illustration:** Bianca Schaalburg, Berlin
**Umschlaggestaltung:** werkstatt für gebrauchsgrafik, Berlin
**Typografisches Konzept, Satz und Layout:**
Farnschläder & Mahlstedt, Hamburg

**www.cornelsen.de**

Die Links zu externen Webseiten Dritter, die in diesem Lehrwerk angegeben sind, wurden vor Drucklegung sorgfältig auf ihre Aktualität geprüft. Der Verlag übernimmt keine Gewähr für die Aktualität und den Inhalt dieser Seiten oder solcher, die mit ihnen verlinkt sind.

Dieses Werk berücksichtigt die Regeln der reformierten Rechtschreibung und Zeichensetzung. Bei den mit [R] gekennzeichneten Texten haben die Rechteinhaber einer Anpassung widersprochen.

1. Auflage, 2. Druck 2014

Alle Drucke dieser Auflage sind inhaltlich unverändert und können im Unterricht nebeneinander verwendet werden.

© 2013 Cornelsen Schulverlag GmbH, Berlin

Das Werk und seine Teile sind urheberrechtlich geschützt. Jede Nutzung in anderen als den gesetzlich zugelassenen Fällen bedarf der vorherigen schriftlichen Einwilligung des Verlages. Hinweis zu den §§ 46, 52a UrhG: Weder das Werk noch seine Teile dürfen ohne eine solche Einwilligung eingescannt und in ein Netzwerk eingestellt oder sonst öffentlich zugänglich gemacht werden. Dies gilt auch für Intranets von Schulen und sonstigen Bildungseinrichtungen.

**Druck:** Mohn Media Mohndruck, Gütersloh

ISBN 978-3-06-061728-9

PEFC zertifiziert
Dieses Produkt stammt aus nachhaltig bewirtschafteten Wäldern und kontrollierten Quellen.
www.pefc.de
PEFC/04-31-1033

# Inhalt

Was weißt du noch aus Klasse 9? 6

## Zuhören – Sprechen – Schreiben

**Gespräche führen** 8
Informelle Gespräche führen 8
Formelle Gespräche führen 11
Was habe ich gelernt? 13

**Sich mündlich mit Problemen auseinandersetzen – Diskutieren** 14
Was habe ich gelernt? 16

**Sich schriftlich mit Problemen auseinandersetzen – Erörtern** 17
Textunabhängige (freie) Erörterungen schreiben 17
Textbezogene (textgebundene) Erörterungen schreiben 20
Was habe ich gelernt? 25
Prüfungsaufgaben lösen: Eine Erörterung schreiben 26

**Erzählen** 27
Eindrücke wiedergeben – Schildern 27
Prüfungsaufgaben lösen: Eine Schilderung schreiben 29

**Beschreiben** 30
Was habe ich gelernt? 33

**Präsentieren** 34
Was habe ich gelernt? 38

**Mitteilungen verfassen** 39
Leserbriefe schreiben 39
Offizielle Briefe schreiben 42
Was habe ich gelernt? 43
Formulare ausfüllen 44
Was habe ich gelernt? 46

**Sich bewerben** 47
Informationen zu Berufen einholen 47
Bewerbungsunterlagen zusammenstellen 51
Online-Bewerbungsformulare ausfüllen 53
Vorstellungsgespräche führen 54
Was habe ich gelernt? 54

**Facharbeiten schreiben** 55
Was habe ich gelernt? 60

## Mit Texten und Medien umgehen

**Mit literarischen Texten umgehen** 61
Mit epischen Texten umgehen 61
Mit lyrischen Texten umgehen 67
Mit dramatischen Texten umgehen 73
Was habe ich gelernt? 76
Prüfungsaufgaben lösen: Einen literarischen Text interpretieren 77
Literarische Texte gestaltend erschließen 78
Was habe ich gelernt? 83
Prüfungsaufgaben lösen: Einen Text gestaltend erschließen 84

**Sachtexte erschließen** 85
Informationen aus Texten und Grafiken entnehmen 85
Textbeschreibungen zu Sachtexten verfassen 89
Was habe ich gelernt? 91
Gesetzestexte lesen und verstehen 92
Was habe ich gelernt? 93
**Teste dich selbst!** 94
Prüfungsaufgaben lösen: Einen Sachtext erschließen 96

**Mit Medien umgehen** 97
Mit humoristischen Elementen spielen 97
Was habe ich gelernt? 104

## Über Sprache nachdenken

**Wortarten und Wortformen** 105
Verben 105
    Die Modusformen des Verbs 105
    Aktiv und Passiv 112
Interjektionen 114
Wortarten und Wortformen im Überblick 115

**Satzbau und Zeichensetzung** 116
Der einfache Satz 116
Der zusammengesetzte Satz 117
    Die Satzreihe (Parataxe) 117
    Das Satzgefüge (Hypotaxe) 118
Die Kommasetzung im Überblick 123
Das Semikolon 127

Satz- und Textgestaltung 128
    Mittel der Verknüpfung von Sätzen und Teilsätzen 128
    Mittel der Verdichtung und Auflockerung 130
    Die Ellipse 132
Zitieren 133

**Wortbildung 136**
Zusammensetzungen (Komposita) 137
Ableitungen 138

**Wortbedeutung 139**

**Sprache und ihre Wirkung 143**
Teste dich selbst! 150

## Richtig schreiben

**Fehlerschwerpunkte erkennen – Fehler korrigieren 152**
Über Rechtschreibung nachdenken –
Rechtschreibwissen anwenden 152
Fehlerschwerpunkte in Bewerbungen erkennen –
Fehler vermeiden 158
Rechtschreibprogramme nutzen –
Wörter und Regeln nachschlagen 160

**Groß- und Kleinschreibung 164**
Grundregeln 164
Die Schreibung von Eigennamen 166

**Getrennt- und Zusammenschreibung 167**
Grundregeln 167
Die Schreibung von Straßennamen 170

**Fremdwörter 172**
Teste dich selbst! 176
Prüfungsaufgaben lösen: Sprachwissen und Sprachbewusstsein 178

Merkwissen 179    Lösungen zu den Tests 209
Quellenverzeichnis 212    Sachregister 215

# Was weißt du noch aus Klasse 9?

**1** Lies den folgenden Text und notiere, was der Begriff *littern* bezeichnet.

### Kaugummi, Kippen und Kaffeebecher
*Müll im Stadtbild soll mit psychologischen Tricks verhindert werden*

Mike Drobny vom Straßenreinigungsdienst Hannover kennt diesen Anblick: herumliegenden Müll. »Das Leben ist stressiger geworden. Also, die Leute nehmen sich nicht mehr die Zeit, zu Hause in Ruhe
5 mal den Kaffee zu trinken. Nein, die rennen los, kaufen sich unterwegs einen Kaffee. Ja, und dann fliegt der Becher auch mal auf die Straße, weil sie gar keine Zeit haben, um mal zu gucken, ob da ein Papierkorb hängt.« Pizzaschachteln, Pommesreste, Plastikteller – die Take-Away-Kultur hinterlässt ihre hässlichen Spuren. »Littering«
10 sagen Experten zu dem Phänomen und meinen damit das achtlose Wegwerfen beziehungsweise Liegenlassen von Müll im öffentlichen Raum. Ein Problem, das in den vergangenen Jahren erheblich zugenommen hat. »Die Menschen sind globalisierter, sind beweglicher, sind mehr im öffentlichen Raum. Das heißt, es gibt mehr, was gelit-
15 tert werden könnte.« So die Beobachtung von Kornelia Hülter vom Zweckverband Abfallwirtschaft der Region Hannover.

Warum lassen so viele Menschen ihren Müll achtlos liegen? Und wie könnte diese Entwicklung in geordnete Bahnen gelenkt werden? Reinigungsdienste aus mehreren Städten beauftragten die Hum-
20 boldt-Universität Berlin mit einer Studie, um eine saubere Antwort zu finden. Dr. Rebekka Gerlach vom Institut für Psychologie befragte erst einmal Menschen, die quasi »in flagranti« beim Littern erwischt wurden: »Dann sagen die, ja also, es war vor allem Bequemlichkeit, aber vor allem war es so, dass kein Abfallbehälter in der Nähe war. Ja,
25 und dass ich in Eile war.« Interessant ist auch dieser Befund: Sind die Plätze extrem sauber und gepflegt, lassen die Menschen keinen Müll fallen. Hier scheint die Hemmschwelle sehr hoch zu sein. In 40 Prozent der beobachteten Littering-Fälle standen die Abfallbehälter maximal zehn Meter entfernt. Kurioserweise rangiert das Argument
30 »Kein Abfallbehälter in der Nähe« ganz oben bei den Müllverursachern. Klarer Fall für die Experten: Mit mehr Abfallbehältern ist das Problem »Littering« nicht zu lösen. Aber sichtbarer sollten sie schon sein, die Abfallbehälter. Dr. Rebekka Gerlach: »Und interessant war hier allein schon die auffälligere Gestaltung von Abfallbehältern –
35 die hatten wir mit so einer reflektierenden Bauchbinde versehen –,

dass die allein schon dazu führte, dass die Menschen weniger litterten. Und wenn man das Ganze noch kombinierte mit einer Plakatkampagne, die also die Menschen um ihre Mithilfe bei der Sauberhaltung einer Stadt bat, dann wurde das Ganze noch potenziert.«

*Michael Engel*

**2** Notiere in ein bis zwei Sätzen das Problem, das im Text aufgeworfen wird.

**3** Lege eine Tabelle nach folgendem Muster an und ordne die Einrichtungen A bis C und die Aussagen 1 bis 3 den Personen richtig zu.

| Person | Einrichtung | Aussage |
|---|---|---|
| Kornelia Hülter<br>Mike Drobny<br>Dr. Rebekka Gerlach | | |

A Institut für Psychologie, Humboldt-Universität Berlin
B Zweckverband Abfallwirtschaft der Region Hannover
C Straßenreinigungsdienst Hannover

1 Litterer begründen ihr Verhalten unter anderem damit, in Eile und zu bequem zu sein.
2 Den Leuten fehlt die Zeit und Ruhe, ihren Müll in die vorgesehenen Abfallbehälter zu werfen.
3 Weil die Menschen viel mobiler sind, gibt es mehr wegzuwerfen.

**4** Nenne mindestens zwei Lösungsmöglichkeiten für das im Text genannte Problem und begründe jeweils.

**5** Bestimme, ob es sich in den folgenden Sätzen um Formen des Aktivs (**A**), des Vorgangs- (**VP**) oder des Zustandspassivs (**ZP**) handelt.

1 Der Müll wird auf der Straße zusammengeschoben und aufgeladen.
2 Viele Menschen kaufen sich Essen und Trinken zum Mitnehmen und lassen ihren Müll liegen.
3 Meist sind genug Abfallbehälter aufgestellt, aber die Leute nutzen sie nicht.

# Gespräche führen

## Informelle Gespräche führen

> **Informelle Gespräche**, z. B. in der Familie oder unter Freunden, erfolgen ungeplant. Sie ergeben sich aus der Situation und zufälligen Begegnungen.

a  Überlegt, worüber sich die Personen unterhalten könnten.

b  Tragt zusammen, was unter Kommunikation zu verstehen ist und welche Aufgaben sie erfüllt.

> Sind die Gesprächspartnerinnen/-partner annähernd gleichberechtigt, haben sie in etwa die gleichen Redeanteile und beeinflussen das Gespräch gleichermaßen, spricht man von **symmetrischer Kommunikation**. Besteht zwischen ihnen Distanz und wird das Gespräch von einer oder einzelnen Personen bestimmt, spricht man von **asymmetrischer** (komplementärer/ergänzender) **Kommunikation**.

c  Schätzt ein, ob es sich in den Situationen von Aufgabe a um symmetrische oder asymmetrische (komplementäre) Kommunikation handelt. Begründet eure Meinungen mithilfe des Merkkastens.

2  Beurteilt, ob das folgende Gespräch zwischen Mutter und Sohn gelungen ist. Bestimmt dazu die Sach- und die Beziehungsebene.

*In deinem Zimmer sieht es aus wie bei Hempels unterm Sofa.*

*Mir gefällt's.*

Informelle Gespräche führen 9

 **3** Manchmal führt ein Gespräch nicht zum gewünschten Erfolg. Der Kommunikationswissenschaftler Friedemann Schulz von Thun hat ein Modell entwickelt, das mögliche Ursachen erklärt.

a Betrachtet Schulz von Thuns Modell und erklärt es euch gegenseitig.

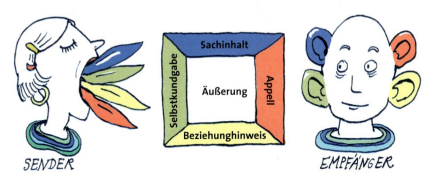

b Stellt Vermutungen an, warum in Aufgabe 2 (S. 8) die Kommunikation aus der Sicht der Mutter gescheitert ist.

> **!** In Gesprächen hat jede Äußerung vier Bestandteile. Die **Äußerung des Senders (der Sprecherin / des Sprechers)** enthält:
> - einen **Sachinhalt** (eine Aussage), z. B.: *Das Zimmer ist unordentlich.*
> - eine **Selbstkundgabe** (Hinweise auf die Situation oder die Gefühle des Sprechers), z. B.: *Mir gefällt die Unordnung in deinem Zimmer nicht.*
> - einen **Appell** an den Empfänger (Hörer), z. B.: *Räum dein Zimmer auf!*
> - einen **Beziehungshinweis** (Hinweis auf das Verhältnis zwischen Sender und Empfänger), z. B.: *Ich bin deine Mutter und darf dir Anweisungen geben.*

**4** Analysiere die folgenden Äußerungen und formuliere die jeweils möglichen enthaltenen Botschaften der Sprecherin / des Sprechers.

1 Ich habe dir schon fünf SMS geschickt.
2 Das Essen duftet köstlich.
3 Du bist das erste Mal pünktlich in dieser Woche.
4 Ich verstehe diese Aufgaben einfach nicht.
5 Mach endlich die Musik leiser.

# 10 Gespräche führen

> **!** Manchmal bereitet es der Zuhörerin / dem Zuhörer Schwierigkeiten, alle vier Botschaften zu entschlüsseln. Deshalb spielt auch das **nonverbale Gesprächsverhalten** (Mimik, Gestik, Lautstärke, Stimmführung) eine wichtige Rolle. Im Zweifelsfall sollte man nachfragen, z.B.: *Entschuldige, ich habe dich nicht verstanden. Wie hast du das gemeint?*

**5**
a Überlege, welche der in Aufgabe 4 (S. 9) genannten Äußerungen missverständlich sein könnten. Begründe deine Ansichten.

 b Sammelt Wendungen, mit deren Hilfe ihr nachfragen könnt.

 c Spielt kurze Gespräche zu den Äußerungen aus Aufgabe 4, in denen ihr Missverständnisse durch Nachfragen ausräumt.

 **6** Häufig verfolgt man in einem Gespräch ein bestimmtes Ziel. Um hierbei erfolgreich zu sein, wendet man verschiedene Gesprächsstrategien an.

a Überlegt, welche Aufgabe die aufgeführten Gesprächsstrategien haben.

b Sammelt Formulierungen, mit denen die genannten Strategien im Gespräch umgesetzt werden können.

*Eröffnen: Guten Tag, gut, dass ich Sie treffe. …*
*Zustimmen: Da teile ich Ihre Meinung. …*

c Erprobt diese Strategien und gestaltet kurze Gespräche. Legt fest, wer mit wem in welcher Situation und mit welchem Ziel spricht, z.B.:
- Elternteil trifft zufällig auf Lehrerin/Lehrer,
- Radfahrer werden von Mitarbeitern des Ordnungsamts angehalten.

## Formelle Gespräche führen

 **Formelle Gespräche**, wie z. B. Mediationen, Prüfungs- und Vorstellungsgespräche, haben immer einen organisatorischen (formalen) Rahmen, einen bestimmten Anlass und werden zielgerichtet geführt. Oft handelt es sich dabei um **asymmetrische** (komplementäre/ergänzende) **Kommunikation**, d. h., die Gesprächspartnerinnen/-partner sind nicht gleichberechtigt, sondern befinden sich in einer Rangordnung (Autorität und Untergebene/r). Die Autoritäten bestimmen das Gespräch, die Untergebenen passen sich an.

**1**
a Stellt in einer Tabelle die Unterschiede zwischen formellen und informellen Gesprächen zusammen.

b Tauscht euch darüber aus, ob die in Aufgabe 6a (S.10) genannten Gesprächsstrategien auch in formellen Gesprächen vorkommen.

**2**
a Recherchiert, was Mediation ist und wo sie zum Einsatz kommt.

b Lies die folgenden Informationen zum Ablauf einer erfolgreichen Mediation. Kläre unbekannte Wörter.

### Fünf Phasen der Mediation

1. **Einleitung**: Ziel der Mediation nennen, Verfahren erläutern, Vertraulichkeit zusichern
2. **Sichtweisen vortragen**: Konfliktparteien tragen Standpunkte vor, Mediatorin / Mediator fasst zusammen
3. **Konflikterhellung**: Interessen und Motivationen herausarbeiten, nachfragen und klären, Gefühle erhellen
4. **Problemlösung**: Lösungen vorschlagen, diskutieren und bewerten, nach Konsens suchen
5. **Vereinbarung**: Ergebnisse genau formulieren und schriftlich festhalten

Die Gesprächsleitung wird durch eine Mediatorin / einen Mediator übernommen, die/der neutral, zurückhaltend und sehr aufmerksam ist.

**3** Eine Freundin / Ein Freund hat vertrauliche Informationen weitererzählt. Bereitet ein Mediationsgespräch zwischen den Beteiligten vor.

a Benennt den Streitpunkt, mögliche Motive, damit verbundene Gefühle, das »Echo« bei euren Mitmenschen.

b Bereitet als Mediatorin/Mediator Fragen und Teilzusammenfassungen vor.

c Formuliert mehrere Lösungsansätze. Vereinbart anschließend die Ergebnisse eures Gesprächs und haltet sie schriftlich fest.

d Entwickelt Kriterien, mit deren Hilfe das Gespräch bewertet werden kann.

**TIPP**
Benutzt die Gesprächsstrategien (S. 10, Aufgabe 6 a).

e Spielt das Gespräch nach. Bittet Mitschülerinnen/Mitschüler, euer Gesprächsverhalten zu beobachten und einzuschätzen.

f Wechselt die Rollen, um unterschiedliche Gesprächsperspektiven auszuprobieren.

 **4** Denkt euch eine weitere strittige Situation aus und bereitet ein Mediationsgespräch vor. Orientiert euch dabei an den Phasen der Mediation in Aufgabe 2 b (S. 11).

**5** Auch ein Prüfungsgespräch ist ein formelles Gespräch.

 a Nennt mündliche Prüfungssituationen, auf die ihr euch vorbereiten müsst.

 b Sammelt bei euren Fachlehrerinnen/Fachlehrern Informationen zum Inhalt, zum Ablauf und zur Vorbereitung der Prüfung.

c Analysiere die folgenden Aufgabenstellungen und erkläre, was von dir im Prüfungsgespräch erwartet wird. Achte auf die unterstrichenen Verben.

1 <u>Begründen</u> Sie Ihre Aussage.
2 <u>Erläutern</u> Sie die Karikatur.
3 <u>Nehmen</u> Sie <u>Stellung</u> zu diesem Zitat.
4 <u>Bewerten</u> Sie die Entscheidung der Hauptfigur.
5 <u>Erörtern</u> Sie diese Aussage.
6 <u>Untersuchen</u> Sie die Argumentationsstruktur des Textes.

**d** Überlege, welche Gesprächsstrategien aus Aufgabe 6 a (S. 10) in einem Prüfungsgespräch genutzt werden können.

 **e** Erstellt eine Checkliste für die mündliche Prüfung.

*Worauf ich während der Prüfung achte*
*– aufmerksam sein, genau auf die Aufgabenstellung achten*
*– …*

**6** Manchmal wird in der mündlichen Prüfung die Vorbereitung eines einleitenden Vortrags erwartet.

**a** Erkundige dich über die Anforderungen in den einzelnen Fächern. Lege dazu eine Tabelle nach folgendem Muster an und ergänze sie.

|  | Fach 1: … | Fach 2: … |
| --- | --- | --- |
| vorgesehener Zeitrahmen |  |  |
| mögliche Themen |  |  |
| zugelassene Hilfsmittel/Medien |  |  |
| … |  |  |

 **b** Entwerft eine Liste mit sprachlichen Anforderungen an einen Vortrag, die ihr bei der Vorbereitung auch als Checkliste verwenden könnt.

*– laut und verständlich …*

 **c** Bereitet einleitende Vorträge vor und probiert diese vor Publikum aus. Gebt ein faires Feedback.

**Was habe ich gelernt?**

**7** Überprüfe, was du in diesem Kapitel über das Führen von Gesprächen gelernt hast. Beantworte dazu folgende Fragen.

1 Was sagt das Kommunikationsmodell von Schulz von Thun aus?
2 Welche Gesprächsstrategien kann man in informellen und formellen Gesprächen einsetzen?
3 Welche Funktion hat eine Mediation und wie läuft sie ab?
4 Wie kannst du dich auf ein Prüfungsgespräch vorbereiten?

# Sich mündlich mit Problemen auseinandersetzen – Diskutieren

→ S.179 Merkwissen (Diskussion, Standpunkt, Argument)

  Wiederholt, was ihr über das Bilden und Vertreten von Meinungen gelernt habt. Nutzt dazu die Placemat-Methode.

**Placemat-Methode (Platzdeckchen-Methode)**
1 Bildet Viergruppen und legt ein A3-Blatt nach dem in der Randspalte abgebildeten Muster in die Mitte.
2 Schreibe dein Wissen in das vor dir liegende Feld.
3 Lies die Notizen der anderen und frage ggf. nach.
4 Entscheidet gemeinsam, welche der genannten Punkte in die Mitte des Blattes geschrieben werden sollen. Einigt euch auf die fünf wichtigsten.

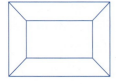

Das Problem formulieren

 a Lies folgenden Zeitungskommentar und formuliere das Problem, das im Text angesprochen wird, als Frage.

## Fußball ist gefährliche Leidenschaft!

Schade, bald ist die fußballfreie Zeit mal wieder vorbei. Bald werden Nachrichten wieder von Fußball dominiert und Menschen verbreiten diese allmontägliche Glücks- oder Trauerstimmung. Das Phänomen Fußball vermag auf irgendeine Weise die Leidenschaft von Männern, aber zunehmend auch von Frauen zu wecken. Ich meine sogar, es bestimmt deutlich deren Freizeitverhalten. Versuchen Sie mal, sich zur Bundesliga-Spielzeit zu verabreden! Einen Fußballfan holen Sie nicht aus dem Fernsehsessel. Ist sie/er dann doch mal dabei, werden alle Informationsquellen durchsucht, um ja nichts zu verpassen. Selbst wer die Ergebnisse dann kennt, muss die Aktionen später noch mit eigenen Augen sehen. Bilder und Kommentare werden stundenlang inhaliert. Echten Fanatikern ist kein Opfer zu groß, um die Stadien lautstark zu füllen und ihrer Mannschaft Woche für Woche hinterherzureisen. Ganz zu schweigen von den Saufgelagen, egal ob Sieg oder Niederlage. Immer häufiger hört man von randalierenden Zuschauern, Trainer werden zum Buhmann der Nation und Schiedsrichter entkommen dem Zorn der Fans oft nur knapp. Ich finde, irgendetwas läuft da gründlich falsch! Warum wird diese für Leib und Seele gefährliche Leidenschaft immer weiter geschürt? *Frederik Garden*

# Sich mündlich mit Problemen auseinandersetzen – Diskutieren

**Standpunkte formulieren**

**b** Überlege, welche Meinungen es zu dieser Frage geben kann. Formuliere diese als Standpunkte.

> Ein **Standpunkt** ist die **als Behauptung/Aussage (These) formulierte Meinung** einer Person zu einem Sachverhalt oder Problem. Man nutzt zum Ausdrücken des Standpunkts Wendungen, wie z. B.:
> *Ja (Nein), ich denke (nicht), dass …    Meiner Meinung nach …*

**Argumente sammeln**

→ S.179 Merkwissen

→ S.133 Zitieren

**TIPP**
Ordne Pro- und Kontra-Argumente im Block oder im Wechsel an.

**3**

**a** Sammle in verschiedenen Medien Informationen zur Frage aus Aufgabe 2 a. Fertige ggf. Exzerpte an.

**b** Notiere Argumente für die beiden Standpunkte aus Aufgabe 2 b. Nutze dazu deine Exzerpte und verwende direkte oder indirekte Zitate.

**c** Formuliere deinen Standpunkt zur Frage als Behauptung (These). Falls du dich nicht entscheiden kannst, formuliere einen Kompromiss.

**d** Ordne die Argumente zur Begründung der Standpunkte nach ihrer Wichtigkeit. Beginne mit dem stärksten oder dem schwächsten Argument.

**Eine Diskussion vorbereiten**

→ S.179 Merkwissen

• Das Thema auswählen

• Sach-/Problemfragen formulieren

→ S.179 Merkwissen

• Diskussionsbeiträge vorbereiten

 **4** Bereitet eine Diskussion zu einem ausgewählten Thema vor.

**a** Wiederholt, was ihr bisher über das Vorbereiten einer Diskussion und eines Diskussionsbeitrags gelernt habt.

**b** Lest folgende Aussagen und einigt euch, welche ihr diskutieren wollt.
1 Fußball ist kein Sport, sondern gefährliche Leidenschaft.
2 Sport ist unerlässlich für eine erfolgreiche Entwicklung jedes Menschen.
3 Jeder Mensch braucht eine Heimat.
4 Wer viel liest, verpasst das Leben.

**c** Formuliert Sach- oder Problemfragen zu der Aussage aus Aufgabe b.
*Warum ist …? Ist …?*

**d** Wählt eine Sach- oder Problemfrage aus Aufgabe c aus und bereitet eure Diskussionsbeiträge vor. Geht vor wie in Aufgabe 3.

- Über Sach- und Beziehungsebene nachdenken

**5** Für das Gelingen von Diskussionen spielt die Berücksichtigung der Sach- und Beziehungsebene eine wichtige Rolle.

a Denke über die Sach- und Beziehungsebenen in der Diskussion nach, überprüfe deinen Diskussionsbeitrag daraufhin und überarbeite ihn bei Bedarf.

Einen Diskussionsbeitrag halten

b Übe deinen Diskussionsbeitrag vor Zuhörerinnen/Zuhörern. Lass dir ein Feedback geben und überarbeite ihn, wenn nötig.

Eine Diskussion durchführen

**6** Führt die Diskussion durch. Entscheidet, wer sie leiten und wer sie protokollieren soll. Wertet den Inhalt und den Verlauf der Diskussion aus.

**7** Wählt ein weiteres Thema aus Aufgabe 4b (S.15) aus und bereitet eine Diskussion vor. Orientiert euch dabei an der Schrittfolge.

**So könnt ihr eine Diskussion vorbereiten und durchführen**
1. Bestimmt, welche Sach- oder Problemfrage diskutiert werden soll.
2. Informiert euch über das Thema, sammelt Informationen.
3. Bildet euch Standpunkte und bereitet Diskussionsbeiträge vor. Sucht Argumente, ordnet sie und formuliert Schlussfolgerungen.
4. Bedenkt die Sach- und Beziehungsebene in der Diskussion.
5. Übt eure Diskussionsbeiträge.
6. Führt die Diskussion. Entscheidet, wer sie leitet und wer protokolliert.
7. Wertet die Diskussion nach Inhalt und Verlauf aus.

**8** Einigt euch auf ein Thema, das euch interessiert. Formuliert zur Diskussion anregende Behauptungen/Aussagen (Thesen) und diskutiert sie.

**9** Tauscht euch darüber aus, worin sich eine Moderation von einer Diskussionsleitung unterscheidet. Bestimmt eine Moderatorin/einen Moderator, führt eine moderierte Diskussion durch und wertet sie aus.

→ S.179 Merkwissen

Was habe ich gelernt?

**10** Überprüfe, was du über Diskussionen gelernt hast. Schreibe aus dem Gedächtnis auf, wie ihr eine Diskussion vorbereiten solltet.

# Sich schriftlich mit Problemen auseinandersetzen – Erörtern

## Textunabhängige (freie) Erörterungen schreiben

→ S.179 Merkwissen

**1**
a Wiederholt, was ihr über Anliegen und Aufbau linearer und kontroverser Erörterungen wisst. Legt euch ein Muster oder ein Merkblatt zu den unterschiedlichen Gliederungsmöglichkeiten an.

b Erklärt den Aufbau und nennt die Arten von Argumenten.

c Tragt zusammen, welche sprachlichen Mittel zur Gegenüberstellung der Argumente ihr kennt.

! Beim **textunabhängigen (freien) Erörtern** setzt man sich mit einem **Problem** oder **Sachverhalt** schriftlich auseinander, das/der als Behauptung/Aussage (These), Situationsbeschreibung, Forderung bzw. als Thema oder Frage formuliert ist. **Ziel** des Erörterns ist es, **Erkenntnisse** zu gewinnen, Ansätze zur **Problemlösung** zu finden, **Standpunkte** zu bilden und/oder zum **Meinungsaustausch** beizutragen. In Vorbereitung auf eine Erörterung verschafft man sich einen Überblick über das Problem oder die Sache, formuliert Erkenntnisse, Standpunkte und/oder Problemlösungsmöglichkeiten. Mit **Argumenten** begründet und belegt man die gewonnenen Einsichten und Meinungen.

Eine Erörterung planen

**2** Setze dich kritisch (kontrovers) mit folgender Aussage auseinander.

Jugendliche haben es heute viel leichter als ihre Eltern und Großeltern.

• Das Problem formulieren

a Formuliere das Problem als Entscheidungsfrage.

*Haben ...? Sollten ...? Kann man ...? Ist ...?*

• Standpunkte formulieren

b Formuliere die beiden unterschiedlichen Standpunkte in Form von Behauptungen.

*Standpunkt 1 (pro): Ja, ...*
*Standpunkt 2 (kontra): ...*

**c** Setze dich gründlich mit dem Thema auseinander. Recherchiere im Internet oder befrage deine Eltern bzw. Großeltern und halte mithilfe von Mindmaps deine Erkenntnisse über Jugend heute und früher fest.

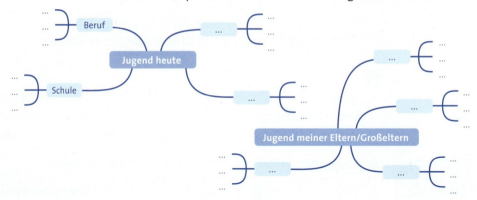

- Argumente notieren
  → S.179 Merkwissen

**d** Notiere jetzt Argumente für (pro) und gegen (kontra) die Aussage. Berücksichtige möglichst alle Arten von Argumenten.

- Argumente ordnen

**e** Ordne deine Argumente im Block oder im Wechsel an. Beginne mit den stärksten oder mit den schwächsten Argumenten.

- Sich eine Meinung bilden

**f** Entscheide dich jetzt für einen Standpunkt oder formuliere einen Kompromiss.

Einen Textentwurf schreiben

**3** Schreibe einen vollständigen Entwurf deiner Erörterung.

**a** Nenne in der Einleitung die These (Behauptung) und verdeutliche die darin enthaltene Problemfrage.

*Einleitung: Die Behauptung lautet „…".*
*Die Frage, die damit angesprochen wird, heißt: …*

→ S.179 Merkwissen

**b** Schreibe den Hauptteil deiner kontroversen Erörterung. Entscheide dich für eine Anordnung der Pro- und Kontra-Argumente im Block oder im Wechsel.

*Hauptteil: Zuerst muss man festhalten, …*
*Außerdem …*

**c** Formuliere den Schluss der Erörterung. Sprich ggf. eine Empfehlung aus und/oder halte offene Fragen fest.

*Schluss: Nachdem ich das Für und Wider dargestellt habe, …*

Textunabhängige (freie) Erörterungen schreiben  **19**

**Den Textentwurf überarbeiten**

→ S.128 Satz- und Textgestaltung

**4**

a  Überarbeite deinen Entwurf. Achte besonders auf die Anordnung der Argumente und die Satzverknüpfung. Überprüfe ggf. die Quellenangaben.

b  Schreibe die Endfassung.

**5**  Schreibe eine kontroverse Erörterung zu folgender Aussage. Nutze dazu die Schrittfolge.

Jugendliche heute sind zunehmend unhöflich und rücksichtslos.

**So kannst du eine textunabhängige (freie) Erörterung schreiben**
1. Formuliere das Problem in Form einer Problemfrage.
2. Notiere die unterschiedlichen Standpunkte.
3. Sammle Argumente für und gegen die jeweiligen Standpunkte.
4. Entscheide dich für einen Standpunkt und gib ihn als Behauptung wieder oder formuliere einen Kompromiss.
5. Ordne deine Argumente im Block oder im Wechsel an. Beginne entweder mit den stärksten Argumenten oder mit den schwächsten.
6. Schreibe einen Entwurf deiner Erörterung (Einleitung, Hauptteil, Schluss).
7. Überarbeite den Entwurf und schreibe die Endfassung der Erörterung.

**6**  Wähle eine der folgenden Thesen (Behauptungen) aus und erörtere sie kontrovers. Formuliere einen Standpunkt und begründe diesen überzeugend.

1  Vielen Jugendlichen ist egal, was in Politik und Gesellschaft passiert.
2  Mehrgenerationen-Häuser fördern das gegenseitige Verständnis von Alt und Jung.
3  Wahre Freundschaft kennt kein Alter.
4  Jeder muss sein Leben selbst in die Hand nehmen.

**7**

a  Tragt Themen zusammen, die in aktuellen Talk-Shows besprochen wurden, und formuliert sie als Thesen (Behauptungen).

b  Wähle eine These (Behauptung) aus und erörtere sie umfassend.

## Textbezogene (textgebundene) Erörterungen schreiben

> **!** Beim **textbezogenen (textgebundenen) Erörtern** setzt man sich kritisch mit einem Text oder einer Aussage (Zitat) auseinander, um Erkenntnisse, eigene Standpunkte oder Problemlösungsansätze zu gewinnen und/oder sich an einem Meinungsaustausch zu beteiligen, z. B. in Form eines Leserbriefs. Eine textbezogene Erörterung enthält in der Regel folgende **Bestandteile**:
> - Einleitung: Nennen der Textvorlage (Textsorte, Titel, Verfasser, Quelle) sowie des behandelten Problems und des dargestellten Standpunkts
> - Hauptteil: kritisches (kontroverses) Auseinandersetzen mit den angeführten Argumenten und Darstellen eigener Argumente
> - Schluss: Formulieren eines eigenen Standpunkts (Zustimmung, Ablehnung, Kompromiss), ggf. Empfehlungen und/oder offene Fragen.
>
> Beim textbezogenen Erörtern muss man sich durch knappe **Zusammenfassungen** von Aussagen, durch das Aufgreifen von **Schlüsselbegriffen** und durch **direkte und indirekte Zitate** auf die Textvorlage beziehen.

→ S. 133 Zitieren

**Eine textbezogene Erörterung planen**

**1** Schreibe einen Leserbrief, in dem du dich kontrovers erörternd mit dem folgenden Text auseinandersetzt und deine eigene Meinung (deinen Standpunkt) zum angesprochenen Problem begründet darstellst.

- Den Text lesen und verstehen

**a** Lies den folgenden Text gründlich. Schlage unbekannte Wörter nach.

### Realitätsnähe statt Smartboard

Die Schule in ihrer heutigen Form behandelt meist Problemstellungen, die fern unserer Lebensrealität sind. Am Frontalunterricht von früher hat sich wenig geändert. Der Neurobiologe Gerald Hüther sieht die Rückständigkeit der Schulen als Ursache dafür,
5 dass gerade das verkümmert, was von Personalern gefordert wird: Kreativität. Die derzeitigen Methoden würden Schülern die Freude am Entdecken nehmen, erklärt der Professor von der Universität Göttingen. Glaubt man Hüther, so wird es schon in sechs Jahren unsere Art von Schule nicht mehr geben.

10  Wie kann die Schule der Zukunft aussehen? Werden unsere kleinen Geschwister Mitschriften auf dem iPad führen? Fliegen bald Animationen zur Zellteilung statt Schwarz-Weiß-Kopien durch das Klassenzimmer? An meiner Schule werden derzeit Smartboards eingeführt, digitale Riesenbildschirme, die die Kreidetafel
15  ersetzen. Mein Verständnis für Grammatik und den Nahostkonflikt hat das nicht erhöht. Ich bin überzeugt davon, dass für einen erfolgreichen Unterricht nichts wichtiger ist als ein motivierter Lehrer, der mit klaren Grundsätzen den Stoff vermittelt. Was hingegen wichtiger ist als jeder Technik-Kram und der Schule der Zu-
20  kunft tatsächlich guttäte, wäre die Bereitschaft der Lehrer, sich mehr Zeit zu nehmen in einer immer schneller werdenden Welt. Den Schülern muss vielleicht nicht jedes Datum eingehämmert, sondern – in einem Internet-Alltag, wo Wissen vorgekaut und fertig rumliegt – die Kompetenz vermittelt werden, sich Einfalls-
25  reichtum zu bewahren. Kein Smartboard kann das lehren!

*Bill Schneider, 17 Jahre*                 Nach: Berliner Zeitung, 10.09.2012, S. 18.

- Das Problem formulieren

**b** Formuliere das Problem, das im Text angesprochen wird, als Entscheidungsfrage.

*Kann …? Können …? Braucht Schule …?*

- Den Standpunkt / die Standpunkte erkennen

**c** Formuliere den Standpunkt bzw. die Standpunkte des Autors in Form von Behauptungen.

*Der Autor ist der Meinung, … Er vertritt den Standpunkt, …*

- Die Argumente erfassen und bewerten

**d** Lege eine Tabelle nach folgendem Muster an und ergänze sie. Überlege jeweils, ob du die Argumente direkt oder indirekt zitieren oder knapp zusammenfassen willst und ob du ihnen voll (++), zum Teil (+) oder nicht (–) zustimmen kannst.

**TIPP**
Je nach Standpunkt und Textart finden sich manchmal nur Pro-Argumente, manchmal Pro- und Kontra-Argumente.

| Pro | Art des Arguments | Bewertung (++ / + / –) |
|---|---|---|
| … | … | … |
| Kontra | Art des Arguments | Bewertung (++ / + / –) |
| … | … | … |

**Sich schriftlich mit Problemen auseinandersetzen – Erörtern**

- Argumente sammeln und ordnen

→ S.133 Zitieren

e Sammle eigene Pro- und Kontra-Argumente für und gegen den Standpunkt / die Standpunkte des Autors. Berücksichtige möglichst verschiedene Arten von Argumenten und gib die Quellen exakt an.

**2**

a Ordne alle Argumente (die des Autors und deine eigenen) im Block oder im Wechsel an. Beginne mit den stärksten oder mit den schwächsten.

> **!** Den **Hauptteil** einer textbezogenen (textgebundenen) Erörterung kann man auf unterschiedliche Weise **gliedern**, z. B.:
> - **Gliederung im Block**, z. B.:
> 2 Hauptteil
> 2.1 Wiedergabe der Pro-Argumente und
>     Auseinandersetzung (im Block):
>     – Pro-Argument 1, Bewertung, eigenes Argument
>     – Pro-Argument 2, Bewertung, eigenes Argument usw.
> 2.2 Wiedergabe der Kontra-Argumente und
>     Auseinandersetzung (im Block):
>     – Kontra-Argument 1, Bewertung, eigenes Argument
>     – Kontra-Argument 2, Bewertung, eigenes Argument usw.
> - **Gliederung im Wechsel**, z. B.:
> 2 Hauptteil
> 2.1 Wiedergabe der Pro- und Kontra-Argumente und
>     Auseinandersetzung (im Wechsel):
>     – Pro- und Kontra-Argument 1, Bewertung, eigenes Pro- und
>       Kontra-Argument 1
>     – Pro- und Kontra-Argument 2, Bewertung, eigenes Pro- und
>       Kontra-Argument 2 usw.

- Den eigenen Standpunkt formulieren

b Wäge die Argumente ab und formuliere jetzt deinen eigenen Standpunkt zum behandelten Problem.

*Ich stimme dem Autor (nicht) zu und meine, dass …*

Einen Textentwurf schreiben

→ S.39 Leserbriefe schreiben

**3** Schreibe einen vollständigen Entwurf deines Leserbriefs.

a Wiederhole, worauf beim Schreiben eines Leserbriefs zu achten ist, und formuliere die Anrede.

Textbezogene (textgebundene) Erörterungen schreiben  23

b  Nenne in der Einleitung die Textsorte, den Titel, den Autor und die Quelle. Formuliere das angesprochene Problem und fasse den Standpunkt (bzw. die Standpunkte) des Autors zusammen.

*Einleitung: Im Zeitungsartikel „…" von …*

**TIPP**
Orientiere dich an den Gliederungsmöglichkeiten im Merkkasten auf S. 22.

c  Schreibe den Hauptteil, in dem du dich mit den Argumenten des Autors kritisch (kontrovers) auseinandersetzt.

*Hauptteil: Zuerst möchte ich festhalten, …     Außerdem …*

d  Formuliere den Schluss der Erörterung. Lege deine Meinung (deinen Standpunkt) dar. Sprich ggf. eine Empfehlung aus und/oder halte offene Fragen fest. Denke auch an eine angemessene Grußformel.

*Schluss: Nachdem ich das Für und Wider dargestellt habe, …*

**Den Textentwurf überarbeiten**
→ S. 128 Satz- und Textgestaltung

**4**

a  Überarbeite deinen Entwurf. Achte besonders auf die Anordnung der Argumente und die Satzverknüpfung. Überprüfe alle Quellenangaben.

b  Schreibe die Endfassung als korrekt gestalteten Leserbrief.

**5**  Lies den Auszug aus einem Interview mit dem Schauspieler Alexander Beyer auf der folgenden Seite. Setze dich erörternd mit seinem Standpunkt und seinen Argumenten auseinander. Orientiere dich an der Schrittfolge.

**TIPP**
Informiere dich im Internet über den Schauspieler und den Film.

**So kannst du eine textbezogene Erörterung schreiben**
1. Lies den Text / die Texte bzw. das Zitat / die Zitate gründlich und formuliere das dort angesprochene Problem in Form einer Frage.
2. Notiere den dort dargestellten Standpunkt bzw. die Standpunkte.
3. Notiere die dort angeführten Argumente und bewerte sie.
4. Sammle eigene Argumente für und gegen die jeweiligen Standpunkte.
5. Ordne alle Argumente und entwirf eine Gliederung für den Hauptteil.
6. Formuliere deinen Standpunkt als Behauptung/Aussage (These).
7. Schreibe einen Entwurf deiner Erörterung (Einleitung, Hauptteil, Schluss).
8. Überarbeite den Entwurf anschließend und schreibe die Endfassung.

Alexander Beyer

## Alexander Beyer: »Jugendliche haben es heute viel schwerer«

*Das Interview zum Kinofilm »Summertime Blues«*

**TV DIGITAL.de:** In »Summertime Blues« geht es um die Nöte und Sorgen von Jugendlichen. Wie war für Sie selbst die Zeit des Erwachsenwerdens?

**Alexander Beyer:** Persönlich hatte ich – Gott sei Dank – nicht diese Komplikationen, die unsere jungen Helden in »Summertime Blues« erfahren. Meine Kindheit und Jugend war wie eine Fernsehwerbung: viel Natur, endlose Ferien und eine wunderbare riesengroße Familie.

**TV DIGITAL.de:** Wenn Sie Ihre Jugend mit der von heutigen Teenagern vergleichen, würden Sie dann sagen, die Jugendlichen haben es heute schwerer?

**Alexander Beyer:** Viel schwerer sogar. Es lastet der Druck des geldlosen Kunden und des permanenten Konsums auf ihnen. Wir erleben eine schnelle Epoche momentan. Ich glaube, das ist den meisten Leuten gar nicht klar. Seitdem es die Billigflieger für sämtliche Metropolen gibt, sehe ich eine deutliche Veränderung in der Wahrnehmung von Zeit und Ortsbezogenheit, um nur ein Beispiel zu nennen. Außerdem muss man auch etwas unterscheiden zwischen Jugendlichen, die auf dem Land aufwachsen, und denen, die in Städten leben. Heute downloadet man sich einen Softmix oder geht auf Events oder man ist bei Facebook. Meine Großeltern in Thüringen verstehen spätestens jetzt nur noch Bahnhof.

Interview geführt von Jana von Bergner. Online im Internet: http://www.tvdigital.de/magazin/interviews [08.01.2013]

**6** Nachdem einige Bundesländer das kommunale Wahlrecht ab 16 Jahre eingeführt haben, wird die Bundesregierung aufgefordert, ein Gesetz zur Senkung des Wahlalters vorzubereiten. Sollten Jugendliche also schon mit 16 wählen dürfen? Erörtere diese Problematik unter Einbeziehung der folgenden Auszüge aus Leserbriefen.

Es wird Zeit für ein allgemeines Wahlrecht ab 16 Jahren, damit die Interessen und Bedürfnisse Jugendlicher besser berücksichtigt werden und stärker in der Öffentlichkeit präsent sind! Und: Jugendliche heute sind – dank moderner Informationsmedien – viel informierter als frühere Generationen und müssen auch in anderen Lebensbereichen selbstständig denken und arbeiten. Viele entscheiden eigenverantwortlich über ihr Leben und meistern dies hervorragend. Warum also nicht auch bei Politik mitreden dürfen?

*Florian*

Politik interessiert doch keinen! In unserer Klasse sind es höchstens zwei. Und: Wer hat mit 16 schon Ahnung von Politik? Die meisten wollen lieber in Ruhe gelassen werden und wissen gar nicht, was in der Welt so vor sich geht. Es wäre verhängnisvoll, wenn die alle wählen dürften. Die Politiker sollten sich lieber mal ernsthaft mit uns befassen, wahrscheinlich hoffen sie aber nur auf mehr Wählerstimmen.
*Marie*

**7** Wähle eine der folgenden Fabeln aus und erörtere die Fabelmoral.

*Äsop* **Der Pfau und die Dohle**
Ein Pfau und eine Dohle stritten sich um die Vorzüge ihrer Eigenschaften.
Der Pfau brüstete sich mit dem Glanz, der Farbe und der Größe seiner Federn.
Die Dohle gab all dieses zu und bemerkte nur, dass alle diese Schönheiten zur Hauptsache nicht taugten – zum Fliegen. Sie flog auf, und beschämt blieb der Pfau zurück.
Sei nicht stolz auf bloß äußerliche Vorzüge.

Aus: Antike Fabeln. Aus dem Griech. und Lat. übers. von
Johannes Irmscher. Berlin und Weimar: Aufbau Verlag 1978, S. 123.

*Gotthold Ephraim Lessing* **Der Adler**
Man fragte den Adler: Warum erziehest du deine Jungen so hoch in der Luft?
Der Adler antwortete: Würden sie sich, erwachsen, so nahe zur Sonne wagen, wenn ich sie tief an der Erde erzöge?

Aus: Gotthold Ephraim Lessing: Werke in drei Bänden.
Band I. München: Hanser, 1982. S. 49.

Was habe ich gelernt?

**8** Überprüft, was ihr über das Erörtern gelernt habt. Fertigt eine Liste wichtiger Fachbegriffe rund ums Erörtern an. Ergänzt anschließend jeweils kurze, genaue Erklärungen.

*Formen:*
*– lineare Erörterung: …*
*– … Erörterung:*
  *• textunabhängige (freie) Erörterung: …*
  *• …*

# Prüfungsaufgaben lösen:
# Eine Erörterung schreiben

 Prüfungsaufgaben zum **Erörtern** können **textbezogen (textgebunden)** oder **textunabhängig (frei)** sein. Meist erfordern sie das kontroverse (dialektische) Erörtern eines Problems, oft in Form eines **Leserbriefs**.

**TIPP**
Achte auf die Verbformen im Imperativ.

① Untersuche folgende Prüfungsaufgaben. Ermittle genau, was sie von dir verlangen. Notiere die Anforderungen als Teilaufgaben.

1. Mobbing – Ausnahme oder Alltag? Erörtern Sie die Frage unter Einbeziehung der Texte. Stellen Sie Ursachen und Folgen der Problematik dar. Formulieren Sie Ihren Standpunkt und begründen Sie diesen.
2. Wahre Freundschaft – gibt es das? Setzen Sie sich erörternd mit den in den Materialien (M1 bis 3) getroffenen Aussagen auseinander und legen Sie Ihre Ansichten und Erfahrungen zum Thema dar.
3. Das Zusammenleben mit älteren Menschen ist mitunter schwierig, bietet aber auch Chancen. Erörtern Sie diese Problematik.
4. Werbung »trifft« Käufer. Lesen Sie den Zeitungsartikel. Stellen Sie in einem Leserbrief Ihren Standpunkt dar und begründen Sie ihn.

② Stelle fest, welche Aufgaben eine Problemfrage vorgeben und zu welchen Aufgaben du sie selbst formulieren musst.

③ Lies die Schrittfolge und entscheide, welche Arbeitsschritte bei textunabhängigen und welche bei textbezogenen Erörterungen nötig sind.

 **So kannst du Prüfungsaufgaben zum Erörtern bearbeiten**
1. Lies die Aufgabenstellung gründlich und unterstreiche die Verben (Aufforderungen) und eventuell vorgegebene Schwerpunkte.
2. Überlege kurz, wie du vorgehen willst, und teile deine Zeit ein.
3. Lies die Texte gründlich, markiere Standpunkte und Argumente.
4. Formuliere das Thema als Problemfrage oder Sachfrage.
5. Notiere wichtige Argumente aus dem Text und sammle eigene.
6. Erstelle eine Gliederung und schreibe einen Entwurf.
7. Überarbeite deinen Entwurf und schreibe die Endfassung. Beachte ggf. die besonderen Anforderungen an einen Leserbrief.

**TIPP**
Wiederhole bei Bedarf, wie Argumente aufgebaut sein sollten.

→ S. 39 Leserbriefe schreiben

# Erzählen

### Eindrücke wiedergeben – Schildern

**1**

→ S.179 Merkwissen

a  Wiederhole, worauf es beim Schildern ankommt.

b  Lies den Text der Aufgabe 1a (S.78). Beschreibe deine ersten Eindrücke.

c  Suche im Text schildernde Passagen. Schreibe sie heraus und begründe deine Auswahl.

→ S.179 Merkwissen

d  Notiere in den Textstellen verwendete sprachliche Mittel.

e  Ordne folgenden sprachlichen Mitteln Textbeispiele zu.

Synonyme – bildhafte Vergleiche – Metaphern – Wortneuschöpfungen – treffende Verben und Adjektive

**TIPP**
Schlage ggf. nach, was eine Ellipse ist.

f  Der Autor benutzt oft Ellipsen, um Empfindungen und Stimmungen der Romanfiguren nachvollziehbar zu machen. Suche aus dem Text der Aufgabe 1a (S.78) Beispiele heraus und beschreibe die Wirkung.

*Aus. Durchpusten. (Z. 12) ...*

→ S.179 Merkwissen

g  Der Autor benutzt oft Einschübe und nachgestellte Erläuterungen. Suche Beispiele aus dem Text heraus und beschreibe die Wirkung.

*Graue Klötze alle (scheinbar ...), ... (Z. 21), ...*

**2**  Stelle dir vor, du hast Angst (Platzangst, Höhenangst, Flugangst o.Ä.). Schildere deine Gefühle. Achte auf typische sprachliche Mittel. Nutze die Schrittfolge.

**So kannst du Eindrücke schildern**
1. Versetze dich in die Situation, die du schildern möchtest.
2. Notiere mögliche Eindrücke und Gefühle.
   – Was sieht, hört, schmeckt, riecht, fühlt man?
   – Woran erinnert man sich?
3. Ordne deine Notizen und schreibe einen Entwurf deiner Schilderung.
4. Überarbeite deinen Entwurf und erstelle die Endfassung.

**3** Wähle eine der folgenden Aufgaben aus und verfasse eine Schilderung.

a Wähle ein Foto aus. Schildere, was dich beim Betrachten des Bildes bewegt.

b »Das Glück ist das Einzige, das sich verdoppelt, wenn man es teilt.« Schildere ausführlich einen solchen Glücksmoment.

c Lies das Zitat von Victor Hugo. Äußere deine Gedanken und Gefühle, wenn du an die Zukunft denkst.

> Die Zukunft hat viele Namen.
> Für die Schwachen ist sie das Unerreichbare.
> Für die Furchtsamen ist sie das Unbekannte.
> Für die Tapferen ist sie die Chance.

**4** Erinnere dich an eine Situation oder ein Erlebnis. Schildere genau, wie du dich gefühlt, was du gedacht und was du wahrgenommen hast.

# Prüfungsaufgaben lösen: Eine Schilderung schreiben

Prüfungsaufgaben zum **Schildern** gehen meist von kürzeren Texten oder Bildern aus. Die Themen und Anlässe für eine Schilderung persönlicher Eindrücke können sehr vielfältig sein: eine Naturbetrachtung, ein Fest, ein Veranstaltungsbesuch (Kino, Sport, Konzert) usw.

**TIPP**
Achte auf die Verbformen im Imperativ.

**1** Untersuche folgende Prüfungsaufgaben. Ermittle genau, was sie von dir verlangen. Notiere die Anforderungen als Teilaufgaben.

1. Unsere Zukunft – wie wird sie sein? Äußern Sie Ihre Gedanken und Gefühle, wenn Sie über die Zukunft nachdenken.
2. »Die schönste Zeit im Leben sind die kleinen Momente, in denen Du spürst: Du bist zur richtigen Zeit am richtigen Ort.« (Jochen Mariss) Schildern Sie ausführlich einen solchen Glücksmoment.
3. »Mal ist man unten, und mal ist man oben.« (Erich Kästner) Vielleicht haben Sie ähnliche Erfahrungen in Ihrem Leben gemacht. Schildern Sie ausführlich eine solche Situation.
4. »Hier mein Geheimnis. Es ist ganz einfach: Man sieht nur mit dem Herzen gut. Das Wesentliche ist für die Augen unsichtbar.« (Antoine de Saint-Exupéry: Der kleine Prinz) Schildern Sie Ihre Erfahrungen mit dieser Lebensweisheit.

**2** Lies die Schrittfolge. Überlege, welche Eindrücke du notieren kannst. Ergänze Schritt 3 durch entsprechende Unterpunkte.

**So kannst du Prüfungsaufgaben zum Schildern bearbeiten**

1. Lies die Aufgabenstellung genau. Unterstreiche die Verben (Aufforderungen) und die geforderte Form.
2. Überlege kurz, wie du vorgehen willst, und teile deine Zeit ein.
3. Lies den vorliegenden Text gründlich oder sieh dir das Bild an. Versetze dich in die Situation und notiere deine Eindrücke.
4. Sammle Ideen für deinen Text und ordne deine Notizen.
5. Schreibe einen Entwurf deines Textes.
6. Überarbeite deinen Entwurf und erstelle die Endfassung.

# Beschreiben

> ! Das **vergleichende Beschreiben** dient der Auseinandersetzung mit Sachverhalten, Entwicklungen oder Problemen, um sie besser verstehen, eigene Standpunkte bilden oder Schlussfolgerungen ziehen zu können. Außerdem haben sie oft die Funktion, andere zu informieren und ggf. zum Nachdenken anzuregen.

Eine vergleichende Beschreibung untersuchen

**1** Untersuche das folgende Beispiel für eine vergleichende Beschreibung.

**a** Lies den Text und formuliere eine geeignete Überschrift.

Angesichts der wachsenden Mobilität innerhalb der EU wird die Frage nach der Vergleichbarkeit von beruflichen Qualifikationen immer bedeutsamer. Aufgrund europäischer Beschlüsse zur Anerkennung von Abschlüssen sind die Länder zwar gefordert, ihre
5  Bildungssysteme zu reformieren, die konkrete Ausgestaltung bleibt aber deren nationale Angelegenheit.
Vergleicht man die verschiedenen Berufsbildungssysteme der EU-Mitgliedstaaten, so findet man im Wesentlichen vier Organisationsformen:
10  1. *Berufsausbildung im dualen System*, d. h. im Betrieb und in der Berufsschule,
2. *Berufsausbildung in Vollzeitschulen*, d. h. nur in Berufsschulen,
3. *Berufsausbildung in Betrieben*, d. h. nur in Ausbildungsbetrieben,
4. *Berufsausbildung in Mischformen*, d. h. in beruflichen Vollzeit-
15    schulen/Berufsschulen mit betrieblichen Ausbildungsteilen.
Es gibt Länder, in denen alle vier Organisationsformen nebeneinander bestehen. In anderen Ländern dagegen werden bestimmte Formen bevorzugt, wie z. B. in Deutschland und Dänemark, wo überwiegend im dualen System ausgebildet wird. In fast allen EU-
20  Mitgliedstaaten, außer Dänemark, Großbritannien und Irland, ist eine Ausbildung an Berufsschulen möglich, in vielen Ländern bildet sie sogar die einzige Ausbildungsform, z. B. in Finnland, Italien, Schweden. Welche Voraussetzungen für die Aufnahme einer Berufsausbildung zu erfüllen sind, hängt vom angestrebten Beruf und den
25  Regelungen der Länder ab. Grundsätzlich geht der Berufsausbildung eine Schulpflicht von mindestens 8 bis 9 Jahren voran. Manche

Länder haben jedoch eine Schulpflicht von 10 oder 11 Jahren, z. B. Deutschland, Frankreich, Großbritannien. Ausnahmen bilden Belgien mit 12 Jahren und die Niederlande, in denen eine Pflicht-
30 schule sogar zwischen 13 und 15 Jahre lang besucht wird. Gemeinsam ist allen Berufsbildungsformen, dass sie zu anerkannten Zertifikaten führen. Inwiefern diese für eine Erwerbstätigkeit oder berufliche Weiterbildung von Bedeutung sind, hängt allerdings auch von den Beschäftigungssystemen in den jeweiligen Ländern ab. Klar
35 dürfte sein, dass eine abgeschlossene Ausbildung zu einem anerkannten Beruf in allen Ländern von Vorteil ist.

**b** Tauscht euch darüber aus, welche Funktion der Text hat.

**c** Analysiere den Textaufbau. Gliedere den Text mithilfe von Teilüberschriften.

**d** Schreibe die sprachlichen Mittel heraus, mit denen die vergleichenden Aussagen verknüpft wurden.

**e** Untersucht, welche weiteren sprachlichen Besonderheiten der Text aufweist.

**TIPP**
Achtet besonders auf die Wortwahl.

> **Vergleichende Beschreibungen** sollten übersichtlich aufgebaut und eindeutig formuliert sein. Dazu empfiehlt sich folgende Gliederung:
> - Beschreibung der **Gemeinsamkeiten** von Sachverhalten, Entwicklungen oder Problemen,
> - Beschreibung der **Unterschiede**,
> - Formulieren von **Standpunkten** bzw. **Schlussfolgerungen**.
>
> Wichtig ist es, alle Fakten sachlich richtig und genau darzustellen und ggf. Fachwortschatz zu verwenden.
> Geeignete **sprachliche Mittel** zur Formulierung von Vergleichen sind z. B.: *ebenso wie, genauso wie, anders als, im Vergleich dazu.*

**2** Ordnet die Wörter und Wendungen danach, ob sie Gemeinsamkeiten oder Unterschiede beschreiben, und schreibt sie auf.

**TIPP**
Legt eine Tabelle an.

genauso (wie) – in gleicher Weise – sie unterscheiden sich in Bezug auf – allen gemeinsam ist – im Gegensatz dazu – dagegen – ebenso wie – Gemeinsamkeiten bestehen in Bezug auf – im Vergleich dazu – einerseits …, andererseits … – demgegenüber – sowohl … als auch …

**3** Im Geschichtsunterricht soll die Berufstätigkeit von Frauen in der DDR und in der Bundesrepublik Deutschland in den 1950er- bis 80er-Jahren miteinander verglichen werden.

a Ordne die folgenden Fakten den beiden Staaten zu.

80er-Jahre ca. 50 % erwerbstätige Frauen – 80er-Jahre: ca. 38 % erwerbstätige Frauen – Förderung von Berufstätigkeit/Qualifizierung – alte Familien-/Rollenmuster in 50er-Jahren – 1989: 82 % der Schulkinder in Horten – bezahlter Schwangerschaftsurlaub und Babyjahr – 1989 Bundesrepublik: 18 % Richterinnen – Familien brauchen Einkommen der Frauen – ökonomische Unabhängigkeit von Männern – 1989 DDR: 50 % Richterinnen – Erwerbstätigkeit den Ehe-/Familienpflichten untergeordnet (Gleichberechtigungsgesetz 1958) – ökonomische Abhängigkeit von Männern – 70er-Jahre: Frauenbewegung – 1989: 4 % der Schulkinder in Horten – 80er-Jahre: Quotenregelung – oft geringeres Einkommen als Männer – schwierige Vereinbarkeit von Beruf und Familie

b Markiere in der Tabelle Gemeinsamkeiten und Unterschiede verschiedenfarbig. Ergänze ggf. weitere Fakten.

**Einen Entwurf schreiben**

c Formuliere eine Überschrift. Schreibe einen Entwurf deiner vergleichenden Beschreibung. Ziehe am Ende Schlussfolgerungen aus deinem Vergleich.

**Den Entwurf überarbeiten**

d Überarbeite deinen Text. Achte auf die Einhaltung der Gliederung.

e Schreibe die Endfassung. Gliedere den Text durch Absätze.

**Eine vergleichende Beschreibung verfassen**

**4** Du sollst für den sozialkundlichen Unterricht Wirtschaftsordnungen miteinander vergleichen. Nutze dazu die folgenden Fakten und gehe vor wie in Aufgabe 3. Lege eine Tabelle nach dem Muster auf S. 33 an.

Staatseigentum, wenig Privatwirtschaft – Beschäftigung je nach Wirtschaftslage, Kündigungsschutz, Arbeitslosenversicherung – Pläne (z. B. für 5 Jahre) – Privateigentum, wenig Staatseigentum – kein Wettbewerb – durch staatliche Kontrolle überwachter Wettbewerb – Angebot + Nachfrage = Preis – keine (Voll-)Beschäftigung – Festlegung des Lohns durch Arbeitgeber, Tarife in einigen Branchen – staatliche Festlegung; gleiches, relativ niedriges Lohnniveau – Arbeitsschutzbestimmungen, Unfallversicherung

|  | soziale Marktwirtschaft | Planwirtschaft |
|---|---|---|
| Eigentum |  |  |
| Wettbewerb |  |  |
| Lenkung der Wirtschaft |  |  |
| Löhne |  |  |
| Arbeitsschutz |  |  |
| Arbeitslosigkeit |  |  |

**5** Vergleiche jetzt die freie und die soziale Marktwirtschaft miteinander. Nutze deine Ergebnisse aus Aufgabe 4 und Informationen aus folgendem Text.

Werftarbeiter, USA 1918

In der freien Marktwirtschaft, also in der Zeit des Wandels von der bäuerlichen Gesellschaft zur Industriegesellschaft im 19. Jahrhundert, gab es vorwiegend Privateigentum. Es herrschte uneingeschränkter Wettbewerb, jeder Unternehmer konnte mehr oder
5 weniger machen, was er wollte (laissez faire). Angebot und Nachfrage bestimmten den Preis einer Ware. Der Arbeitgeber bestimmte den zu zahlenden Lohn. Soziale Sicherheiten waren kaum vorhanden. So konnte man viel verdienen, wenn man einen guten Job hatte und durch Eigeninitiative den Weg nach oben gehen wollte (vom
10 Tellerwäscher zum Millionär). Andererseits endete ein Stellenverlust oftmals mit dem sozialen Abstieg bis hin zur Obdachlosigkeit. Mangelhafter Arbeitsschutz und fehlende einheitliche Sicherheitsvorschriften zeigten die geringe Wertschätzung des Arbeiters nur allzu deutlich.

**6** Vergleiche die drei Wirtschaftsordnungen miteinander: freie Marktwirtschaft, soziale Marktwirtschaft und Planwirtschaft.

**Was habe ich gelernt?**

**7** Überprüfe, was du gelernt hast. Beantworte dazu folgende Fragen.
1 Welche Funktion haben vergleichende Beschreibungen?
2 Welche Bestandteile sollte eine vergleichende Beschreibung enthalten?

# Präsentieren

1. Erarbeitet werden soll eine Präsentation in Form einer Prüfung oder als Abschlusspräsentation nach einer Projektarbeit.

   a Wiederholt euer Vorwissen und erstellt eine Schrittfolge zur Erarbeitung einer Präsentation.

   b Tragt die Aspekte zusammen, die bei der Bewertung der Präsentation Beachtung finden sollten. Erarbeitet eine Checkliste.

**Eine Präsentation planen**

2. Plant verschiedene Präsentationen zum Thema »Deutsche Exilliteratur zwischen 1933 und 1945«.

   • Das Thema eingrenzen

   a Verschafft euch zuerst einen kurzen Überblick über diesen Abschnitt der deutschen Literaturgeschichte. Entwickelt mögliche Themenvorschläge.

> **TIPP**
> Sucht im Lesebuch nach Texten aus dieser Zeit.

*Mascha Kaléko*  **Emigranten-Monolog**

Ich hatte einst ein schönes Vaterland,
So sang schon der Refugee¹ Heine.
Das seine stand am Rheine,
Das meine auf märkischem Sand.

Wir alle hatten einst ein (siehe oben!)
Das fraß die Pest, das ist im Sturm zerstoben.
O, Röslein auf der Heide,
Dich brach die Kraftdurchfreude².

Die Nachtigallen wurden stumm,
Sahn sich nach sicherm Wohnsitz um,
Und nur die Geier schreien
Hoch über Gräberreihen.

Das wird nie wieder wie es war,
Wenn es auch anders wird.
Auch wenn das liebe Glöcklein tönt,
Auch wenn kein Schwert mehr klirrt.

Mir ist zuweilen so als ob
Das Herz in mir zerbrach.
Ich habe manchmal Heimweh.
Ich weiß nur nicht, wonach ... R

¹ Flüchtling

² *Kraft durch Freude* politische Organisation im Dritten Reich, die die Freizeitgestaltung überwachte

> ❗ Das **Thema** einer Präsentation muss man sinnvoll **eingrenzen** und
> **präzisieren**, z. B. durch konkrete Fragestellungen. Folgende Überlegungen können dabei helfen:
> - Welche Aspekte sind interessant und warum?
> - Ist eine zeitliche Beschränkung auf bestimmte Jahre bzw. eine Epoche möglich?
> - Ist eine geografische Beschränkung auf einzelne Orte bzw. Länder möglich?
> - Lassen sich Bezüge zu anderen Ereignissen, Personen, Orten finden?
> - Ist eine Beschränkung auf nur ein Ereignis, ein Werk o. Ä. möglich?
>
> Eine **Fragestellung** kann man erst **formulieren**, wenn man ausreichendes Vorwissen besitzt und sich in das Thema eingearbeitet hat.

Anna Seghers

b   Entscheidet, ob die folgenden Themen ausreichend eingegrenzt sind. Überlegt ggf., wie das Thema präzisiert werden könnte.

1   Mexiko – ein Exilland
2   Anna Seghers' »Transit« – ein Exilroman
3   Mascha Kalékos Lyrik
4   Bertolt Brechts Zeit im Exil
5   Themen der Exilliteratur
6   Was geschah zwischen 1933 und 1945?

 **3**

- Informationen recherchieren
→ S. 179 Merkwissen

a   Wiederholt, welche Quellen zum Sammeln von Informationen genutzt werden können.

b   Internetquellen sind jederzeit zugänglich und werden deshalb gern und häufig genutzt. Wiederholt mithilfe des Merkwissens, wie man feststellen kann, ob eine Internetseite eine zuverlässige Quelle ist.

c   Gebt in eine Suchmaschine den Begriff *Exilliteratur* ein. Überprüft unterschiedliche Seiten auf ihre Zuverlässigkeit.

d   Stellt eine Literaturliste mit empfehlenswerten Buchtiteln zum Thema zusammen, die als Anregung für alle dienen kann.

→ S. 55 Facharbeiten schreiben

e   Recherchiert Informationen zu eurem Thema, präzisiert es und formuliert eine Fragestellung.

*Mexiko – ein Exilland: Warum wählten viele dieses Land? …*

- Eine Gliederung erstellen

**4**

a Beurteilt die folgende Gliederung. Sind Themenbezug und »roter Faden« erkennbar?

Bertolt Brecht

> **Bertolt Brechts Zeit im Exil**
> 1 Brechts Gründe, ins Exil zu gehen
> 2 Stationen des Exils
> 2.1 Über Prag nach Paris
> 2.2 In Skandinavien
> 2.3 Ab 1942 in Amerika
> 3 Rückkehr nach Deutschland

b Erstellt eine Gliederung für eure eigene Präsentation. Diskutiert, welche Form sie haben soll.

1 Einleitung
2 Hauptteil
2.1 ...
2.2 ...
...
3 Schluss

- Die Präsentation erarbeiten

**5**

a Informiere dich anhand des Merkkastens über die Gestaltung von Einleitung und Schluss einer Präsentation.

> **!** **Einleitung** und **Schluss** einer Präsentation beeinflussen die Aufmerksamkeit und Bewertung des Publikums.
>
> In der **Einleitung** sollte/kann man:
> – das Thema nennen,
> – Interesse wecken (z. B. durch ein Zitat, eine Karikatur, eine provozierende These),
> – die Gliederung vorstellen.
>
> Am **Schluss** sollte/kann man:
> – eine Zusammenfassung geben,
> – offene Fragen benennen,
> – Anregungen zum Weiterdenken geben,
> – ggf. zum Handeln auffordern.

b Entscheide dich für eine Variante und formuliere Einleitung und Schluss für deine Präsentation. Schreibe sie zunächst in vollständigen Sätzen auf.

→ S.133 Zitieren

> **!** Für den **Hauptteil** notiert man am besten **Stichpunkte**, nutzt ggf. Pfeile, Gliederungszeichen und/oder **Symbole**, z. B. für Hinweise auf Visualisierungen. **Wichtige Wörter** sollte man **hervorheben**. Einleitende Sätze, Zitate oder Thesen sollten eventuell als **vollständige Sätze** formuliert werden. Bei Zitaten muss man auf die korrekte **Zitiertechnik** achten. Um das Publikum direkt anzusprechen, kann man sich z. B. **rhetorische Fragen** notieren.

 **6** Erarbeitet jetzt den Hauptteil eurer Präsentation. Berücksichtigt dabei die Hinweise im Merkkasten oben.

**7**
a Trage die Vor- und Nachteile der im folgenden Merkkasten aufgeführten Visualisierungsmöglichkeiten zusammen.

> **!** Etwas **visualisieren** bedeutet, etwas optisch darzustellen oder zu veranschaulichen. Sinnvolle Visualisierungen, wie z. B. Bilder, Grafiken, Übersichten, optisch präsentierte Aussagen, Fragen, Zitate u. Ä., können das Verstehen und Verarbeiten von Informationen unterstützen. Man kann damit die **Aufmerksamkeit** der Zuhörer **wecken** und **fokussieren**, Inhalte schneller erfassbar machen, Redebeiträge ergänzen und/oder den Redeaufwand verkürzen.

→ S.179 Merkwissen

b Erstelle eine Liste mit Hinweisen für die Gestaltung von Anschauungsmaterial und Handouts.

*Hinweise zur Gestaltung von Folien/Postern/ …*
*– Schriftgröße: …*
*– …*

c Gestalte die Gliederung aus Aufgabe 4a (S.36) gut lesbar auf einer Folie, auf einem Poster oder für eine PowerPoint-Präsentation.

d Unterbreite Vorschläge, welche Inhalte der Präsentation von Aufgabe 4a (S.36) visualisiert werden könnten und welche Medien dazu geeignet wären. Begründe deine Vorschläge.

 e Erarbeitet Visualisierungsvorschläge für eure Präsentationen.

# 38 Präsentieren

**Die Präsentation üben**

**• Den Vortrag sprecherisch gestalten**

**8** Es ist wichtig, die Präsentation mehrfach zu üben.

**a** Nimm deinen Vortrag mit einem Aufnahmegerät auf. Überprüfe die Aufnahme mithilfe folgender Kriterien:
- angemessenes Sprechtempo,
- deutliche Aussprache und sinnentsprechende Betonung,
- vorhandene Pausen,
- ausreichende Lautstärke.

**• Mimik und Gestik einsetzen**

**b** Übe die Präsentation vor einem Probepublikum, z. B. vor Geschwistern oder Mitschülerinnen/Mitschülern, oder vor dem Spiegel. Überprüfe dich mithilfe folgender Kriterien:
- aufrechte Haltung,
- freundlicher und interessierter Gesichtsausdruck,
- Blickkontakt zu den Zuhörern,
- angemessene Gestik.

**TIPP**
Gib dem Publikum ausreichend Zeit, die Darstellung zu betrachten oder den Text zu lesen.

**9**

**a** Überprüfe am Tag vor der Präsentation die Gegebenheiten am Vortragsort.

- ☑ *Lässt sich der Raum verdunkeln?*
- ☑ *Gibt es eine ausreichend große Projektionsfläche?*
- ☐ *Funktionieren die Steckdosen und Geräte?*
- ☐ *Muss eventuell die Sitzordnung verändert werden?*
- ☐ *Sind alle Medien gut zu erkennen?*
- ☐ *Sind Handouts in ausreichender Anzahl vorbereitet?*

**• Medien und Anschauungsmaterial einsetzen**

**b** Übe die Präsentation und setze alle geplanten Medien ein.

**10** Tauscht euch darüber aus, wie man mit Aufregung und Lampenfieber umgehen kann.

**11** Erarbeitet verschiedene Präsentationen zum Thema »Deutsche Exilliteratur zwischen 1933 und 1945« und stellt sie in der Klasse vor.

**Was habe ich gelernt?**

**12** Überprüfe, was du über das Präsentieren gelernt hast. Schätze dich selbst ein. Notiere, was du gut kannst und was dir schwerfällt.

# Mitteilungen verfassen

## Leserbriefe schreiben

**!** In einem **Leserbrief** setzt man sich kritisch mit einem Artikel in einer Zeitung oder Zeitschrift auseinander und formuliert eine **schriftliche Stellungnahme** zum behandelten Problem. Er enthält dieselben **Bestandteile** wie eine textbezogene (textgebundene) Erörterung:
- Einleitung: Nennen des Artikels (Titel, Verfasserin/Verfasser, Quelle) sowie des behandelten Problems und des dargestellten Standpunkts
- Hauptteil: kritisches (kontroverses) Auseinandersetzen mit den angeführten Argumenten, Darstellen eigener Argumente
- Schluss: Formulieren eines eigenen Standpunkts (Zustimmung, Ablehnung, Kompromiss), ggf. Empfehlungen und/oder offene Fragen

Um die **Argumente** miteinander zu **verbinden**, nutzt man Wendungen, wie z. B.:
*zum einen …, zum anderen …*
*zudem, außerdem, darüber hinaus, des Weiteren, trotzdem, …*
*Für/Gegen … spricht außerdem die Tatsache, dass …*
*Eine große Rolle spielt für mich …*
*Ich möchte noch hinzufügen, dass …*
*Abschließend möchte ich sagen, dass …*
*Zusammenfassend möchte ich sagen, dass …*

**Einen Leserbrief planen**

→ S. 20 Textbezogene (textgebundene) Erörterungen schreiben

**1** Schreibe einen Leserbrief zu folgendem Zeitungsartikel.

a Lies den Artikel auf der folgenden Seite und formuliere das angesprochene Problem und den Standpunkt der Autorin dazu. Schreibe ihre Argumente heraus.

*Problem: …*
*Standpunkt der Autorin: …*
*Argumente der Autorin: …*

## Mittelmäßige Noten für das Schulessen in Sachsen

**Dresden.** Zerkochte Kartoffeln, zähes Schnitzel, fades Gemüse – nicht immer trifft das Mittagessen den Geschmack der Schüler. Die Hauptkritikpunkte: Es gibt zu viel Fleisch und verarbeitete Kartoffelprodukte, zu wenig frisches Obst und Gemüse. Oft seien die Speiseräume überfüllt, den Schülern bliebe wegen der knapp bemessenen Pause kaum Zeit für eine ruhige Mahlzeit. Da verzichten manche lieber ganz. Positiv sei dagegen zu bewerten, dass in Sachsen nahezu flächendeckend ein warmes Mittagessen für Kinder und Jugendliche angeboten wird.

Aber gekocht wird kaum an den Schulen. In Dresden und Leipzig beliefern Caterer die Schulen. Das Essen wird nicht selten bis zu vier Stunden warm gehalten. Wie Kartoffeln und Brokkoli dann aussehen, kann man sich vorstellen.

Aber ein Problem liegt auch bei den Eltern, die nicht mehr für die gesunde Verpflegung ihrer Kinder zahlen wollen oder können. Wenn die Versorger vor Ort an den Schulen kochen, müssen die Eltern dafür allerdings tiefer in die Tasche greifen. Diskutiert wird auch eine steuerfinanzierte Lösung des Problems.

*Christiane Raatz*

Nach: Leipziger Volkszeitung, 17.09.2012, S.4.

---

**TIPP**
Recherchiere im Internet andere Meinungen.

**b** Sammle eigene Pro- und Kontra-Argumente für und gegen den Standpunkt der Autorin. Wäge die Argumente ab und formuliere deinen eigenen Standpunkt zum behandelten Problem.

**Einen Textentwurf schreiben**

**2** Schreibe einen vollständigen Entwurf deines Leserbriefs. Orientiere dich dabei am Merkkasten auf S. 39.

**a** Entwirf die Anrede und die Einleitung.

*Anrede:* Sehr geehrte(r) ...,
*Einleitung:* in Ihrem Artikel „..." von ..., der am ... in der ... Zeitung auf S. ... veröffentlicht wurde, ...

→ S. 20 Textbezogene (textgebundene) Erörterungen schreiben

**b** Schreibe den Hauptteil, in dem du dich mit den Argumenten der Autorin kritisch (kontrovers) auseinandersetzt. Orientiere dich an den Gliederungsmöglichkeiten einer Erörterung.

*Hauptteil:* Zuerst muss man festhalten, dass ... Außerdem ... Dafür spricht ... Dagegen spricht ...

# Leserbriefe schreiben 41

c Formuliere den Schluss deines Leserbriefs. Denke auch an eine angemessene Grußformel.

*Schluss: Nachdem ich das Für und Wider dargestellt habe, …*

**Den Textentwurf überarbeiten**

→ S. 128 Satz- und Textgestaltung

→ S. 42 Offizielle Briefe schreiben

a Überarbeite deinen Entwurf. Achte besonders auf die Anordnung der Argumente und die Satzverknüpfung. Überprüfe alle Quellenangaben.

b Überprüfe, ob dein Schreiben den Anforderungen an einen offiziellen Brief entspricht, und ergänze ggf. fehlende Bestandteile.

c Schreibe die Endfassung als korrekt gestalteten Leserbrief.

**TIPP**
Nutze die Schrittfolge auf S. 26.

4 Schreibe einen Leserbrief, in dem du dich erörternd mit dem folgenden Text auseinandersetzt und deine eigene Meinung (deinen Standpunkt) zum angesprochenen Problem begründet darstellst.

> ### Freibadschließung in Neundorf: Bürger proben den Aufstand im Rat
>
> Ihre Forderung, das Bad zu erhalten, machten die 130 Einwohner aus Neundorf und anderen Ortsteilen sehr deutlich, teilweise mit eigens gestalteten T-Shirts.
> Das Freibad Neundorf ist ein Zuschussgeschäft. »Wir bezuschussen jeden einzelnen Besuch derzeit mit etwa 11 Euro«, stellte Hauptamtsleiter Thomas Burkert klar. Die Finanzlage werde immer schwieriger, dann müssten anderswo die Ausgaben reduziert werden.
> Das Freibad ist das einzige in der Gemeinde und ist vor 80 Jahren durch die Einwohner selbst errichtet worden. Nach der Wende ist es in Eigenleistung wieder instand gesetzt worden.
> *Hannah Metzger* — Nach: Freie Presse, 22.03.2012, S. 9.

 5 Wähle einen Artikel aus einer Zeitung oder Zeitschrift aus und schreibe dazu einen Leserbrief an die Redaktion.

## Offizielle Briefe schreiben

**1**

→ S.179 Merkwissen (Mitteilungen verfassen)

**a** Wiederholt, was ihr über offizielle Briefe wisst. In welchen Situationen schreibt man sie? Welche Formen kennt ihr? Was muss man beim Schreiben beachten?

**b** Überprüfe, ob im folgenden Beispiel alle Bestandteile eines offiziellen Briefs vorhanden sind.

---

Friedrich-Schiller-Schule  Ronneburg, 12.10.20...
Klasse 10 b
Martin-Luther-Str. 11
07580 Ronneburg

Reisebüro »Ohnesorgen«
Frau Schulz
Ronneburger Str. 2
04626 Schmölln

**Klassenreise**

Liebe Frau Schulz,

im Juni ist unsere Abschlussfahrt, die müssen wir nun bald planen. Wir hoffen, Sie unterstützen uns dabei!

Vielen Dank!

Mit freundlichen Grüßen

*Ronny Schneider*
Klassensprecher

---

**c** Beurteile, ob der Brief Erfolg haben wird.

**d** Formuliere ungünstig verfasste Bestandteile des Briefs um.

**e** Schreibe den Brief in eine Mail mit dem gleichen Inhalt um. Beachte die Besonderheiten von E-Mails.

| An: | ohnesorgen-reisen@mail.de |
|---|---|
| Betreff: | |

Offizielle Briefe schreiben **43**

**2** Du hast dich bisher vergeblich um eine Ausbildungsstelle beworben und möchtest dich im Berufsinformationszentrum (BiZ) beraten lassen. Bitte per Mail um einen persönlichen Beratungstermin.

**3** Bitte um ein Angebot für das Drucken und Binden der Abschlusszeitung eurer Klasse. Nutze dazu die Schrittfolge.

**So kannst du einen offiziellen Brief schreiben**
1. Vermerke oben links den Absender (Name, Adresse, eventuell Telefonnummer und E-Mail-Adresse) und oben rechts Ort und Datum.
2. Schreibe unter den Absender Namen und Adresse des Empfängers.
3. Formuliere in der Betreffzeile, worum es in dem Brief geht.
4. Schreibe nach der Anrede, welches Anliegen du hast.
5. Ergänze die Grußformel und die Unterschrift.
6. Führe darunter bei Bedarf die Anlagen auf, die du dem Brief beifügst.
7. Überarbeite deinen Entwurf. Achte dabei auf klare und höfliche Formulierungen. Schreibe anschließend die Endfassung.

**4** Bitte in einem Brief den Betrieb, bei dem du dich leider erfolglos beworben hast, um Rücksendung deiner Bewerbungsunterlagen. Weise darauf hin, dass du einen frankierten (mit Briefmarke versehenen) Umschlag mit deiner Adresse beilegst.

**5** Erbitte ein Angebot für das Anmieten eines geeigneten Raums für die Abschlussfeier eurer Klasse. Entscheide dich für einen Brief oder eine E-Mail.

*Was habe ich gelernt?*

**6** Überprüfe, was du über offizielle Briefe gelernt hast. Gestalte ein Muster am PC und achte darauf, dass es alle notwendigen Bestandteile enthält.

## Formulare ausfüllen

**1** Tauscht euch darüber aus, wann und wo ihr schon einmal Formulare ausgefüllt habt.

**2** Auch für einen Ausbildungsvertrag muss man ein Formular ausfüllen.

a Sieh dir das Formular an, überlege, wozu es dient, und bestimme, welche Angaben du selbst ausfüllen musst. Trage sie in eine Kopie des Formulars ein.

Formulare ausfüllen **45**

→ http://www.dihk.de
→ Themenfelder
→ Aus- und Weiterbildung

**b** Lade das Formular aus dem Internet herunter und fülle die Angaben zu deiner Person am PC aus. Speichere die Datei.

! Für viele Zwecke gibt es **Formulare**. Sie sollten möglichst sorgfältig in gut lesbaren Druckbuchstaben ausgefüllt werden. Bei Bedarf verwendet man **Abkürzungen**, z. B.: *Straße – Str.*
Vor dem Ausfüllen sollte man sich das ganze Formular ansehen und überlegen, welche Angaben einzutragen sind. Es empfiehlt sich, zuerst eine Kopie des Formulars auszufüllen und diese für die eigenen Unterlagen aufzubewahren.

**TIPP**
Du kannst dir auch ein Original der gewünschten Krankenkasse aus dem Internet herunterladen und am PC ausfüllen.

**3** Stelle dir vor, du möchtest mit Beginn deiner Ausbildung die Krankenkasse wechseln. Fülle eine Kopie des folgenden Formulars aus.

**Mitgliedschaftsantrag Auszubildende**
Ich möchte Mitglied der ☐ *Krankenkasse* ab ☐.☐.☐ werden.

**Persönliche Angaben**
Rentenversicherungsnummer ☐
Versichertennummer ☐
Name ☐   Vorname ☐
Geburtsdatum ☐.☐.☐
Straße, Nr. ☐   PLZ, Ort ☐
Telefon* ☐   E-Mail* ☐
* Angabe ist freiwillig

**Angaben zum letzten Versicherungsverhältnis**
Ich war zuletzt versichert bei
Krankenkasse ☐
Ort ☐
von ☐.☐.☐   bis ☐.☐.☐
☐ pflicht- ☐ freiwillig ☐ familien- ☐ privat versichert
Die Kündigungsbestätigung ☐ liegt bei ☐ wird nachgereicht

**Angaben zu Ihrer Ausbildung**
Ausbildungsberuf ☐
Ausbildung von ☐.☐.☐   bis ☐.☐.☐
Arbeitgeber ☐
Straße, Nr. ☐
PLZ, Ort ☐

(Datum)   (Unterschrift)

**46** Mitteilungen verfassen

a  Du möchtest einen Termin für eine Berufsberatung bekommen. Fülle eine Kopie des folgenden Kontaktformulars aus.

b  Du möchtest dich über Veranstaltungen des BiZ in der Nähe deines Wohnorts informieren. Fülle eine Kopie des folgenden Formulars aus.

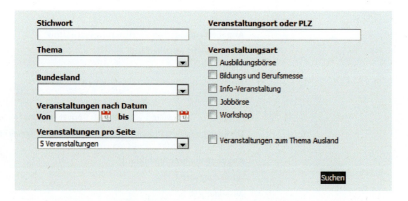

Was habe ich gelernt?

5  Überprüfe, was du über das Ausfüllen von Formularen gelernt hast. Überlege, worauf zu achten ist, und formuliere drei Imperativsätze.

# Sich bewerben

## Informationen zu Berufen einholen

**1** Tragt zusammen, wo und wie ihr Informationen zu Berufsbildern bekommen könnt.

**2**
a  Lies die beiden Steckbriefe zu Berufsbildern.

## Industriemechaniker(in)

**Ausbildungsart**  Duale Berufsausbildung
**Dauer**  3,5 Jahre
**Lernorte**  Betrieb und Berufsschule

### Was macht man in diesem Beruf?

Industriemechaniker(innen) sorgen dafür, dass Maschinen und Fertigungsanlagen betriebsbereit sind. Sie stellen Geräteteile, Maschinenbauteile und -gruppen her und montieren diese zu Maschinen und technischen Systemen. Anschließend richten sie diese ein, nehmen sie in Betrieb und prüfen ihre Funktionen. Zu ihren Aufgaben gehört zudem die Wartung und Instandhaltung der Anlagen. Sie ermitteln Störungsursachen, bestellen passende Ersatzteile oder fertigen diese selbst an und führen Reparaturen aus. Nach Abschluss von Montage- und Prüfarbeiten weisen sie Kollegen oder Kunden in die Bedienung und Handhabung ein.

### Welcher Schulabschluss wird erwartet?

Rechtlich ist keine bestimmte Schulbildung vorgeschrieben. In der Praxis stellen Betriebe überwiegend Auszubildende mit mittlerem Bildungsabschluss ein.

### Worauf kommt es an?

- Vor allem **Sorgfalt** ist in diesem Beruf wichtig, z. B. beim Auswerten technischer Unterlagen, beim Warten und Instandsetzen von Maschinen und beim Durchführen von Qualitätskontrollen.
- Kenntnisse in **Mathematik** sollten vorhanden sein, da man z. B. Werte aus Tabellen umrechnet oder Längenmaße, Winkel oder Volumina für die Herstellung von Ersatzteilen berechnet. Wissen aus der **Physik** ist wichtig, um mit den unterschiedlichen Maschinen und Fertigungsanlagen umzugehen und die notwendigen Grundlagen der Elektro- und Steuerungstechnik zu verstehen. **Informatikkenntnisse** erleichtern den Einstieg in die Arbeit mit computergesteuerten Maschinen.

### Welche Alternativen gibt es?

- Fertigungsmechaniker(in)
- Feinwerkmechaniker(in)
- Mechatroniker(in)
- Konstruktionsmechaniker(in)
- Werkzeugmechaniker(in)

## Erzieher(in)

**Ausbildungsart** Schulische Ausbildung an Berufsfachschulen
**Dauer** 2–4 Jahre
**Lernorte** Berufsfachschule bzw. Berufskolleg/Fachschule

### Was macht man in diesem Beruf?

Erzieher(innen) betreuen Kinder und Jugendliche und fördern sie in ihrer individuellen und sozialen Entwicklung. Sie regen die Kinder oder Jugendlichen zum Spiel oder zur kreativen Betätigung an. Beispielsweise basteln, singen und turnen sie mit den Kindern, üben kleine Theaterstücke ein oder organisieren Ausflüge. Zu ihren Aufgaben gehört es auch, mit den Kindern und Jugendlichen über Alltagsprobleme zu sprechen oder sie zu trösten.

Sie beobachten das Verhalten und Befinden der Kinder und Jugendlichen. Auf Basis dieser Beobachtungen beurteilen sie z. B. Entwicklungsstand, Motivation oder Sozialverhalten. Die Dokumentation von Projekten und pädagogischen Maßnahmen gehört ebenfalls zu ihren Aufgaben. Darüber hinaus erstellen sie Erziehungspläne und bereiten Aktivitäten vor. Zu Eltern bzw. Erziehungsberechtigten halten sie engen Kontakt und stehen ihnen informierend und beratend zur Seite.

### Worauf kommt es an?

- Für die Arbeit mit Kindern und Jugendlichen sind **Konfliktfähigkeit** und **Einfühlungsvermögen** unabdingbar: Erzieher(innen) schlichten Streit und müssen auf Wutausbrüche und Tränen angemessen reagieren. Dabei berücksichtigen sie die kindliche Gefühls- und Erlebenswelt. Auch **Kommunikationsfähigkeit** ist sehr wichtig, sowohl im Umgang mit den Kindern und Jugendlichen als auch mit den Erziehungsberechtigten. Dazu verfügen Erzieher(innen) über ein hohes Maß an **Verantwortungsbewusstsein**, z. B. erkennen sie Gefahren und Unfallrisiken rechtzeitig und treffen geeignete Vorsichtsmaßnahmen.
- Angehende Erzieher(innen) sollten Interesse an **Kunst** und **Musik** mitbringen, da sie mit Kindern und Jugendlichen basteln und malen, singen, tanzen und musizieren. Daneben ist ein umfangreiches Allgemeinwissen von Bedeutung, um die Kinder in ihrer geistigen Entwicklung zu fördern. Um die Kinder z. B. mit der Tier- und Pflanzenwelt vertraut zu machen, sind gute Kenntnisse in **Biologie** vorteilhaft.

### Welcher Schulabschluss wird erwartet?

Meist wird für die Aus- bzw. Weiterbildung ein mittlerer Bildungsabschluss vorausgesetzt.

### Welche Alternativen gibt es?

Alternativberufe mit vergleichbaren Ausbildungs- bzw. Tätigkeitsinhalten:
- Erzieher(in) – Jugend- und Heimerziehung
- Sozialhelfer(in)/Sozialassistent(in)
- Sozialpädagogische(r) Assistent(in)/Kinderpfleger(in)

**b** Stelle einen dieser beiden Berufe in der Klasse vor. Schreibe die erforderlichen Informationen heraus. Lege dazu eine Tabelle nach folgendem Muster an und ergänze die mittlere Spalte.

|  | Beruf 1 | Beruf 2 |
|---|---|---|
| 1 genaue Berufsbezeichnung | … | … |
| 2 Haupttätigkeiten im Beruf | | |
| 3 Anforderungen an Bewerber(in) | | |
| 4 erforderlicher Schulabschluss | | |
| 5 verwandte Berufe | | |

→ http://berufenet.arbeitsagentur.de/berufe/

**3**

**a** Sammle nun Informationen über deinen Wunschberuf und ergänze die rechte Spalte der Tabelle.

**b** Überprüfe, ob du die erforderlichen Voraussetzungen für deinen Wunschberuf erfüllst.

**c** Stelle deinen Wunschberuf in der Klasse vor.

**4**

**a** Tragt zusammen, wo ihr Ausbildungsplatzangebote findet. Legt dazu einen Cluster an.

**b** Lies die folgenden Inserate. Erkläre, woraus man schließen kann, dass diese Angebote seriös sind.

Wir suchen zum 01. August

## Auszubildende zum Industriemechaniker (m/w).

Sind Sie technikbegeistert, engagiert und flexibel? Dann könnten Sie ein Teamplayer in unserem bundesweit operierenden Unternehmen werden.

*Sie besitzen:*
– einen guten mittleren Schulabschluss
– gute Noten in den Naturwissenschaften
– gute Informatikkenntnisse
– technisches Verständnis und handwerkliches Geschick

*Wir bieten:*
– eine Ausbildung in einem Beruf mit Zukunft
– eine interessante Arbeit überall in Deutschland
– überdurchschnittliche Bezahlung
– mögliche Übernahme nach der Ausbildung

Wir warten auf Ihre Bewerbungsunterlagen, gern auch als E-Mail: Baukreation B GmbH, Grohsteig 12, 06110 Halle (Saale), Herr Muster (muster@Baukreation.de).

Sie sind medieninteressiert, haben ein Gespür für Trends und gehen gern auf Menschen zu. Dann sind Sie bei uns richtig! Beginnen Sie eine

## Ausbildung zur/zum Buchhändler(in).

Ein tolles Arbeitsklima erwartet Sie in einer unserer 20 Filialen im Nordosten Deutschlands. Außerdem bestehen gute Chancen für eine Übernahme und umfangreiche Weiterbildungsmöglichkeiten.

*Wir erwarten:*
– einen guten mittleren Schulabschluss
– ausgeprägte Kommunikationskompetenz
– Interesse am Verkauf
– Einsatzwillen und Teamgeist

Senden Sie Ihre vollständigen Bewerbungsunterlagen an Herrn Sascha Seibel, Buch+Medien AG, Seewindstr. 12, 18055 Rostock oder bewerben Sie sich online: www.buch-medien-rostock.de.

**c** Lege eine Tabelle an und entnimm den Inseraten folgende Informationen.

genaue Berufsbezeichnung – Name der Firma – Ansprechpartner – Anforderungen – auszuführende Tätigkeiten – Leistungen des Unternehmens – Arten der Bewerbung

**d** Suche Ausbildungsangebote, die deinen Berufswünschen entsprechen. Analysiere sie wie in Aufgabe b.

## Bewerbungsunterlagen zusammenstellen

→ S.179 Merkwissen

a Lies die folgenden Bewerbungsunterlagen und wiederhole, welche Angaben Bewerbungsschreiben und Lebenslauf enthalten müssen.

Ole Küster  Halle, 12. Oktober 2014
Liebenauer Str. 120
06110 Halle (Saale)
Tel. (01 23) 23 45 67

Baukreation B GmbH
Herrn Muster
Grohsteig 12
06110 Halle (Saale)

**Bewerbung um einen Ausbildungsplatz zum Industriemechaniker ab dem 01.08.2015**

Sehr geehrter Herr Muster,

durch Ihre Anzeige in den »Anhaltiner Nachrichten« bin ich auf Ihre Firma und Ihr Angebot aufmerksam geworden. Ich wünsche mir eine Ausbildung, in die ich mein technisches Interesse und mein handwerkliches Geschick einbringen kann. Deshalb bewerbe ich mich bei Ihnen um einen Ausbildungsplatz zum Industriemechaniker.
Zurzeit besuche ich die Sekundarschule »August Hermann Francke« in Halle. Diese werde ich im Juli nächsten Jahres erfolgreich mit dem Realschulabschluss beenden. Während eines Praktikums in einem Hallenser Baubetrieb gewann ich erste Eindrücke von Arbeitsabläufen und Tätigkeiten auf einer Baustelle. Gern möchte ich mein Engagement und meine Flexibilität unter Beweis stellen. Ich verfüge über gute Kenntnisse in Mathematik und Physik und arbeite gern und zuverlässig im Team.

Über eine Einladung zum persönlichen Gespräch würde ich mich sehr freuen.

Mit freundlichen Grüßen
*Ole Küster*

*Anlagen:* Lebenslauf
Kopie des letzten Zeugnisses

## Lebenslauf

**Persönliche Daten**

| | |
|---|---|
| Name: | Ole Küster |
| Geburtsdatum: | 15. Mai 1999 |
| Geburtsort: | Halle |
| Anschrift: | Liebenauer Str. 120 |
| | 06110 Halle (Saale) |
| E-Mail-Adresse: | OleK@online.de |
| Staatsangehörigkeit: | deutsch |

**Schulausbildung**

| | |
|---|---|
| 2005–2009 | Grundschule Johannes, Halle |
| 2009–2015 | Sekundarschule »August Hermann Francke«, Halle |

**Praktika**

| | |
|---|---|
| 2014 | dreiwöchiges Betriebspraktikum bei einer Baufirma |

**Besondere Fähigkeiten und Kompetenzen**

| | |
|---|---|
| Fremdsprachen | Englisch (8 Jahre) |
| Computer | sicherer Umgang mit PC und Mac |
| Sport | Rettungsschwimmer, Deutsches Rettungsschwimmabzeichen in Silber |

Halle, 12. Oktober 2014
*Ole Küster*

→ S.179 Merkwissen

**b** Entwerft, ausgehend von den beiden Mustern, Checklisten für eure eigenen Bewerbungsschreiben und Lebensläufe.

**c** Entwirf deine eigenen Bewerbungsunterlagen für einen Ausbildungsplatz deiner Wahl.

**a** Tragt in einer Liste zusammen, was bei einer E-Mail-Bewerbung zu beachten ist.

**b** Entwerft Bewerbungen als E-Mail-Bewerbungen am Computer. Schickt sie euch gegenseitig zu und kontrolliert die Schreiben.

# Online-Bewerbungsformulare ausfüllen

> **!** Viele Firmen bitten um das Ausfüllen eines **Online-Bewerbungsformulars**, um alle wichtigen Informationen in übersichtlicher Form zu erhalten und so einen ersten Eindruck von einer Bewerberin / einem Bewerber zu gewinnen. Die Formulare sollten mit größter Sorgfalt und den Anforderungen entsprechend ausgefüllt werden.

→ S.44 Formulare ausfüllen

**1** Online-Bewerbungsformulare sehen bei jedem Unternehmen anders aus. Sie fragen aber alle wesentlichen Informationen ab.

a Fülle eine Kopie des folgenden Formulars aus.

---

**Online-Bewerbungsformular**

**Persönliche Daten**
Vorname: _____   Nachname: _____
Geburtsdatum: __.__.__   Geburtsort: _____
Familienstand: _____   Staatsangehörigkeit: _____

**Kontaktdaten**
Straße, Nr.: _____   PLZ, Wohnort: _____
Land: _____   Telefon: _____
Mobiltelefon: _____   E-Mail: _____

**Ich suche**
☐ einen Praktikumsplatz   ☐ einen Ausbildungsplatz
☐ eine Vollzeitstelle   ☐ eine Teilzeitstelle
☐ eine Tätigkeit als freie Mitarbeiterin / freier Mitarbeiter

**Angaben zu Ihrer Ausbildung**
Ich möchte für Sie tätig werden als _____
Ich bin interessant für Sie, weil _____
Mein bevorzugter Einsatzort _____
Meine bisherigen Praktika _____
Mitarbeit wäre möglich ab _____

---

b Überlege, welche Antworten du auf Fragen zu deinen besonderen Fähigkeiten, wie z. B. zu Sprachkenntnissen oder Lieblingsfächern, geben könntest.

**TIPP**
Die Datei sollte nicht größer als 3 MB sein.

c Bereite deinen Anhang vor. Speichere in einer PDF-Datei deine komplette Bewerbung ab: Anschreiben, Lebenslauf und Kopien wichtiger Zeugnisse.

# Vorstellungsgespräche führen

→ S.11 Formelle Gespräche führen
→ S.179 Merkwissen (Bewerbung)

**1** Wiederhole, was du über formelle Gespräche allgemein und Vorstellungsgespräche im Besonderen weißt.

**2** Informiere dich mithilfe der Steckbriefe aus Aufgabe 2a (S.47) über die dort vorgestellten Berufe.

a Notiere wichtige Fakten zu den Berufen für ein Vorstellungsgespräch.

b Überlegt euch Fragen der Bewerberinnen/Bewerber für ein Vorstellungsgespräch.

**3** Gestaltet nun ein Vorstellungsgespräch als Rollenspiel.

a Verwendet und ergänzt folgende Äußerungen und formuliert Antworten.

Begrüßungsphase
Guten Tag, Frau/Herr …! Haben Sie gut hergefunden?
Ich begrüße Sie zum Gespräch. Wie geht es Ihnen? …

Interviewphase
Was wissen Sie bereits über den Beruf der …/des …?
Welche Vorstellungen haben Sie von der Ausbildung/vom Berufsalltag?
Warum bewerben Sie sich in unserem Unternehmen?
Welche Voraussetzungen bringen Sie für diese Ausbildung mit?
Beschreiben Sie Ihre Stärken und Schwächen.
Können Sie sich gut in ein Team einfügen?
Warum sollten wir uns für Sie entscheiden? …

Abschlussphase
Vielen Dank für das Gespräch. Es war sehr aufschlussreich.
Wir teilen Ihnen unsere Entscheidung nächste Woche telefonisch mit.
Vielen Dank. Auf Wiedersehen.

b Spielt eure Vorstellungsgespräche in der Klasse vor. Bewertet das Gesprächsverhalten der Bewerberin/des Bewerbers fair und ehrlich.

**Was habe ich gelernt?**

**4** Überprüft, was ihr über Bewerbungen gelernt habt. Gestaltet ein Poster mit allen wichtigen Informationen, z.B. Adressen, Tipps zu Bewerbungsunterlagen und Vorstellungsgesprächen.

# Facharbeiten schreiben

> **!** Mit dem Schreiben einer **Facharbeit** zu einem ausgewählten Thema stellt man unter Beweis, dass man in der Lage ist, sich selbstständig mit einem bestimmten Thema intensiv zu beschäftigen. Dabei muss man zum Thema recherchieren, Informationen sammeln und ordnen und am Ende das Ergebnis in schriftlicher Form zusammenhängend darstellen. Manchmal sind zusätzlich auch andere Formen der Ergebnispräsentation gefordert, z. B. eine PowerPoint-Präsentation.

Die Facharbeit planen
• Ein Thema wählen und durchdenken

**1**

a Lies die Themen, die dir für die Facharbeit zur Auswahl stehen.

   1 Ein Künstlerporträt (Auswahl des Künstlers in Eigenverantwortung)
   2 Goethes Italienreise
   3 Muss die Artenvielfalt der Erde erhalten bleiben?
   4 Integration von Handys in den Unterricht – Zukunftsvision oder Realität?

b Wähle eins der Themen aus. Folgende Fragen helfen dir dabei.

   1 Was spricht mich spontan am meisten an?
   2 Will ich das Thema mit jemandem zusammen bearbeiten?
   3 Wird die Recherche genügend Material ergeben?
   4 Interessiert das Thema auch andere?
   5 Welche Darstellungsmöglichkeiten ergeben sich für die Facharbeit?

• Ideen sammeln und ordnen

c Führe ein Brainstorming durch und ordne anschließend alle Gedanken, die dir zu dem Thema einfallen, in einem Cluster.

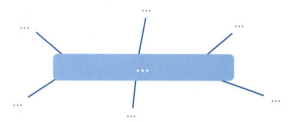

d Bewerte nun deine Notizen und streiche unbrauchbare Ideen.

# 56 Facharbeiten schreiben

**2** Für dein Thema benötigst du Sachinformationen.

Informationen recherchieren

**a** Überlege, wo du suchen bzw. recherchieren kannst. Achte dabei auf Vor- und Nachteile der unterschiedlichen Quellen.

**b** Suche geeignete Texte und Informationen zu deinem Thema. Die Schlüsselwörter aus deinem Cluster helfen dir dabei.

**c** Sammle auch Anschauungsmaterial, das du später in die Arbeit aufnehmen könntest.

> **So kannst du Informationen recherchieren**
> 1. Stelle Schlüsselwörter für deine Suche zusammen.
> 2. Suche in Büchern, Zeitschriften oder auf Internetseiten nach geeigneten Texten und Informationen. Nutze geeignete Lesetechniken.
> 3. Wähle geeignete Texte und Materialien aus, kopiere sie bei Bedarf.
> 4. Erschließe die Texte und Materialien gründlich:
>    – Schreibe wichtige Informationen stichpunktartig auf.
>    – Notiere oder markiere wichtige Textstellen (Zitate).
>    – Fertige ggf. Exzerpte an.
>    – Schreibe alle Quellenangaben exakt auf.

→ S.179 Merkwissen

→ S.85 Informationen aus Texten und Grafiken entnehmen

• Material sichten, ordnen und auswerten

**d** Sichte und ordne dein Material und werte es gründlich aus. Orientiere dich dabei an der Schrittfolge.

• Ein Exzerpt anfertigen

**3** Übe das Anfertigen eines Exzerpts.

→ S.179 Merkwissen

**a** Wiederhole, was ein Exzerpt ist.

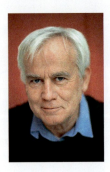

**b** Stelle dir vor, du hast das Thema »Ein Künstlerporträt« gewählt und dazu den Text auf der folgenden Seite gefunden. Lies ihn gründlich und fertige ein Exzerpt an. Beantworte dabei folgende Fragen.

1 Wie geht Jim Rakete an das Fotografieren von Menschen heran?
2 Wie präsentiert er seine Fotoobjekte?
3 Was sagt er selbst über seine Arbeit?

### Jim Rakete – der Fotograf der interessanten Menschen

Meist aber braucht Jim Rakete nur einige Minuten für ein Bild. Die erste Idee sei doch immer die beste, sagt er, beim langen Absuchen verheddere man sich nur in einer Diskussion mit sich selbst. Als Augenblicksbeziehungen bezeichnet er mittlerweile die Treffen mit den Stars. Und
5 tröstet sich mit der Erkenntnis, nie falsch zu liegen, wenn man interessante Menschen fotografiere. »Da hat sich ja stets etwas eingegraben in die Gesichter.« Weil ihm alle vertrauen, darf er diese Spuren auch zeigen. So präsentiert er nicht glamouröse Stars, die für ihn einen Moment lang vom Himmel herabgestiegen sind, sondern großartige Talente aus
10 Fleisch und Blut. Wie er dabei Männer wie Frauen gleichermaßen stark und zerbrechlich und klug und attraktiv und sensibel und witzig und nachdenklich zeigt und kein einziges Adjektiv nur einem der beiden Geschlechter zuordnet, zählt ebenfalls zu den Geheimnissen seiner Arbeit. Kunst braucht Abstand, sagt Jim Rakete. Und er sagt, dass sich beim Foto-
15 termin immer nur einer wichtigmachen dürfe, und dass das besser nicht der Fotograf sein solle. Dass Aufdringlichkeit nicht funktioniere. Und

dass man nur unwichtige Leute wie Stars behandeln müsse, wichtige Leute aber wie normale Menschen. Dass man an die Quelle gehen müsse. Keinen Auf-
20 wand betreiben dürfe. Und dass heute viel zu wenige Fotografen noch ihren Empathie-Reflex aktivieren wollten. Das sagt er alles so unprätentiös, dass man es für eine raffinierte Art von Understatement halten könnte. Abstand, sagt er noch einmal, Abstand sei
25 sein Geheimnis für Tiefe.
Deshalb gibt es bei ihm so viel zu sehen.

Langer, Freddy: Rosebud. Aus: Deutsches Filminstitut (Hg.):<br>Jim Rakete – Stand der Dinge. 100 Porträts für das Deutsche Filmmuseum.<br>Frankfurt am Main: Schirmer Mosel, 2011, S. 9.

c   Überprüfe, ob du alle zur Beantwortung der Fragen wichtigen Informationen und die genauen Quellenangaben festgehalten hast.

**Eine Gliederung erstellen**

**4** Denke erneut über dein Thema nach, ordne deine Ergebnisse und erstelle eine Gliederung.

a   Erprobe unterschiedliche Möglichkeiten des Ordnens und Gliederns, z. B. Mindmap, Tabelle, Teilüberschriften, Nummerierung des Materials. Entscheide dich für eine Möglichkeit.

**b** Entwirf jetzt eine Gliederung für deine Facharbeit. Orientiere dich dabei am folgenden Merkkasten.

> **!** Eine **Facharbeit** muss nach einer übersichtlichen **Gliederung** aufgebaut sein. Dafür verwendet man meist eine Dezimalnummerierung. Diese Gliederung kann auch als Inhaltsverzeichnis verwendet werden, z. B.:
>
> | 1 | Einleitung | 1 | Integration von Handys in den Unterricht – Zukunftsvision oder Realität? |
> |---|---|---|---|
> | 2 | Hauptteil | 2 | Technische Möglichkeiten |
> | 2.1 | Unterthema 1 | 2.1 | Bereicherungen für den Unterricht |
> | 2.2 | Unterthema 2 | 2.2 | Mögliche Gefahren |
> | 2.2.1 | Abschnitt 1 | 2.2.1 | Missbrauch im Unterricht |
> |  | usw. | 2.2.2 | … |
> | 3 | Schluss | 3 | Zusammenfassung |
> | 4 | Anhang | 4 | Anhang: Quellenverzeichnis, Abbildungen |

**Einen Textentwurf schreiben**

**5**

**a** Schreibe nun den Textentwurf (Einleitung, Hauptteil und Schluss) am PC und berücksichtige die Formvorgaben im Merkkasten.

**b** Überlege, welches Anschauungsmaterial direkt in den Text eingefügt werden soll und welches du im Anhang zur Verfügung stellen willst.

**c** Material, das direkt in den Text eingefügt wird, sollte auch sprachlich eingebunden werden. Sammelt geeignete Wendungen dafür.

**TIPP**
Achte auf exakte Quellenangaben.

*Das Diagramm macht deutlich, dass … Wie die Grafik zeigt, …*

**d** Lies den Merkkasten und entscheide, welche Variante du nutzen willst.

> **!** Es gibt verschiedene Möglichkeiten, um **auf Materialien im Anhang** zu **verweisen**, z. B:
> - **direkt formulierte Hinweise** im Text, z. B.:
> *Wie man auf Foto 1 im Anhang sieht, … Die Daten im Anhang (S. 2) …*
> - **Verweise in Klammern** im Text, z. B.:
> *(vgl. Anhang, Tabelle 1), (vgl. Anhang, Abb. 1), (s. Anhang, S. 2),*
> - **Fußnoten**, z. B.: [1] *s. Anhang, S. 3;* [2] *vgl. Anhang, Abb. 1.*
>
> Innerhalb der Arbeit sollte man sich für eine Variante entscheiden.

**Den Entwurf überarbeiten**

**TIPP**
Überarbeite den Text mehrfach, am besten an verschiedenen Tagen.

**6** Überarbeite deinen Textentwurf.

a Überprüfe den Inhalt, den Zusammenhang der Textteile und ob die einzelnen Gliederungspunkte logisch aufeinander folgen.

b Korrigiere Wortwahl, Satzbau, Zeichensetzung und Rechtschreibung.

c Prüfe, ob im Text alle Quellen exakt angegeben sind, und schreibe ein vollständiges Quellenverzeichnis. Ordne die Quellen dazu alphabetisch.

**Die Facharbeit fertigstellen**

**7**

a Wiederhole mithilfe des Merkkastens, wie die Endfassung deiner Facharbeit gestaltet sein sollte.

> Zur Facharbeit gehören:
> - ein **Deckblatt**,
> - das **Inhaltsverzeichnis**,
> - der **Text** der Arbeit,
> - der Anhang (**Quellenverzeichnis, eidesstattliche Erklärung**).
>
> Der **Umfang** der Arbeit (ohne Anhang und Deckblatt) beträgt in der Regel 8–10 Seiten, die nur einseitig bedruckt und nummeriert werden. Man sollte eine gut lesbare Schriftart auswählen (Times New Roman, Arial, Calibri, Schriftgröße 12 pt, Zeilenabstand 1,5). Der linke Rand sollte 4 cm und die übrigen jeweils 2 cm betragen. Die Arbeit wird nach dem Ausdrucken in einen Schnellhefter geheftet oder gebunden.
> Spezielle Vorgaben oder Anforderungen des Fachlehrers sollten unbedingt beachtet werden.

b Entwirf ein Deckblatt nach folgendem Muster.

## Facharbeit

im Fach ...

Thema: ...

Schule: ...          Schuljahr ...

Verfasser(in): ...   Betreuer(in): ...

**c** Erstelle nun das Inhaltsverzeichnis, nutze dazu deine Gliederung aus Aufgabe 4 b (S. 58).

**d** Schreibe eine eidesstattliche Erklärung. Beachte, dass das die letzte Seite deiner Arbeit sein soll. Nutze dazu eins der folgenden Muster.

> Hiermit erkläre ich, *(Name)*, an Eides statt, dass ich diese Facharbeit selbstständig und nur unter Zuhilfenahme der angegebenen Quellen erstellt habe.
>
> *(Ort, Datum)*          *(handschriftliche Unterschrift)*

> Ich erkläre hiermit, dass ich die Facharbeit ohne fremde Hilfe angefertigt und nur die angeführten Quellen und Hilfsmittel verwendet habe.
>
> *(Ort, Datum)*          *(handschriftliche Unterschrift)*

**Die Endfassung erstellen**

**8** Lies die gesamte Arbeit noch einmal gründlich. Prüfe, ob alle Bestandteile vorhanden sind und ob alle formalen Vorgaben eingehalten wurden. Drucke die Endfassung aus.

> ☑ *Deckblatt*
> ☑ *Inhaltsverzeichnis*
> ☐ *Text der Arbeit*
> ☐ *Quellenverzeichnis*
> ☐ *eidesstattliche Erklärung*
> ☐ *Mappe bzw. Einband*

**Was habe ich gelernt?**

**9** Überprüfe, was du über das Schreiben von Facharbeiten gelernt hast. Schätze dich selbst ein. Beantworte dazu folgende Fragen.

    **1** Was lief gut? Was hat mir gefallen?
    **2** Was fiel mir schwer? Was würde ich beim nächsten Mal anders machen?
    **3** Wie ist meine Facharbeit gelungen?

# Mit literarischen Texten umgehen

## Mit epischen Texten umgehen

**1**

→ S.179 Merkwissen

a Wiederhole die Merkmale epischer (erzählender) Texte.

b Tragt zusammen, welche epischen Textsorten ihr kennt und welche Merkmale diese haben. Legt dazu eine Tabelle an.

**TIPP**
Nutzt verschiedene Nachschlagewerke und das Textsortenverzeichnis im Lesebuch.

**2**

a Lies die Kurzgeschichte von Lew Tolstoi (1828–1910).

**Der Sprung**
*Eine wahre Geschichte*

Ein Schiff hatte eine Weltreise gemacht und war auf dem Weg nach Hause. Es war windstilles Wetter, und die ganze Besatzung befand sich auf Deck. Inmitten der Menge tollte ein großer Affe herum und amüsierte alle. Der Affe turnte, sprang hin und her, schnitt Grimas-
5 sen und äffte die Menschen nach: Man sah, er wusste, dass sich alle über ihn amüsierten, und er geriet dadurch noch mehr außer Rand und Band.
Er sprang an einen zwölfjährigen Jungen, den Sohn des Kapitäns, heran, riss ihm den Hut vom Kopf, setzte ihn sich selbst auf und klet-
10 terte geschwind auf den Mast. Alle lachten, und nur der ohne Hut gebliebene Junge wusste nicht, ob er lachen oder sich ärgern sollte. Der Affe setzte sich auf die unterste Rahe¹ des Mastes, nahm den Hut ab und begann mit Zähnen und Pfoten daran zu zerren. Er schien den Jungen necken zu wollen, zeigte auf ihn und schnitt ihm Gri-
15 massen. Der Junge drohte dem Affen und schrie ihn an, doch der Affe zerrte daraufhin nur noch wütender am Hut. Die Matrosen bogen sich vor Lachen, aber der Junge bekam einen roten Kopf, warf seine Jacke ab und kletterte auf den Mast, dem Affen nach. Er hatte am Tau im Nu die unterste Rahe erklommen, aber im selben Augen-
20 blick, als er nach dem Hut greifen wollte, kletterte der Affe noch behänder und schneller als der Junge weiter nach oben.
»Warte nur, ich kriege dich schon!«, schrie der Junge und kletterte höher. Der Affe lockte ihn wieder heran und kletterte dann noch höher hinauf; aber der Junge war jetzt in Wut geraten und blieb dem
25 Affen auf den Fersen. So gelangten der Affe und der Junge in weni-

¹ waagerechte Stange am Mast, an der ein Segel befestigt wird

[2] altes russisches Längenmaß, entspricht 71,1 cm

gen Augenblicken bis an die oberste Rahe. Nun streckte sich der Affe in seiner ganzen Länge aus, umklammerte mit der Hinterpfote das Tau und hängte den Hut am Ende der Rahe auf; dann kletterte er auf die Mastspitze, schnitt von dort Grimassen, fletschte die Zähne und freute sich. Vom Mast bis zum Ende der Rahe, wo der Hut hing, waren es zwei Arschin[2], sodass der Junge ihn unmöglich erreichen konnte, ohne den Mast und das Tau loszulassen.

Aber der Junge war immer mehr in Wut geraten. Er ließ den Mast los und betrat die Rahe. Vom Deck hatten alle zugesehen und darüber gelacht, was der Affe und der Kapitänssohn anstellten; doch jetzt, als der Junge das Tau losließ und mit nach beiden Seiten ausgebreiteten Armen die Rahe betrat, erstarrten alle vor Entsetzen.

Nur ein Fehltritt – und er würde abstürzen und auf dem Deck zerschmettert werden. Aber selbst dann, wenn er nicht fehltreten sollte und es ihm gelingen würde, bis an das Ende der Rahe zu kommen und den Hut an sich zu nehmen – selbst dann würde es für ihn schwer sein, sich umzudrehen und bis zum Mast zurückzugehen. Alle blickten schweigend hinauf und warteten, was werden würde. Plötzlich stieß jemand in der Menge vor Entsetzen einen leisen Schrei aus. Der Junge kam bei diesem Schrei zur Besinnung, warf einen Blick nach unten und begann zu schwanken.

In diesem Augenblick kam der Kapitän des Schiffes, der Vater des Jungen, aus seiner Kajüte aufs Deck. Er brachte ein Gewehr mit, um Möwen zu schießen. Als er seinen Sohn auf dem Mast sah, legte er schnell das Gewehr auf ihn an und schrie ihm zu: »Ins Wasser! Spring sofort ins Wasser! Sonst erschieße ich dich!« Der Junge schwankte, verstand aber nicht, was der Vater rief. »Springe, oder ich erschieße dich! ... Eins, zwei ...« Und im selben Augenblick, als der Vater »drei« rief, sprang der Junge kopfüber ins Meer.

Der Körper schlug wie eine Kanonenkugel klatschend aufs Wasser auf, und die Wellen waren kaum über ihm zusammengeschlagen, da stürzten sich auch schon zwanzig beherzte Matrosen vom Schiff ins Meer. Nach etwa vierzig Sekunden – sie schienen allen endlos zu sein – tauchte der Körper des Jungen wieder auf. Er wurde ergriffen und aufs Schiff gezogen. Nach einigen Minuten ergoss sich aus dem Mund und der Nase des Jungen Wasser, und er begann zu atmen. Als der Kapitän dies sah, stieß er plötzlich einen Schrei aus, als müsste er ersticken, und lief in seine Kajüte, damit niemand sah, wie er weinte.

Mit epischen Texten umgehen

**b** Wie gefällt dir die Geschichte? Begründe deine Meinung.

**c** Weise nach, dass es sich bei dem Text um eine Kurzgeschichte handelt.

Einen epischen Text analysieren

→ S.179 Merkwissen

**3** Wiederhole, wie man einen Erzähltext analysiert.

**4** Analysiere die Kurzgeschichte aus Aufgabe 2a (S.61).

**a** Fasse kurz zusammen, worum es in dem Text geht.

**b** Untersuche den Handlungsverlauf. Gliedere den Text in Abschnitte. Bestimme, wann, wo und in welchem Umfeld die Handlung stattfindet.

**c** Nenne die auftretenden Figuren und notiere, was du jeweils über sie erfährst.

*Sohn des Kapitäns: klettert dem Affen hinterher …*
*…*

**d** Bewerte die Handlungsweisen der Figuren. Begründe deine Meinung.

**e** Bestimme, aus wessen Perspektive das Geschehen erzählt wird. Orientiere dich dabei am folgenden Merkkasten.

> **!** Die Sicht, aus der ein Geschehen erzählt wird, nennt man **Erzählperspektive** (Wer spricht?). Innerhalb eines Textes kann die Perspektive wechseln. Man unterscheidet:
> - **Ich-Erzählerin/Ich-Erzähler:** ist am Geschehen beteiligt und erzählt aus ihrer/seiner Sicht (eher subjektive Einschätzung des Geschehens und der anderen Figuren durch die Erzählerin / den Erzähler),
> - **Sie-Erzählerin/Er-Erzähler:** kann als Figur am Geschehen beteiligt sein (eingeschränkter Einblick in die Gefühls- und Gedankenwelt anderer Figuren) oder von außen beobachtend erzählen.
> 
> Tritt die Erzählerin / der Erzähler als allwissend auf, d.h., kennt sie/er die Vorgeschichte, den weiteren Handlungsverlauf, die Gedanken und Gefühle der Figuren und kommentiert bzw. bewertet das Geschehen u.Ä., dann nennt man sie/ihn **auktorialer (allwissender) Erzähler**.

**TIPP**
Wiederhole deine Kenntnisse über stilistische Mittel und Mittel der Satz- bzw. Textgestaltung.

f  Untersuche die Sprache der Geschichte. Lege eine Tabelle nach folgendem Muster an und ergänze sie.

| sprachliche Besonderheiten | Analyseergebnisse | Textbeispiele |
|---|---|---|
| Wortwahl … | … | … |

 g  Tauscht euch darüber aus, welchen Bezug die Überschrift und der Untertitel zur Geschichte haben.

> Das Ziel einer **Interpretation** ist es, mögliche Aussagen eines literarischen Textes herauszuarbeiten, d. h. den **Text** zu **deuten**. Diese Deutungen müssen mithilfe von Textstellen (Zitaten) belegt werden. Eine Textinterpretation schreibt man im **Präsens**. Sie sollte folgende **Bestandteile** aufweisen:
> - Einleitung: Name der Autorin / des Autors, evtl. biografische Daten, Textsorte, Titel, Thema sowie erster Eindruck vom Text
> - Hauptteil: Formulieren einer Interpretationshypothese, Inhaltsangabe, Darstellung und Deutung von Besonderheiten der Handlungs-, Orts-, Zeit- und Figurengestaltung, der Erzählperspektive, besonderer sprachlicher Mittel und deren Wirkung
> - Schluss: Zusammenfassung des Interpretationsergebnisses, z. B. Bezug zum eigenen Leben

**Eine Textinterpretation schreiben**

**5**

a  Lies folgende Interpretationshypothese zum Gesamttext und überlege, ob du ihr zustimmen kannst. Begründe deine Meinung. Formuliere ggf. eine eigene Interpretationshypothese zum Text.

*Die Kurzgeschichte verdeutlicht die verborgene panische Angst eines nach außen stark und hart wirkenden Kapitäns um seinen Sohn.*

b  Wähle dir wichtig erscheinende Textstellen aus und formuliere Deutungsansätze dazu. Achte auf die sinnvolle Einbindung und richtige Kennzeichnung der Zitate.

→ S. 133 Zitieren

c  Deute den Schluss der Geschichte.

- Einen Entwurf schreiben

**d** Fasse deine Ergebnisse zusammen und schreibe eine Interpretation zur Kurzgeschichte von Lew Tolstoi »Der Sprung« (S. 61, Aufgabe 2 a).

- Den Entwurf überarbeiten

**e** Überarbeite den Entwurf. Achte dabei besonders auf sachliche und treffende Formulierungen, geeignete Zitate und persönliche Wertungen.

- Die Endfassung schreiben

**f** Schreibe die Endfassung.

Den Text gestaltend erschließen
→ S. 78

**6** Schreibe einen Tagebucheintrag. Versetze dich dazu in die Situation des Vaters: Am Ende des Tages überdenkt er das Geschehene. Seinem Tagebuch vertraut er seine Beobachtungen, Gedanken und Gefühle an.

Eine Textinterpretation verfassen

**7** Verfasse eine Interpretation zur folgenden Geschichte von Erwin Strittmatter (1912–1994). Nutze dazu die Schrittfolge auf der Methodenseite (S. 77).

### Die Macht des Wortes

Jedes Jahr setzte Großvater vorgezogene Kürbispflanzen in Kompost und zog große gelbe Kürbisse für den Winter. Der Komposthaufen war auf dem Felde. Durch die Felder schlichen zuweilen redliche Menschen, wenn man den Worten der Bibel trauen kann: Sie säten
5  nicht, und sie ernteten doch, und deshalb nächtigte Großvater, wenn die Kürbisse reiften, draußen. Er breitete seine blaue Schürze aus, legte sich hin und schlief im Raingras, und da er beim Schlafen schnarchte, waren die Diebe gewarnt.
Eine Weile ging's gut, aber Großmutter war noch eifersüchtig. Sie
10  wollte kein Mannsbild, das nachts »umherzigeunerte«. »Denk an den Winter! Denk an dein Rheuma. Ich reib dich nicht ein, wenn es dich wieder quält. Im Grase liegen – bist doch kein Rehbock!«
Großvater nahm seine Schürze und ging zur
15  Großmutter in die Kammer, doch bevor er das Feld verließ, nahm er sein Messer und ritzte in alle Kürbishäute: »Gestohlen bei Kulka«.
Die Kürbisse wuchsen. Großvaters Schrift wuchs mit. »*Gestohlen bei Kulka.*« Die Diebe
20  umschlichen den Komposthaufen und ließen die Kürbisse, wo sie waren. Großvaters Buchstaben wirkten wie Zauberrunen.

**8** Verfasse eine Interpretation zur folgenden Geschichte von Paul Watzlawick (1921–2007).

### Die Geschichte mit dem Hammer

Ein Mann will ein Bild aufhängen. Den Nagel hat er, nicht aber den Hammer. Der Nachbar hat einen. Also beschließt unser Mann, hinüberzugehen und ihn auszuborgen. Doch da kommt ihm ein Zweifel: Was, wenn der Nachbar mir den Hammer nicht leihen will? Gestern
5 schon grüßte er mich nur so flüchtig. Vielleicht war er in Eile. Aber vielleicht war die Eile nur vorgeschützt und er hat etwas gegen mich. Und was? Ich habe ihm nichts angetan; der bildet sich da etwas ein. Wenn jemand von mir ein Werkzeug borgen wollte, ich gäbe es ihm sofort. Und warum nicht? Wie kann man einem Mit-
10 menschen einen so einfachen Gefallen abschlagen? Leute wie dieser Kerl vergiften einem das Leben. Und dann bildet er sich noch ein, ich sei auf ihn angewiesen. Bloß weil er einen Hammer hat. Jetzt reicht's mir wirklich. –
Und so stürmt er hinüber, läutet, der Nachbar öffnet, doch noch be-
15 vor er »Guten Tag« sagen kann, schreit ihn unser Mann an: »Behalten Sie Ihren Hammer, Sie Rüpel!«

**9** Wähle eine der Fabeln auf S. 25 aus und verfasse eine Interpretation.

# Mit lyrischen Texten umgehen

→ S.179 Merk-
wissen (Gedicht)

**1** Wiederholt, was das Besondere an lyrischen Texten (Gedichten) ist.

**2**

a Lies die folgende Ballade von Gottfried August Bürger (1747–1794).

### Die Schatzgräber

Ein Winzer, der am Tode lag,
Rief seine Kinder an und sprach:
»In unserm Weinberg liegt ein Schatz,
Grabt nur darnach!« – »An welchem Platz?« –
5 Schrie alles laut den Vater an.
»Grabt nur!« – O weh! da starb der Mann.

Kaum war der Alte beigeschafft,
So grub man nach aus Leibeskraft.
Mit Hacke, Karst und Spaden ward
10 Der Weinberg um und um gescharrt.
Da war kein Kloß, der ruhig blieb;
Man warf die Erde gar durchs Sieb,
Und zog die Hacken kreuz und quer
Nach jedem Steinchen hin und her.
15 Allein da ward kein Schatz verspürt
Und jeder hielt sich angeführt.

Doch kaum erschien das nächste Jahr,
So nahm man mit Erstaunen wahr,
Dass jede Rebe dreifach trug.
20 Da wurden erst die Söhne klug
Und gruben nun jahrein, jahraus
Des Schatzes immer mehr heraus.

b Notiere deine ersten Gedanken zum Gedicht. Wie wirkt das Gedicht auf dich? Beschreibe die Grundstimmung.

**Einen lyrischen Text analysieren**
- den Inhalt untersuchen

**3** Analysiere das Gedicht gründlich.

a Überlege, um welches Thema es geht.

**68** Mit literarischen Texten umgehen

 **b** Klärt unbekannte, veraltete oder wenig gebräuchliche Wörter. Nutzt bei Bedarf ein Wörterbuch oder das Internet.

**c** Fasse den Inhalt jeder Strophe zusammen.

**d** Weise nach, dass es sich bei dem Gedicht um eine Ballade handelt.

• die Form untersuchen

**e** Untersuche, welche formalen Besonderheiten (Verse, Strophen, Reime) das Gedicht aufweist.

 Der Gleichklang zweier oder mehrerer Wörter wird als **Reim** bezeichnet. Je nach Anordnung der Reimwörter ergibt sich ein **Reimschema**, z. B.:
- **Paarreim**: zwei direkt aufeinanderfolgende Verse reimen sich (a a b b),
- **Kreuzreim**: ein Vers reimt sich mit dem übernächsten (a b a b),
- **umarmender Reim**: ein Reim umschließt einen Paarreim (a b b a),
- **Haufenreim**: immer der gleiche Reim am Versende (a a a a).

Man unterscheidet außerdem:
- **reine Reime**: die Reimsilben stimmen genau überein, z. B.: *weben – leben, Haus – Maus, das Leben – streben*.
- **unreine Reime**: die Reimsilben stimmen nur annähernd überein, z. B.: *spannte – Lande, möglich – wenig*.

• die Sprache untersuchen

→ **S.148** Stilistische (sprachliche) Mittel zur Textgestaltung im Überblick

 **f** Untersucht die stilistischen Mittel im Gedicht in Aufgabe 2a (S.67) und schreibt sie heraus.

*Alliteration: „Der Weinberg um und um gescharrt." (Z. 10)*
*Aufzählung: …*

 **g** Überlegt, welchen Einfluss diese Mittel auf den Inhalt, die Aussage und die Wirkung des Gedichts haben. Notiert Stichpunkte.

**Eine Gedichtinterpretation schreiben**

**4** Bereite eine Interpretation des Gedichts »Die Schatzgräber« (S.67, Aufgabe 2a) vor.

**a** Fasse zusammen, wie das Gedicht als Ganzes auf dich wirkt, und formuliere eine Interpretationshypothese.

**b** Wähle Textstellen aus und formuliere Deutungsmöglichkeiten.

*„Ein Winzer, der am Tode lag" (Z.1) – ein Weinbauer lag im Sterben*

Mit lyrischen Texten umgehen **69**

**5** Schreibe jetzt eine zusammenhängende Gedichtinterpretation.

• Einen Entwurf schreiben

**a** Verfasse einen Entwurf. Orientiere dich dabei am folgenden Merkkasten.

> ! Das Ziel der **Interpretation eines lyrischen Textes** ist es, den **Text** zu **deuten** und diese Deutung mithilfe von Textstellen (Zitaten) zu belegen.
> Eine Textinterpretation sollte folgende **Bestandteile** aufweisen:
> - Einleitung:  Name der Autorin / des Autors, evtl. biografische Daten, Gedichtform (z. B. konkrete Poesie, Ballade, Lied), Titel, Entstehungszeit, Thema sowie erster Eindruck vom Text
> - Hauptteil:  Formulieren einer Interpretationshypothese, Inhaltsangabe, Darstellung und Deutung von Besonderheiten der inhaltlichen und formalen Gestaltung sowie besonderer sprachlicher Mittel und deren Wirkung
> - Schluss:  Zusammenfassung des Interpretationsergebnisses, des eigenen Leseeindrucks

• Den Entwurf überarbeiten

**b** Überarbeite deinen Entwurf. Achte besonders auf anschauliche Formulierungen, die korrekte Zeitform und die Verwendung von Zitaten.

Den Text gestaltend erschließen
→ S. 78

**6** Tragt die Ballade »Die Schatzgräber« (S. 67, Aufgabe 2 a) ausdrucksstark vor. Erprobt mehrere Sprechweisen, um die Stimmung und den Inhalt zu verdeutlichen. Tauscht euch darüber aus.

**7** Wähle eine der folgenden Aufgaben aus.

**a** Schreibe die Ballade in eine Erzählung um.

**b** Gestalte die Ballade als Bildgeschichte.

**70** Mit literarischen Texten umgehen

Eine Gedichtinterpretation schreiben

**8** Analysiere das folgende Gedicht von Louis Fürnberg (1909–1957) und verfasse eine schriftliche Interpretation. Nutze dazu die Schrittfolge auf der Methodenseite (S. 77).

### Spätsommerabend

Die Äpfel an den Bäumen,
die wiegt ein leiser Wind,
die letzten Rosen träumen,
der Sommerfaden spinnt.

5 Es färbt mit abendzarten
Pastellen Zaun und Haus
die Sonne hinterm Garten.
Die Wiese atmet aus.

Leis raschelts in den Bäumen.
10 Die Taube gurrt im Schlag.
Wir sitzen und wir träumen.
Es war ein guter Tag.

→ S. 77 Prüfungsaufgaben lösen: Einen literarischen Text interpretieren

**9** Interpretiere das folgende Gedicht von Ludwig Uhland (1787–1862).

### Frühlingsglaube

Die linden Lüfte sind erwacht,
Sie säuseln und weben Tag und Nacht,
Sie schaffen an allen Enden.
O frischer Duft, o neuer Klang!
5 Nun, armes Herze, sei nicht bang!
Nun muss sich alles, alles wenden.

Die Welt wird schöner mit jedem Tag,
Man weiß nicht, was noch werden mag,
Das Blühen will nicht enden.
10 Es blüht das fernste, tiefste Tal:
Nun, armes Herz, vergiss der Qual!
Nun muss sich alles, alles wenden. *(1813)*

**10** Analysiere das folgende Gedicht von Erich Kästner (1899–1974) und verfasse eine schriftliche Interpretation.

### Die Entwicklung der Menschheit

Einst haben die Kerls auf den Bäumen gehockt,
behaart und mit böser Visage.
Dann hat man sie aus dem Urwald gelockt
und die Welt asphaltiert und aufgestockt,
5 bis zur dreißigsten Etage.

Da saßen sie nun, den Flöhen entflohn,
in zentralgeheizten Räumen.
Da sitzen sie nun am Telefon.
Und es herrscht noch genau derselbe Ton
10 wie seinerzeit auf den Bäumen.

Sie hören weit. Sie sehen fern.
Sie sind mit dem Weltall in Fühlung.
Sie putzen die Zähne. Sie atmen modern.
Die Erde ist ein gebildeter Stern
15 mit sehr viel Wasserspülung.

Sie schießen die Briefschaften durch ein Rohr.
Sie jagen und züchten Mikroben.
Sie versehn die Natur mit allem Komfort.
Sie fliegen steil in den Himmel empor
20 und bleiben zwei Wochen oben.

Was ihre Verdauung übriglässt,
das verarbeiten sie zu Watte.
Sie spalten Atome. Sie heilen Inzest.
Und sie stellen durch Stiluntersuchungen fest,
25 dass Cäsar Plattfüße hatte.

So haben sie mit dem Kopf und dem Mund
den Fortschritt der Menschheit geschaffen.
Doch davon mal abgesehen und
bei Lichte betrachtet sind sie im Grund
30 noch immer die alten Affen.

**11** Interpretiere das folgende Gedicht von Johann Wolfgang von Goethe (1749–1832).

### Prometheus

Bedecke deinen Himmel, Zeus,
Mit Wolkendunst,
Und übe, dem Knaben gleich,
Der Disteln köpft,
5 An Eichen dich und Bergeshöhn;
Musst mir meine Erde
Doch lassen stehn
Und meine Hütte, die du nicht gebaut,
Und meinen Herd,
10 Um dessen Glut
Du mich beneidest.

Ich kenne nichts Ärmeres
Unter der Sonn als euch, Götter!
Ihr nähret kümmerlich
15 Von Opfersteuern
Und Gebetshauch
Eure Majestät
Und darbtet, wären
Nicht Kinder und Bettler
20 Hoffnungsvolle Toren.

Da ich ein Kind war,
Nicht wusste, wo aus noch ein,
Kehrt' ich mein verirrtes Auge
Zur Sonne, als wenn drüber wär
25 Ein Ohr, zu hören meine Klage,
Ein Herz wie meins,
Sich des Bedrängten zu erbarmen.

Wer half mir
Wider der Titanen Übermut?
30 Wer rettete vom Tode mich,
Von Sklaverei?
Hast du nicht alles selbst vollendet,
Heilig glühend Herz?
Und glühtest jung und gut,
35 Betrogen, Rettungsdank
Dem Schlafenden da droben?

Ich dich ehren? Wofür?
Hast du die Schmerzen gelindert
Je des Beladenen?
40 Hast du die Tränen gestillet
Je des Geängsteten?
Hat nicht mich zum Manne geschmiedet
Die allmächtige Zeit
Und das ewige Schicksal,
45 Meine Herrn und deine?

Wähntest du etwa,
Ich sollte das Leben hassen,
In Wüsten fliehen,
Weil nicht alle
50 Blütenträume reiften?

Hier sitz ich, forme Menschen
Nach meinem Bilde,
Ein Geschlecht, das mir gleich sei,
Zu leiden, zu weinen,
55 Zu genießen und zu freuen sich,
Und dein nicht zu achten,
Wie ich!   *(1774)*

## Mit dramatischen Texten umgehen

Die **Dramatik** ist neben Lyrik und Epik eine der drei großen Gattungen der Literatur. Sie umfasst neben dem Schauspiel für das Theater auch das Hörspiel und das Fernsehspiel.
Das **Drama** (*griech.* Handlung) ist durch **Dialoge** und **Monologe** der auftretenden Figuren gekennzeichnet. Der **Haupttext** wird auf der Bühne durch die Schauspieler vorgetragen, im **Nebentext** finden sich Regieanweisungen für die Umsetzung.
Eine **Komödie** ist ein Drama mit einer heiteren Handlung, das meist ein glückliches Ende hat. In einer **Tragödie** wird die Hauptfigur mit einem unausweichlichen Schicksal konfrontiert oder gerät in einen Konflikt zwischen einander ausschließenden Werten und scheitert daran.

a   Lest die Dramenszene aus »Kabale und Liebe« (1784) von Friedrich Schiller (1759–1805) zuerst still und danach laut mit verteilten Rollen.

Im ersten Akt erfährt Präsident von Walter, hochrangiger Beamter am Hofe eines deutschen Fürsten, davon, dass sein Sohn sich in Luise, die Tochter des Stadtmusikanten, verliebt hat. Der Präsident will aber Ferdinand mit Lady Milford verkuppeln, um seinen Ein-
5  fluss beim Fürsten zu sichern.
Der zweite Akt spielt im Palais bei Lady Milford.

### Erster Akt, siebte Szene (Auszug)

**Ferdinand**   Sie haben befohlen, gnädiger Herr Vater –
**Präsident**   Leider muss ich das, wenn ich meines Sohns einmal froh werden will[1] – [...] Ferdinand, ich beobachte dich schon eine Zeit
10  lang und finde die offene rasche Jugend nicht mehr, die mich sonst so entzückt hat. Ein seltsamer Gram[2] brütet auf deinem Gesicht – Du fliehst mich – du fliehst deine Zirkel[3] – Pfui! – *Deinen* Jahren verzeiht man zehn Ausschweifungen vor einer einzigen Grille[4]. Überlass diese mir, lieber Sohn. Mich lass an deinem Glück
15  arbeiten, und denke auf nichts, als in meine Entwürfe zu spielen[5]. – Komm! umarme mich, Ferdinand!
**Ferdinand**   Sie sind heute sehr gnädig, mein Vater. [...]
**Präsident**   Höre, junger Mensch, bringe mich nicht auf. – Wenn es nach deinem Kopf ginge, du kröchest dein Leben lang im Staube.

[1] wenn ich mich später über meinen Sohn freuen will
[2] Kummer, Traurigkeit
[3] gesellschaftliche Kreise
[4] absonderliche Idee
[5] und tue nichts anderes, als dich meinen Plänen unterzuordnen

**Ferdinand**  Oh, immer noch besser, Vater, als ich kröch um den Thron herum.

**Präsident**  *(verbeißt seinen Zorn)*  Hum! – Zwingen muss man dich, dein Glück zu erkennen. Wo zehn andre mit aller Anstrengung nicht hinaufklimmen, wirst du spielend, im Schlafe gehoben. Du bist im zwölften Jahre Fähndrich⁶. Im zwanzigsten Major. Ich hab es durchgesetzt beim Fürsten. Du wirst die Uniform ausziehen und in das Ministerium eintreten. Der Fürst sprach vom Geheimenrat⁷ – Gesandtschaften – außerordentlichen Gnaden. Eine herrliche Aussicht dehnt sich vor dir. Die ebene Straße zunächst nach dem Throne – zum Throne selbst, wenn anders die Gewalt so viel wert ist als ihre Zeichen – das begeistert dich nicht?

⁶ Fähnrich (militärischer Dienstgrad eines Offiziers)
⁷ Geheimrat (hoher Beamter)

**Ferdinand**  Weil meine Begriffe von Größe und Glück nicht ganz die Ihrigen sind – Ihre Glückseligkeit macht sich nur selten anders als durch Verderben bekannt. Neid, Furcht, Verwünschung sind die traurigen Spiegel, worin sich die Hoheit eines Herrschers belächelt. – Tränen, Flüche, Verzweiflung die entsetzliche Mahlzeit, woran diese gepriesenen Glücklichen schwelgen, von der sie betrunken aufstehen und so in die Ewigkeit vor den Thron Gottes taumeln. – Mein Ideal von Glück zieht sich genügsamer in mich selbst zurück. In meinem Herzen liegen alle meine Wünsche begraben. –

Deutsches Theater Berlin, 2010

**Präsident**  Meisterhaft! Unverbesserlich! Herrlich! […] Du wirst dich entschließen – noch heute entschließen – eine Frau zu nehmen.

**Ferdinand**  *(tritt bestürzt zurück)*  Mein Vater?

⁸ ohne Umschweife, direkt

**Präsident**  Ohne Komplimente⁸. – Ich habe der Lady Milford in deinem Namen eine Karte geschickt. Du wirst dich ohne Aufschub bequemen, dahin zu gehen und ihr zu sagen, dass du ihr Bräutigam bist.

**Ferdinand**  Der Milford, mein Vater?

**Präsident**  Wenn sie dir bekannt ist –

⁹ Stelle, an der öffentlich angeprangert wird
¹⁰ Geliebte (des Fürsten)
¹¹ heiratet

**Ferdinand**  *(außer Fassung)*  Welcher Schandsäule⁹ im Herzogtum ist sie das nicht! – Aber ich bin wohl lächerlich, lieber Vater, dass ich Ihre Laune für Ernst aufnehme? Würden Sie Vater zu dem Schurken Sohn sein wollen, der eine privilegierte Buhlerin¹⁰ heuratete¹¹?

**Präsident**  Noch mehr. Ich würde selbst um sie werben, wenn sie einen Fünfziger möchte. – Würdest du zu dem Schurken Vater nicht Sohn sein wollen?

**Ferdinand**  Nein! So wahr Gott lebt!

**Präsident**  Eine Frechheit, bei meiner Ehre! […]

Mit dramatischen Texten umgehen **75**

b  Tauscht euch über eure Eindrücke aus. Welche Grundstimmung herrscht in der Szene?

**Eine Dramenszene analysieren**

**2** Analysiere die Dramenszene aus Aufgabe 1a (S. 73).

a  Gib den Inhalt des Gesprächs zwischen Vater und Sohn mit eigenen Worten wieder.

b  Analysiere, worum es in diesem Streit geht, und notiere die Streitpunkte.

c  Fasse den Inhalt der Szene zusammen, indem du die Sprechhandlungen (Figurenrede) charakterisierst. Nutze z. B. folgende Verben.

beschuldigen – angreifen – befehlen – zurechtweisen – beschimpfen – empört zurückweisen – verwundert sein – ablehnen – entgegnen – rhetorische Fragen stellen – sich angegriffen fühlen – etwas vorwerfen – argumentieren

d  Charakterisiere die Figuren. Beziehe auch die Regieanweisungen in deine Untersuchungen ein.

→ S. 148 Stilistische (sprachliche) Mittel zur Textgestaltung im Überblick

e  Untersuche die stilistischen (sprachlichen) Mittel, die beide Figuren einsetzen, um ihre Position zu untermauern.

f  Untersuche die Dramenszene weiter mithilfe der Fragen im Merkkasten.

> **!** Die **Analyse einer Dramenszene** ist die Vorarbeit zur **Interpretation**. Folgende Fragen können dabei helfen:
> - In welcher Zeit ist das Drama entstanden (literarische Epoche)?
> - Welche Art des Dramas liegt vor (Komödie, Tragödie)?
> - Worum geht es in der Szene (zentrales Thema, Handlungsverlauf)?
> - Was ging der Szene voraus, was folgt der Szene?
> - Welche Funktion hat die Szene in Bezug auf das gesamte Drama?
> - Wo und wann spielt die Handlung (die Szene)?
> - Welche Figuren spielen eine Rolle? Wie sprechen sie miteinander?
> - Wie sind die Figuren gestaltet (Charakter, Beziehungen)?
> - Wie entwickeln sich die Figuren?
> - Worin besteht der Konflikt? Wie wird er gelöst?
> - Welche sprachlichen Besonderheiten fallen auf (z. B. Figurenrede, stilistische/sprachliche Mittel)?
>
> Nicht zu jedem Textauszug können alle Fragen beantwortet werden.

## Mit literarischen Texten umgehen

**Eine Dramenszene interpretieren**

**3** Schreibe eine zusammenhängende Interpretation der Dramenszene aus Aufgabe 1a (S. 73).

• Einen Entwurf schreiben

**a** Verfasse einen Entwurf. Orientiere dich dabei am Merkkasten.

> ❗ Die **Interpretation einer Dramenszene** sollte folgende **Bestandteile** aufweisen:
> - **Einleitung:** Angaben zu Autorin/Autor, evtl. biografische Daten, Titel, Thema, Art des Schauspiels, Entstehungszeit
> - **Hauptteil:** Formulieren einer Interpretationshypothese, Inhaltsangabe, Figurengestaltung, Darstellung und Deutung von Besonderheiten der inhaltlichen und formalen Gestaltung sowie besonderer sprachlicher Mittel und deren Wirkung
> - **Schluss:** Zusammenfassung des Interpretationsergebnisses, Bedeutung der Aussage in der heutigen Zeit

• Den Entwurf überarbeiten

**b** Überarbeite deinen Entwurf. Achte besonders auf anschauliche Formulierungen und die Verwendung von Zitaten.

**4** Wähle eine Dramenszene aus dem Lesebuch aus und interpretiere sie. Nutze dazu die Schrittfolge auf der Methodenseite (S. 77).

**Den Text gestaltend erschließen**

→ S. 78

**5**

**a** Spielt die Szene aus Aufgabe 1a (S. 73). Setzt dabei auch Mittel der nonverbalen Kommunikation ein (Mimik, Gestik).

**b** Schreibt den Dialog so um, dass er in heutiger Zeit geführt wird, und spielt ihn anschließend.

**6** Schreibe einen Brief an Luise. Versetze dich dazu in die Figur Ferdinands. Schildere das Geschehen und seine Gedanken und Gefühle. Führe auch mögliche Auswirkungen auf sein Handeln aus.

**Was habe ich gelernt?**

**7** Überprüfe, was du über das Interpretieren gelernt hast. Gestalte eine Mindmap und fasse zusammen, was du bei epischen, lyrischen und dramatischen Texten beachten musst.

# Prüfungsaufgaben lösen: Einen literarischen Text interpretieren

> ! Prüfungsaufgaben zum **Interpretieren literarischer Texte** können **analytisch** oder **produktionsorientiert** (produktiv-gestaltend) sein. Oft muss eine zusammenhängende **Interpretation** geschrieben werden.

→ S.84 Prüfungsaufgaben lösen: Einen Text gestaltend erschließen

**TIPP**
Achte auf die Verbformen im Imperativ.

**1**

a Untersuche folgende Prüfungsaufgaben. Ermittle genau, was sie von dir verlangen. Notiere die Anforderungen als Teilaufgaben.

1. Interpretieren Sie das Gedicht »Im Frühling« von Eduard Mörike.
2. Interpretieren Sie den Text unter Einbeziehung der Arbeitshinweise.
   – Fassen Sie die Balladenhandlung und die Handlungsmotive der Titelfigur unter Berücksichtigung des Balladenaufbaus zusammen.
   – Untersuchen Sie den Zusammenhang von Sprache und ihrer Wirkung.
   – Deuten Sie die letzte Strophe und leiten Sie davon das Thema des Textes ab. Hinterfragen Sie das Balladenurteil.
3. Interpretieren Sie den Textauszug aus Thomas Manns »Buddenbrooks«. Beschreiben Sie dabei die innere Verfassung des Jungen. Erschließen Sie die Gründe für das Verhalten des Vaters.
4. Interpretieren Sie den Auszug aus »Romeo und Julia«. Bewerten Sie das Verhalten der Eltern.

b Lies die Schrittfolge. Überlege, welche Besonderheiten epischer, lyrischer und dramatischer Texte zu berücksichtigen sind.

**So kannst du Prüfungsaufgaben zum Interpretieren bearbeiten**
1. Lies die Aufgabenstellung gründlich, unterstreiche die Verben (Aufforderungen) und eventuell vorgegebene Schwerpunkte.
2. Überlege kurz, wie du vorgehen solltest, und teile deine Zeit ein.
3. Lies den Text und notiere deine ersten Gedanken beim Lesen.
4. Analysiere den Text (Textsorte, Thema, Handlung, Figuren, Erzählperspektive / lyrisches Ich, Sprache / stilistische Mittel, Wirkung).
5. Formuliere Deutungsansätze zum Gesamttext und zu Textstellen. Notiere offene Fragen und Unklarheiten.
6. Ordne deine Notizen und schreibe einen Entwurf.
7. Überarbeite deinen Entwurf und schreibe die Endfassung.

**TIPP**
Beachte ggf. besondere Anforderungen der Aufgabenstellung.

## Literarische Texte gestaltend erschließen

Das **gestaltende Erschließen** ist eine produktive Auseinandersetzung mit literarischen Texten. **Ziel** ist es, einen literarischen Text um- oder auszugestalten oder einen eigenen Text zu verfassen, der Bezug nimmt auf einen Originaltext, dessen Textverständnis erweitert und ihn ergänzt und dadurch interpretiert. Dazu muss man den vorliegenden Text analysieren und verstehen.
**Formen** des gestaltenden Erschließens sind z. B.:
- das Um- oder Weiterschreiben eines Textes (z. B. Perspektive, Zeit, Ort oder Textsorte ändern, Textteile ergänzen),
- das Verfassen eines bezugnehmenden Textes (z. B. Parallel-, Gegen-, Antworttext, Kritik, Empfehlung, Brief).

**1**

a Lies den Textauszug aus dem Jugendbuch »Es war einmal Indianerland« von Nils Mohl.

Die Glühbirne baumelt in einer schmucklosen Fassung von der tapezierten Decke über mir. Am fleckigen Kabel hängt eine wollfadendicke Staubliane, deren Ende ganz leicht in der Zugluft schwingt. Ich habe 80 Kilo auf dem Langeisen, liege in meiner Bude mit dem
5 Rücken auf dem porösen Lederimitat der Hantelbank, stemme.
– Vier. Fünf. Sechs. Sieben …
Im zerkratzten Spiegel mit den blinden Stellen (ein Sperrmüllfund) sehe ich meinen nackten Oberkörper glänzen. An der Schläfe treten die Adern hervor.
10 – Acht … Neun … […]
– … Zehn! Yippie-Yah-Yeah!
Aus. Durchpusten. Ich atme häppchenweise.
– Kurzhantel.
Mauser macht die Ansagen: neun rechts, neun links. Ausschütteln.
15 Muskeln lockern, Schattenboxen vor dem Spiegel. Zwei linke Jabs, eine Hakendoublette zu einem imaginären Körper, rechts, links. Tänzeln.
Der Blick aus dem Fenster danach: Plattenbauten, drei Stockwerke hoch, vier Stockwerke, fünf, sechs, hier und da sogar noch weiter
20 emporgeschachtelt bis zur zwölften oder sechzehnten Etage.
Graue Klötze alle (scheinbar auf das Gebiet am Stadtrand gehagelt wie ein Meteoritenschwarm), aufgepeppt durch farbenfrohe Bal-

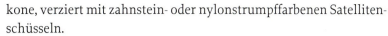

kone, verziert mit zahnstein- oder nylonstrumpffarbenen Satellitenschüsseln.

25 Mittendrin in diesem Arrangement (und sehr gut zu sehen von meiner Bude im dritten Stock aus): das Einkaufszentrum unserer Siedlung mit seinen zwei Türmen.

– Ein idealer Beobachtungspunkt, sage ich.

Kühle meine Stirn am Glas des geschlossenen Fensters. Stelle mir
30 vor, eine fremde Spezies würde das Treiben rund um den Mittelpunkt der Siedlung auf die Art faszinieren wie uns das Gewimmel eines Ameisenhaufens.

– Nur dass die Ameisen am Stadtrand mit leeren Händen zum Bau hinmarschieren und voll beladen zurückkehren.

35 Mauser.

Ich habe das schon öfter mit ihm bekaspert: diese seltsame Traurigkeit von Menschen, die sich mit Einkäufen abmühen. Ihr würdeloser Kampf gegen die Lasten, die in Tüten verstaut werden, gerne auch in Shoppern, die man hinter sich herzieht. Wie die Schultern automa-
40 tisch hängen dabei.

Ein Sonderfall sind die Spezialisten, die ihre Warenberge im Einkaufswagen belassen (ein Geräusch auf den Gehwegplatten dann, als würde wer eine Kiste mit Besteck wie ein Irrer durchschütteln).

[...] Zu Hause ausladen, Wagen ab in die Hecke.

45 Am nächsten Tag rumpeln die Ameisenkinder in dem Ding die steile Rampe am Parkdeck runter. Freizeitspaß. Oder jemand, der es braucht, besorgt sich das Pfandgeld.

– Eine fremde Spezies könnte sich nicht beklagen, sage ich, Ameisen aus aller Herren Länder gibt es bei uns, in jedem Alter, und es kom-

50 men in einem fort neue hinzu, vermutlich, weil diese Gegend so einmalig anziehend ist …
Mauser schweigt:
– …
Ich betrachte das vor meinem Gesicht beschlagene Glas. Trete einen
55 Schritt zurück, blicke an dem schnell kleiner werdenden Fleck vorbei auf die Siedlung.
Es ist kurz vor acht am Abend. Sonnenlicht tanzt golden auf den Scheiben der Häuser gegenüber. Ich lege den kalten Metallgriff um, öffne das Fenster weit.
60 Sommerferienhitze schwappt wie eine Welle über mich hinweg ins Zimmer, begleitet von einem Mix aus zarten Teer-, Staub-, Abfallcontainer-, Abgas-, Küchen- und Grillgerüchen; nicht zu vergessen: der unentwirrbare, sofort mit anschwellende *Sound*, der aus den Schluchten mit hineinschallt.
65 Verwehte Stimmen. Rasenmähergelärme.
Kindergejohle.
Bassgewummere aus einem vorbeifahrenden Auto. […]
Drüben an der Bushaltestelle fährt der Zehner an (in Richtung der Vorstadt-Reihenhaussiedlung). Jemand schraubt in einer Lücke zwi-
70 schen den parkenden Autos an einem Motorrad. Ansonsten nichts Weltbewegendes.
Auch noch keine Spur von Ameise E.
Die allerdings soll dort unten in Kürze zu sehen sein, jedenfalls wenn man sich mit mir keinen Scherz erlaubt hat. Und das bedeutet:
75 Ich werde dann dies rätselhafte Geschöpf gleich mal näher unter die Lupe nehmen. Forscherpflichten.
Morgen treffe ich Jackie wieder. Das Interesse an Ameise E. kann nur rein wissenschaftlicher Natur sein. Ernstzunehmende Konkurrenz für Jackie, wie sollte die auch aussehen?
80 Mauser (der nie Mühe hat, meine Gedanken zu lesen):
– Die Spannung steigt, Zeit für dein Date.

**b** Beschreibe deinen ersten Eindruck vom Text.

**c** Lies den Textauszug noch einmal und nenne die auftretenden Figuren.

**d** Stellt Vermutungen an, wann die Handlung spielt. Begründet eure Meinungen.

**e** Fasse den Inhalt des Textauszugs in wenigen Sätzen zusammen.

## Literarische Texte gestaltend erschließen

 **f** Untersucht genauer, was man über den Ich-Erzähler erfährt, und tauscht euch darüber aus, wie ihr ihn euch vorstellt.

**TIPP**
Achtet auf Wortwahl, Satzbau, Metaphern, Personifizierungen, Mittel der Zeitgestaltung.

 **g** Untersucht, welche Bedeutung die Sprache für eure Vorstellung von der Figur und ihrer Situation hat. Notiert sprachliche Besonderheiten.

 **h** Fasst alles, was ihr bisher über den Ich-Erzähler wisst oder denkt (Alter, Aussehen, Eigenschaften, Verhalten, Ausdrucksweise, Freunde, Hobbys u. Ä.), in einem Steckbrief zusammen.

**2**

**a** Im Textauszug der Aufgabe 1a (S. 78) spielen die Handlungsorte eine besondere Rolle. Notiere in Stichpunkten, wie du dir die Orte vorstellst.

**b** Untersuche, wie es dem Ich-Erzähler gelungen ist, ein anschauliches Bild von den Orten zu vermitteln. Nenne einige Textbeispiele.

**c** Setze dich weiter mit dem Handlungsort und der Handlungszeit auseinander. Stelle dir vor, unten steht die unbekannte Figur (Ameise E.), auf die der Ich-Erzähler wartet. Beschreibe die Handlungsorte aus ihrer Sicht.

 **d** Erprobe die Erzählweise und Sprache des Ich-Erzählers. Stelle dir vor, er steht am nächsten Tag an einem anderen Ort am Fenster und sieht nach draußen. Beschreibe aus seiner Sicht, was er sehen könnte.

**Einen Text weiterschreiben**

**3** Schreibe zum Text der Aufgabe 1a (S. 78) eine Fortsetzung.

**a** Überlege, wie die Geschichte weitergehen könnte, und plane deinen Text, indem du Ideen sammelst (Cluster, Mindmap, Erzählplan).

**b** Schreibe mithilfe deiner Ideensammlung einen Textentwurf.

 **c** Überarbeitet eure Texte in einer Schreibkonferenz und schreibt anschließend die Endfassungen.

→ S. 179 Merkwissen

**Einen Text umschreiben**

- Einen inneren Monolog schreiben

**4** »Mauser schweigt: – …« (S. 80, Z. 52) Schreibe einen inneren Monolog, in dem du die Gedanken und Gefühle darstellst, die Mauser in diesem Augenblick haben könnte.

- Aus einer anderen Perspektive erzählen

 **5** Lies den Text in Aufgabe 6 und erzähle die Geschichte aus der Perspektive des Mädchens. Orientiere dich an der Schrittfolge auf S. 82.

**So kannst du einen Text gestaltend erschließen**
1. Lies den Text gründlich und analysiere ihn (Handlungsverlauf, Zeit/Zeitgestaltung, Ort, Figuren, Erzählperspektive, Sprache).
3. Sammle Ideen für deinen Text und ordne deine Notizen.
4. Schreibe einen Entwurf deines Textes. Achte darauf, dass er sich inhaltlich und sprachlich an den Ausgangstext anschließt.
5. Überarbeite deinen Entwurf und erstelle die Endfassung.

**TIPP**
Zu den Formen des gestaltenden Erschließens lies noch einmal den Merkkasten auf S. 78.

**6** Setze dich mit der folgenden Kurzgeschichte einer Schülerin auseinander, indem du Formen des gestaltenden Erschließens nutzt.

### Im Fahrstuhl

Das Licht des gedrückten Knopfes erlosch, und die Tür des Aufzugs öffnete sich. Er trat ein, während er eine Falte aus seinem Jackett strich. »Möchten Sie auch in den achten Stock?«, fragte eine Frau mit einem hässlichen Hut auf dem Kopf und einem Pudel an der
5 Leine. »Elfter Stock«, sagte er, auf den Knopf mit der Elf drückend. Ihre roten Stöckelschuhe sahen furchtbar aus zur rosa Lackhandtasche. So etwas störte ihn. »Sie sieht aus wie ihr Hund«, dachte er gerade, als ihm plötzlich in der anderen Ecke des Fahrstuhls, zwischen weiteren Mitfahrern, das Mädchen auffiel. Zunächst streifte
10 sein Blick es nur flüchtig, doch dann musste er es länger anschauen. Ein seltsames Gefühl durchfuhr ihn. Er konnte seine Augen nicht mehr von ihr abwenden. Das Mädchen bemerkte dies, sah ihn kurz an, guckte jedoch schnell wieder weg. In diesem kurzen Moment aber, in dem sie ihn ansah, erstarrte er. Eine Erinnerung huschte
15 durch seinen Kopf. Das musste sie sein! Er hatte ihr gegenüber gleich eine so seltsame Vertrautheit gespürt.
Seit fünf Jahren, seit seine Frau sich von ihm getrennt hatte, hatte er nichts von seiner Tochter gehört, geschweige denn gesehen. Seine Frau hatte sich entschieden gegen jeglichen Kontakt zwischen Vater
20 und Tochter gewehrt. So sehr hatte er sich gewünscht, sie einmal sehen zu dürfen, und jetzt stand sie mit ihm im selben Fahrstuhl. War denn das möglich?
»Polly, sitz, mein Schatz!«, sagte die Frau mit dem hässlichen Hut zu ihrem Hund. Zweifel kamen in ihm auf. Bildete er sich das nicht ein?
25 War da nicht der Wunsch der Vater des Gedankens? Nein, jetzt sah er nochmals ihr Gesicht, und er war sich nun ganz sicher. Auch wenn es schon lange her war, dass er sie das letzte Mal gesehen hatte: Sie

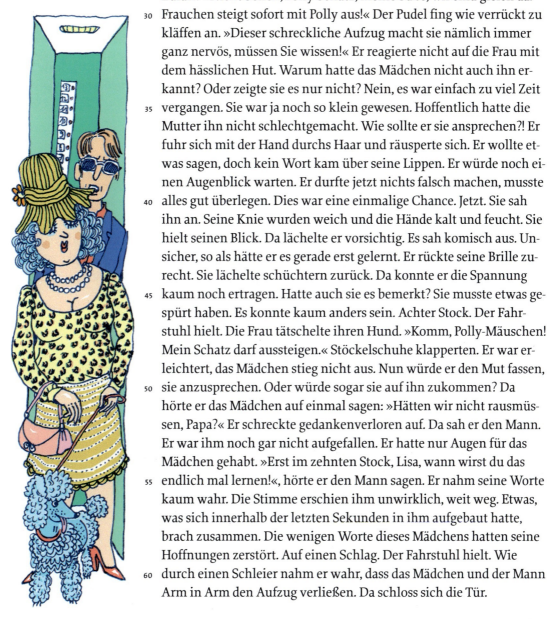

war es. Glück stieg in ihm auf. War das nicht ein wunderbarer Zufall? »Nicht bellen, Polly-Schatz, meine Süße, wir sind gleich da. Frauchen steigt sofort mit Polly aus!« Der Pudel fing wie verrückt zu kläffen an. »Dieser schreckliche Aufzug macht sie nämlich immer ganz nervös, müssen Sie wissen!« Er reagierte nicht auf die Frau mit dem hässlichen Hut. Warum hatte das Mädchen nicht auch ihn erkannt? Oder zeigte sie es nur nicht? Nein, es war einfach zu viel Zeit vergangen. Sie war ja noch so klein gewesen. Hoffentlich hatte die Mutter ihn nicht schlechtgemacht. Wie sollte er sie ansprechen?! Er fuhr sich mit der Hand durchs Haar und räusperte sich. Er wollte etwas sagen, doch kein Wort kam über seine Lippen. Er würde noch einen Augenblick warten. Er durfte jetzt nichts falsch machen, musste alles gut überlegen. Dies war eine einmalige Chance. Jetzt. Sie sah ihn an. Seine Knie wurden weich und die Hände kalt und feucht. Sie hielt seinen Blick. Da lächelte er vorsichtig. Es sah komisch aus. Unsicher, so als hätte er es gerade erst gelernt. Er rückte seine Brille zurecht. Sie lächelte schüchtern zurück. Da konnte er die Spannung kaum noch ertragen. Hatte auch sie es bemerkt? Sie musste etwas gespürt haben. Es konnte kaum anders sein. Achter Stock. Der Fahrstuhl hielt. Die Frau tätschelte ihren Hund. »Komm, Polly-Mäuschen! Mein Schatz darf aussteigen.« Stöckelschuhe klapperten. Er war erleichtert, das Mädchen stieg nicht aus. Nun würde er den Mut fassen, sie anzusprechen. Oder würde sogar sie auf ihn zukommen? Da hörte er das Mädchen auf einmal sagen: »Hätten wir nicht rausmüssen, Papa?« Er schreckte gedankenverloren auf. Da sah er den Mann. Er war ihm noch gar nicht aufgefallen. Er hatte nur Augen für das Mädchen gehabt. »Erst im zehnten Stock, Lisa, wann wirst du das endlich mal lernen!«, hörte er den Mann sagen. Er nahm seine Worte kaum wahr. Die Stimme erschien ihm unwirklich, weit weg. Etwas, was sich innerhalb der letzten Sekunden in ihm aufgebaut hatte, brach zusammen. Die wenigen Worte dieses Mädchens hatten seine Hoffnungen zerstört. Auf einen Schlag. Der Fahrstuhl hielt. Wie durch einen Schleier nahm er wahr, dass das Mädchen und der Mann Arm in Arm den Aufzug verließen. Da schloss sich die Tür.

**7** Wähle einen Text aus dem Lesebuch aus und setze dich mit ihm auseinander, indem du Formen des gestaltenden Erschließens nutzt.

Was habe ich gelernt?

**8** Notiere in Stichpunkten, wie man beim gestaltenden Erschließen von Texten vorgehen kann, und beschreibe deine Erfahrungen damit.

# Prüfungsaufgaben lösen: Einen Text gestaltend erschließen

 Prüfungsaufgaben zum **gestaltenden Erschließen literarischer Texte** geben meist eine bestimmte **Form** vor, z. B. Brief, Tagebucheintrag, innerer Monolog, Dialog, Erzählung, Gedicht.

**TIPP**
Achte auf die Verbformen im Imperativ.

❶ Untersuche folgende Prüfungsaufgaben. Ermittle genau, was sie von dir verlangen. Notiere die Anforderungen als Teilaufgaben.

1. Schreiben Sie einen Tagebucheintrag. Versetzen Sie sich in die Situation des Ich-Erzählers aus »Es war einmal Indianerland«, der seine Beobachtungen, Gedanken und Gefühle seinem Tagebuch anvertraut.
2. Versetzen Sie sich in Mausers Situation im Textauszug aus »Es war einmal Indianerland«. Verfassen Sie einen inneren Monolog, in dem er seine Beobachtungen, Gedanken und Gefühle darstellt.
3. Schreiben Sie die Erzählung aus der Sicht Mausers.
4. Schreiben Sie eine Geschichte oder einen Paralleltext zum folgenden Gedicht.
5. Schreiben Sie einen Brief. Versetzen Sie sich in folgende Situation: Am Abend schreibt der Mann aus dem Fahrstuhl einen Brief an seine Tochter. Darin schildert er ihr seine Gedanken und Gefühle.
6. Überlegen Sie, wie die Geschichte zwischen Vater und Tochter weitergehen könnte. Schreiben Sie eine Fortsetzung der Erzählung.

❷ Lies die Schrittfolge. Überlege, welche Arbeitsschritte zur Textanalyse wichtig sind. Ergänze Schritt 3 durch entsprechende Unterpunkte.

 **So kannst du Prüfungsaufgaben zum gestaltenden Erschließen bearbeiten**
1. Lies die Aufgabenstellung genau. Unterstreiche die Verben (Aufforderungen) und die geforderte Form.
2. Überlege kurz, wie du vorgehen willst, und teile deine Zeit ein.
3. Analysiere den vorliegenden literarischen Text gründlich.
4. Sammle Ideen für deinen Text und ordne deine Notizen.
5. Schreibe einen Entwurf deines Textes. Achte darauf, dass er sich inhaltlich und sprachlich an den Ausgangstext anpasst.
6. Überarbeite deinen Entwurf und erstelle die Endfassung.

# Sachtexte erschließen

## Informationen aus Texten und Grafiken entnehmen

**Sachtexte** dienen vorrangig der Wissensvermittlung und/oder Meinungsbildung. Sie können:
- **informieren**: Es wird relativ wertneutral über einen Sachverhalt oder ein Geschehen berichtet.
- **appellieren (auffordern)**: Die Leserinnen/Leser werden zu bestimmten Reaktionen veranlasst.
- **werten**: Es wird ein Sachverhalt aus der persönlichen Sicht einer Autorin / eines Autors dargestellt.

Man unterscheidet **kontinuierliche Sachtexte** (Fließtexte) und **diskontinuierliche Sachtexte** (Cluster-Texte, d. h. Texte, die aus verschiedenen Textbausteinen bestehen, z. B. Grafiken, Abbildungen, Tabellen, Textkästen, Fußnoten).

Je nach Leseabsicht (Leseinteresse) oder Leseaufgabe muss eine **Lesestrategie** ausgewählt werden:
- überfliegendes (orientierendes) Lesen,
- vollständiges Erschließen oder
- Lesen unter bestimmten Fragestellungen bzw. Aspekten.

 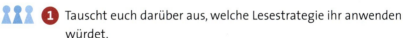 Tauscht euch darüber aus, welche Lesestrategie ihr anwenden würdet.

1. Ihr möchtet euch grundsätzlich über ein Sachthema informieren.
2. Ihr möchtet prüfen, ob der Text ganz bestimmte Informationen enthält.
3. Ihr seid an Meinungen zum Thema interessiert.
4. Ihr möchtet prüfen, ob es sich lohnt, den gesamten Text zu einem Thema zu lesen.

Oft muss man **Einzelinformationen aus Sachtexten entnehmen**, z. B. um konkrete Fragen zu beantworten oder Aussagen zu zitieren oder um Argumente für eine Diskussion zu finden. Durch **überfliegendes (orientierendes) Lesen** werden die Textstellen ausfindig gemacht, die die gesuchte Information enthalten. Diese erschließt man durch **gründliches Lesen** und entnimmt dabei die benötigte Information.

Einzelinformationen aus einem Text entnehmen

→ S.179 Merkwissen (Lesetechniken)

**2** Du benötigst Aussagen und Fakten zur Handynutzung in Deutschland.

a Überfliege den Text und bewerte, ob er dazu Informationen enthält.

### Handy-Nutzung 2010:
### Deutsche telefonierten 180 Milliarden Minuten lang

Die Deutschen haben 2010 insgesamt rund 180 Milliarden Minuten lang mit ihren Handys telefoniert. Damit erreicht die Handy-Telefonie fast das gleiche Volumen wie die Festnetz-Telefonie, die in den letzten Jahren konstant bei rund 200 Milliarden Minuten lag.
5 Dagegen hat sich die Handy-Nutzung seit 2005 mehr als verdoppelt. Der Boom der Handy-Telefonie ist umso überraschender, da sich in den letzten Jahren zunehmend mehr Alternativen zum Telefonieren ergeben. Neben dem Austausch von SMS-Kurznachrichten ermöglicht die zunehmende Verbreitung von internetfähigen Smart-
10 phones Gesprächspartnern unterwegs auch den Austausch per E-Mail oder Internet-Chat. Für den erneuten Zuwachs der Telefonie um rund sechs Prozent seien vor allem günstige Flatrates und Volumen-Tarife verantwortlich. »Waren Handytelefonate früher noch die Ausnahme, sind sie heute aufgrund der technischen Ent-
15 wicklung und des massiven Preisverfalls eine Selbstverständlichkeit«, sagte Bitkom-Präsident August-Wilhelm Scheer in der Pressemitteilung des Verbandes.
Die Handy-Telefonie wird auch im Jahr 2011 zulegen. Die Bundesnetzagentur geht davon aus, dass das Gesprächsvolumen auf ins-
20 gesamt 192 Milliarden Minuten steigen wird. Umgerechnet auf die Gesamtbevölkerung telefoniert jeder Deutsche derzeit im Jahr rund 42 Stunden, pro Monat hat er
25 3,5 Stunden lang das Handy am Ohr. Dagegen sind die Einnahmen der Netzbetreiber durch Sprachtelefonie rückläufig. Sie dürften sich im Jahr 2011 laut Bitkom auf rund 16 Milli-
30 arden Euro belaufen – ein Rückgang um 3,5 Prozent gegenüber dem Vorjahr.

Online im Internet:
http://www.netzwelt.de [15.01.2013]

Informationen aus Texten und Grafiken entnehmen  **87**

**b** Suche aus dem Text die Äußerung des Bitkom-Präsidenten heraus.

**c** Beantworte folgende Fragen mithilfe des Textes. Gehe vor, wie im Merkkasten auf S. 85 unten beschrieben.

1. Welche Gründe gibt es für die erneute Zunahme der Telefonie um 6 %?
2. Warum ist der Boom der Handy-Telefonie umso überraschender?

**TIPP**
Gehe vor, wie im Merkkasten auf S. 85 unten beschrieben.

**d** Entscheide, ob die folgenden Aussagen richtig oder falsch sind.

1. Die Handy-Telefonie erreichte 2010 ein höheres Volumen als die Festnetz-Telefonie.
2. 2010 wurde durch die Bitkom geschätzt, dass die Einnahmen der Netzbetreiber durch Sprachtelefonie 2011 um 3,5 % gegenüber dem Vorjahr rückläufig sind.
3. Die Handy-Telefonie wird im Jahr 2011 abnehmen.

Einzelinformationen aus einer Grafik entnehmen

**a** Erkläre, welche Aussage mit dem Säulendiagramm veranschaulicht wird.

**b** Formuliere in einem Satz, welche Tendenz aus der Grafik ablesbar ist.

**c** Erschließe die Grafik. Beantworte dazu folgende Fragen.

1. Um wie viel Milliarden ist die Zahl der Mobilfunkanschlüsse von 2006 bis 2010 angewachsen?
2. Worauf weisen Quellenangabe und Fußnote hin?

> **!** Oft werden Sachtexte zur **eigenen Meinungsbildung** herangezogen, d. h., man muss den **Standpunkt der Autorin / des Autors** zum Thema **erfassen**. Dieser kann folgendermaßen zum Ausdruck gebracht werden:
> - **direkt**: durch konkrete Aussagen und Formulierungen, z. B.:
>   *Einfach wird das nicht. Gut/Schlecht wäre, wenn …*
>   *Meiner Meinung nach … Ich finde/meine/denke, …*
> - **indirekt**: durch wertende Adjektive, Verben oder Nomen bzw. durch unpersönliche wertende Wendungen, z. B.:
>   *Da kann man sich nur wundern! Das kann doch nicht wahr sein!*

**Einem Sachtext Probleme, Standpunkte und Meinungen entnehmen**

**4**

a  Lies den wertenden Text und erläutere das Problem, zu dem die Autorin Stellung nimmt.

### Raus aus der Piepshow

Irgendwo im Alltag piept, brummt und tönt es immer: Handy, Blackberry und Smartphone versorgen uns ständig mit Anrufen, Mails und Mitteilungen. Ob im Büro oder zu Hause, nach Feierabend oder am Wochenende: Schnell noch einen Blick in den elektronischen
5 Postkasten werfen und schon ist es zuverlässig da – dieses nagende Gefühl von Hilflosigkeit und Überforderung.
Nein, wir wollen kein Klagelied über die neuen Medien anstimmen, schließlich bereichern sie unseren Alltag immens. Die unvermeidlichen Schattenseiten jeder guten Erfindung haben ihre Ursachen
10 jedoch auch hier in unserem unsachgemäßen Gebrauch. »Das größte Problem sitzt meistens vor dem Gerät«, sagen Spötter aus der Computerbranche. In einem gehörigen Maß haben wir es selbst in der Hand, wie sehr wir uns von außen steuern und die Konzentration rauben lassen.
15 Längst ist die Frage, wie sich der Fluch ständiger Erreichbarkeit verhindern lässt, in allen Bevölkerungsschichten angekommen. Deshalb sollte sich jeder selbst Ruhezonen verschaffen und entscheiden, in welchem Zeitfenster er erreichbar ist. *Sabine Schonert-Hirz*

Aus: Prisma. Das Fernsehmagazin der Zeitung, Nr. 26/2012, S. 35.

b  Erkläre, was mit der Formulierung »dieses nagende Gefühl von Hilflosigkeit und Überforderung« (Z. 5–6) gemeint ist.

c  Erläutere, welchen Standpunkt die Autorin einnimmt. Suche Textstellen heraus, die das erkennen lassen.

d  Erkläre, was mit der Aussage »Das größte Problem sitzt meistens vor dem Gerät« (Z. 10–11) gemeint ist. Erläutere, warum dieses Zitat angeführt wird.

e  Gib mit eigenen Worten wieder, wie die Autorin zum angesprochenen Problem steht.

f  Welchen Rat gibt die Autorin? Antworte in einem Satz.

# Textbeschreibungen zu Sachtexten verfassen

 In einer **Textbeschreibung** werden **Ergebnisse der Textanalyse** zusammenhängend **dargestellt**.
Sie sollte folgende **Bestandteile** aufweisen:
- Einleitung: Quelle, Autorin/Autor, Herausgeberin/Herausgeber, Titel, Thema des Textes
- Hauptteil: Aussagen zum **Aufbau** des Textes (z. B. äußerlich erkennbare Gliederung, Textbestandteile, Funktion und Anordnung), zum **Inhalt** des Textes (z. B. Thema, Intention und Standpunkt der Autorin / des Autors, Hauptaussage, Thesen, Argumente), zur **Textfunktion**, zu **sprachlichen Besonderheiten** und ihrer Wirkung
- Schluss: z. B. Bewertung von Inhalt und Darstellungsweise des Textes, eigene Meinung zum im Text Dargestellten

**Eine Textbeschreibung planen**
→ S. 179 Merkwissen

**1** Verfasse eine Textbeschreibung zum Text von Aufgabe 2a (S. 86).

a Untersuche den Aufbau des Textes. Bestimme, ob es sich um einen kontinuierlichen (Fließtext) oder diskontinuierlichen Text handelt.

b Formuliere das Thema und notiere die Hauptaussage des Textes.

c Stelle den Gedankengang des Autors in einer Übersicht, z. B. in einem Flussdiagramm, dar.

d Überlege, was der Autor mit dem Text erreichen möchte: informieren, appellieren oder werten? Untersuche, ob und, wenn ja, wie der Autor die Leserinnen/Leser anspricht.

e Untersuche die sprachlichen Besonderheiten des Textes, z. B. die Wortwahl und den Satzbau.

**Einen Entwurf schreiben**

**2** Schreibe einen Entwurf der Textbeschreibung. Lass einen breiten Rand für die Überarbeitung.

a Lies den Text noch einmal und schreibe den Entwurf der Einleitung.

b Entwirf den Hauptteil. Nutze deine Ergebnisse aus Aufgabe 1.

c Entwirf den Schluss der Textbeschreibung. Lege deine eigene Meinung zum Thema dar oder stelle einen Bezug zu deinem Leben her.

**Den Entwurf überarbeiten**

**d** Überarbeite den Entwurf und schreibe die Endfassung. Prüfe deinen Text mithilfe folgenden Fragen.

1. Wurden Textfunktion und Autorenabsicht bestimmt?
2. Wurden alle notwendigen Angaben zum Textinhalt wiedergegeben?
3. Wurden inhaltliche und gestalterische Besonderheiten beschrieben?
4. Ist die sprachliche Gestaltung deiner Textbeschreibung korrekt?

**3** Verfasse eine Textbeschreibung zum Text in Aufgabe 4a (S. 88). Nutze die Schrittfolge.

> **So kannst du eine Textbeschreibung zu Sachtexten verfassen**
> 1. Lies den Text mehrmals und analysiere ihn gründlich. Notiere wichtige Textstellen als Zitate. Untersuche
>    – den Inhalt (z. B. Thema, Standpunkt der Autorin/des Autors, Hauptaussage, Thesen, Argumente),
>    – die Textfunktion (informieren, appellieren, werten),
>    – die Form (z. B. Gliederung, Textbestandteile und ihre Funktion und Anordnung),
>    – sprachliche Besonderheiten.
> 2. Verfasse einen Entwurf deiner Textbeschreibung. Beginne den Hauptteil mit der Inhaltsangabe und formuliere dann die Ergebnisse deiner Analyse.
> 3. Überarbeite den Entwurf und schreibe die Endfassung.

**4** Verfasse eine Textbeschreibung zu folgendem Text.

Das Handy ist bereits seit Jahren fester Bestandteil der jugendlichen Mediennutzung. Mit 96 Prozent besitzen fast alle Jugendlichen ein eigenes Handy, hier hat sich über die Jahre wenig getan. Neu ist allerdings der rasante Anstieg der Verbreitung von Smartphones […].
⁵ Inzwischen hat knapp jeder zweite Jugendliche ein solches Smartphone, also ein Mobiltelefon mit Internetzugang und erweiterten Funktionalitäten, ähnlich eines Computers. In den letzten beiden Jahren hat sich die Verbreitung dieser Geräte enorm gesteigert: Während 2010 erst 14 Prozent ein Smartphone besaßen, waren es
¹⁰ 2011 bereits 25 Prozent. Aktuell sind es nun 47 Prozent. […]
Eine wichtige Rolle in der Nutzung von Smartphones spielen Apps, also kleine Programme (Applikationen), die auf dem Handy instal-

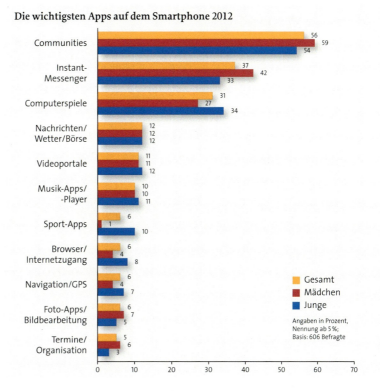

Die wichtigsten Apps auf dem Smartphone 2012

liert sind. Sie sind leicht zu nutzen und erlauben einen unkomplizierten und schnellen Zugang zu Inhalten und Diensten. Trotz
15 einem riesigen Angebot unterschiedlichster Programme […] und dem Umstand, dass viele Angebote kostenlos sind, haben Jugendliche mit durchschnittlich 23 eine überschaubare Zahl an Apps auf ihrem Smartphone installiert. Jungen haben mit 29 Apps mehr Auswahl als Mädchen (16 Apps). […]
20 Trotz der vielfältigen Funktionen, die Handys heute bieten, bleiben die häufigsten Nutzungsformen doch die Grundfunktionen des Mobiltelefons, nämlich das Anrufen und die Kommunikation via SMS. Vier Fünftel der Handynutzer verwenden diese Funktionen regelmäßig.

Aus: Medienpädagogischer Forschungsverbund Südwest (Hrsg.):
JIM-Studie 2012: Jugend, Information, (Multi-)Media. Basisuntersuchung
zum Medienumgang 12- bis 19-Jähriger. Stuttgart, 2012, S. 52 ff.

**5** Suche einen interessanten Sachtext, verfasse eine Textbeschreibung.

Was habe ich gelernt?  **6** Überprüft, was ihr über Textbeschreibungen zu Sachtexten gelernt habt. Erstellt eine Checkliste.

## Gesetzestexte lesen und verstehen

> **Gesetzestexte** und Verordnungen geben Normen vor und sind in hohem Maße verbindlich und genau. Sie sind in der **Fachsprache** der Juristen abgefasst und enthalten daher viele juristische Fachwörter und häufig komplizierte Satzstrukturen.

**a** Seht euch das Formular des Berufsausbildungsvertrags auf S. 44 genau an. Erklärt, wofür ein solches Formular genutzt wird. Tauscht euch darüber aus, wie hoch der Verbindlichkeitsgrad dieses Formulars ist.

**b** Erklärt die Bedeutung der juristischen Formulierungen *optional* (in der Zeile »Geburtsort«) und *nach Maßgabe*.

**c** Ersetzt in dem folgenden Passus die juristische Formulierung *nach Maßgabe der Ausbildungsordnung* durch eigene Worte.

> Zwischen der/dem Ausbildenden (Ausbildungsbetrieb) und der/dem Auszubildenden wird nachstehender Vertrag zur Ausbildung im Ausbildungsberuf nach Maßgabe der Ausbildungsordnung geschlossen.

**2** Löse den folgenden Satz in mehrere kurze Sätze auf.

> Die/Der Auszubildende verpflichtet sich, insbesondere bei Fernbleiben von der betrieblichen Ausbildung, vom Berufsschulunterricht oder von sonstigen Ausbildungsveranstaltungen, der/dem Ausbildenden unter Angabe von Gründen unverzüglich Nachricht zu geben und ihr/ihm Arbeitsunfähigkeit und deren voraussichtliche Dauer unverzüglich mitzuteilen.

**TIPP**
Antworten auf W-Fragen können dabei helfen:
Wer? Wann? Was? Wem?

> Bei **Lese- und Verständnisschwierigkeiten** sollte man:
> - die betreffende Textstelle mehrmals lesen, um viele Informationen zu erfassen und evtl. zunächst Überlesenes auch aufzunehmen,
> - den vorhergehenden und den nachfolgenden Text lesen, um die fragliche Textstelle aus dem Sinnzusammenhang zu erschließen,
> - komplizierte Satzstrukturen z. B. in einzelne Sätze auflösen,
> - Nachschlagewerke oder -medien nutzen, um unbekannte Begriffe oder Fügungen zu klären.

**3** Der Vertragstext soll für die Schulhomepage umgeschrieben werden.

a Nenne die vier Bereiche, die im folgenden Text geregelt werden.

*Die Buchstaben verweisen auf den entsprechenden Text der ersten Seite des Ausbildungsvertrags.

### § 1 – Ausbildungszeit
**1. Dauer (siehe A\*)**
**2. Probezeit (siehe B\*)**
Die Probezeit muss mindestens einen Monat und darf höchstens vier Monate betragen (§ 20 S. BBiG). Wird die Ausbildung während der Probezeit um mehr als ein Drittel dieser Zeit unterbrochen, so verlängert sich die Probezeit um den Zeitraum der Unterbrechung.
**3. Vorzeitige Beendigung des Berufsausbildungsverhältnisses**
Besteht die/der Auszubildende vor Ablauf der unter Nr. 1 vereinbarten Ausbildungszeit die Abschlussprüfung, so endet das Berufsausbildungsverhältnis mit Bekanntgabe des Ergebnisses durch den Prüfungsausschuss (§ 21 Abs. 2 BBiG).
**4. Verlängerung des Berufsausbildungsverhältnisses**
Besteht die/der Auszubildende die Abschlussprüfung nicht, so verlängert sich das Berufsausbildungsverhältnis auf ihr/sein Verlangen bis zur nächstmöglichen Wiederholungsprüfung, höchstens um ein Jahr (§ 21 Abs. 3 BBiG). Bei Inanspruchnahme der Elternzeit verlängert sich die Ausbildungszeit um die Zeit der Elternzeit (§ 20 BEEG).

b Erschließe den Inhalt des Abschnitts 4 mithilfe der folgenden Fragen.
  1 In welchen Fällen wird das Berufsausbildungsverhältnis verlängert?
  2 Unter welcher Voraussetzung wird es verlängert?
  3 Um welche Zeit wird es dann verlängert?

c Prüfe, welche der Strategien aus dem Merkkasten (S. 92 unten) zur Erhöhung der Verständlichkeit dieses Vertragstextes beitragen können.

d Schreibe einen leicht verständlichen Text zur Verlängerung des Berufsausbildungsverhältnisses. Nutze deine Antworten zu Aufgabe b.

**Was habe ich gelernt?**

**4** Überprüfe, was du über das Erschließen von Sach- und Gesetzestexten gelernt hast. Beantworte dazu die folgenden Fragen.
  1 Auf welche Aspekte musst du bei der Analyse von Sachtexten eingehen?
  2 Wie kannst du beim Erschließen von Gesetzestexten vorgehen?

# Teste dich selbst!

**1**

**a** Verschaffe dir durch überfliegendes Lesen einen Überblick über den Textinhalt. Notiere in einem Satz, welches Thema angesprochen wird.

Die Suche nach dem passenden Beruf ist keine einfache Frage. Deshalb sollte man alle Entscheidungshilfen, die zur Verfügung stehen, nutzen. Zunächst solltest du feststellen, was dich interessiert, was du kannst und was du willst. Eine ehrliche und realistische Selbstein-
5 schätzung ist die wichtigste Voraussetzung bei der Entscheidung für einen Beruf. Bei der Suche machst du am besten einen Schritt nach dem anderen:

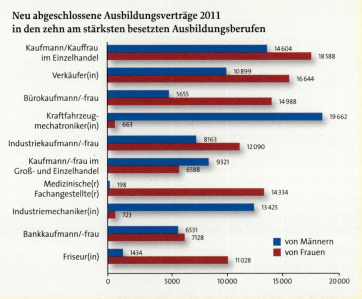

**Schritt 1** *Welche Berufe gibt es überhaupt?*
10 Viele Jugendliche interessieren sich meist nur für wenige »Modeberufe«. Besser ist es, sich nicht von vornherein auf einen »Traumberuf«
15 festzulegen. Je umfassender du dich informierst, desto eher stellst du fest, dass es mehrere
20 Ausbildungsberufe gibt, die zu dir passen. Und je flexibler du bist, desto größer sind deine Chancen, einen Ausbildungs-
25 platz zu finden.

**Schritt 2** *Wie suche ich den richtigen Beruf für mich aus?*
Die eigenen Interessen und Fähigkeiten helfen bei der Berufswahl. Wer gerne verreist oder im Ausland arbeitet, wird sich eher in der Hotel- und Reisebranche nach einem Beruf umsehen. Die Bereiche
30 Informatik oder Systemelektronik sprechen Computerinteressierte an. Arbeiten mit Holz, Edelmetallen oder Farben ist etwas für handwerklich und künstlerisch Begabte. Wer einen schnellen Abschluss bevorzugt, wird eine zweijährige Ausbildung, z. B. zum Verkäufer oder zur Fachkraft im Gastgewerbe, wählen. Am besten suchst du dir

35 ein paar Berufe aus, die in Frage kommen, und erstellst daraus eine Liste. Ganz oben steht dein Lieblingsberuf, darunter folgen alle Berufe, die ebenfalls in Frage kommen. In einem nächsten Schritt kannst du dann überprüfen, welcher der geeignetste ist.
**Schritt 3** *Wie prüfe ich, ob der gewählte Beruf tatsächlich der richtige ist?*
40 Nicht immer ist der Wunschberuf die richtige Wahl. Um zu überprüfen, ob ein Beruf tatsächlich zu dir passt, hilft es, sich im eigenen Umfeld zu erkundigen. Frage Lehrer, Freunde oder auch die Familie, wie sie dich einschätzen und ob der jeweilige Beruf zu dir passt. Erkundige dich auch, in welchem Beruf andere dich sehen. Überprüfe,
45 ob du die nötigen Fähigkeiten für den Beruf mitbringst und ob du dir vorstellen kannst, in zwanzig Jahren noch in dem gleichen Beruf zu arbeiten. Sprich mit Menschen, die bereits in dem Beruf arbeiten. Sie können dir genau sagen, ob deine Vorstellungen von dem Beruf mit der Realität übereinstimmen.

**b** Notiere mithilfe des Textes die Antworten auf folgende Fragen.

1 Was ist die wichtigste Voraussetzung bei der Berufswahl?
2 Wer wird einen Beruf in der Hotel- und Reisebranche suchen?
3 Wie kann ich überprüfen, ob der ausgewählte Beruf zu mir passt?

**2**

**a** Entscheide, welche der folgenden Aussagen richtig oder falsch sind.

1 Viele Jugendliche interessieren sich nicht für »Modeberufe«.
2 Wer gerne reist, sucht sich in der Hotel- und Reisebranche einen Beruf.
3 Wer einen schnellen Abschluss bevorzugt, wird eine dreijährige Ausbildung wählen.

**b** Korrigiere die falschen Aussagen.

**3** Überlege, was der Autor mit dem Text erreichen möchte: informieren, appellieren oder werten?

**4** Werte die Grafik aus. Beantworte dazu die folgenden Fragen.

1 Worüber gibt die Grafik Auskunft?
2 Welche Werte sind dargestellt?
3 Welche generelle Aussage kann man zu dem Diagramm treffen?

# Prüfungsaufgaben lösen: Einen Sachtext erschließen

 Prüfungsaufgaben zum **Erschließen von Sachtexten** können das **Auffinden** und/oder **Bewerten bestimmter Informationen** oder die **Analyse des Gesamttextes** fordern.

**TIPP**
Achte auf die Verbformen im Imperativ und formuliere die Anforderungen als Teilaufgaben.

**1** Untersuche, was folgende Prüfungsaufgaben von dir verlangen.

1. Welche Berufe übt Baedekers Vater aus? Notieren Sie einen.
2. Im Text wird gesagt, Karl Baedeker habe die Welt entscheidend verändert (Z.72). Erläutern Sie diese Aussage.
3. Worüber informiert die Grafik »Emissionen im Vergleich«?
4. Analysieren und bewerten Sie den Sachtext. Formulieren Sie das Textthema. Fassen Sie die verschiedenen Sichtweisen und die Autorposition zusammen. Untersuchen Sie Argumentationsstruktur, Sprache und Textfunktion und bewerten Sie die Qualität des Textes.

**2** Lies die Schrittfolge. Überlege, welche der Arbeitsschritte an die Besonderheiten von diskontinuierlichen Texten anzupassen sind.

**So kannst du Prüfungsaufgaben zu Sachtexten bearbeiten**
1. Lies die Aufgabenstellung gründlich, unterstreiche die Verben (Aufforderungen) und eventuell vorgegebene Schwerpunkte.
2. Überlege kurz, wie du vorgehen solltest, und teile deine Zeit ein.

3. Lies den Text. Markiere bzw. notiere die Textstellen mit den gesuchten Informationen bzw. Standpunkten, Meinungen, Argumenten.
4. Formuliere ggf. eigene Meinungen, Bewertungen, Fragen, Unklarheiten.
5. Fasse die Informationen und ggf. die Meinungen/Bewertungen zusammen.
6. Überprüfe, korrigiere bzw. überarbeite deine Aussagen.

3. Analysiere den Text. Fertige Notizen zu Inhalt, Form, Sprache und deren Wirkung an. Notiere die Textfunktion(en).
4. Formuliere ggf. eigene Meinungen, Bewertungen, Fragen, Unklarheiten zu Textstellen und zum Gesamttext.
5. Ordne die Notizen und entwirf eine Textbeschreibung.
6. Überarbeite den Entwurf, schreibe die Endfassung.

# Mit Medien umgehen

## Mit humoristischen Elementen spielen

**1**

a Notiere deine Gedanken zum Thema »Was ist Humor?«. Suche ggf. Beispiele.

 b Wählt zwei Aussagen aus und setzt euch kritisch mit ihnen auseinander. Bezieht eure Gedanken aus Aufgabe a mit ein.

> Der Humor ist keine Gabe des Geistes, er ist eine Gabe des Herzens.
> *Ludwig Börne (1786–1837), dt. Schriftsteller u. Kritiker*

> Der Humor ist der Regenschirm der Weisen.
> *Erich Kästner (1899–1974), dt. Schriftsteller*

> Kürze ist des Witzes Seele.
> *William Shakespeare (1564–1616), engl. Dichter*

> Ein guter Witz muss den Schein des Unabsichtlichen haben. Ein guter Witz ist inkognito.
> *Marie von Ebner-Eschenbach (1830–1916), österr. Erzählerin*

**2**

a Lies den folgenden Text zum Thema »Wann ist ein Witz witzig?« und fasse die wichtigsten Erkenntnisse stichpunktartig zusammen.

Der Psychologe Richard Wiseman von der University of Hertfordshire in Großbritannien […] fand […] heraus: »Vor allem Tierwitze kommen überall auf der Welt gut an«, sagt er, und sogar das lustigste aller Tiere hat er identifizieren können: Es ist die Ente. Die Schluss-
5 folgerung liegt für den Psychologen auf der Hand: »Möchten Sie einen Witz mit Tieren erzählen, dann lassen Sie eine Ente darin vorkommen.«

Demnach hat also folgende Scherzfrage gute Chancen auf richtig viele Lacher. Frage: »Was ist gelb, schwimmt auf dem See und fängt mit Z an?« Antwort: »Zwei Enten.« »Solche Witze funktionieren, weil sich die Erwartungen des Hörers eben gerade nicht erfüllen«, sagt Paul Rozin von der University of Pennsylvania. Um die Erwartungen des Hörers mit der Pointe ad absurdum führen zu können, müssen diese selbstverständlich erst einmal geweckt werden. »Am besten eignet sich dazu die Dreierstaffelung nach dem Muster AAB«, sagt Rozin. Das heißt: Eine Erwartungshaltung wird im ersten Teil des Witzes (das erste A) aufgebaut und in einem zweiten Teil des Witzes wiederholt beziehungsweise nur leicht variiert (das zweite A), um sie dann im dritten Teil des Witzes mit der Pointe (B) erfolgreich eben gerade nicht zu erfüllen. [...]

Es geht aber auch einfach und schnell, dann nämlich, wenn eine Erwartungshaltung gar nicht erst aufgebaut werden muss, sondern schon gleich von Anfang an vorhanden ist. Unser Erfahrungsschatz, unser Wissen und die Logik helfen uns dabei, Sachverhalte einzuschätzen und Vorhersagen zu treffen. Das ist auch bei Witzen und deren Pointen so. Passiert in einem Witz also etwas Unübliches oder Unlogisches, so werden unsere Erwartungen auf der Stelle ad absurdum geführt. So wie im folgenden Fall: Sagt ein Schaf zum Rasenmäher: »Määäh!« Antwortet der Rasenmäher: »Von dir lasse ich mir gar nichts befehlen!«

**b** Sammelt verschiedene Witze. Überlegt euch Ordnungskriterien (Thema, Personengruppe, ...). Untersucht den inhaltlichen Aufbau von Witzen und vergleicht ihn mit den Ergebnissen aus Aufgabe a.

**c** Präsentiert die gesammelten Witze in geeigneter Form, z. B. als Plakat, Zeitschrift, in einer Lesung oder einem Programm. Einigt euch auf den Inhalt der Präsentation (Zeitepochen, Themen, mögliche Autoren, Ranking-Liste).

> **!** Der **Witz** ist eine epische Kurzform. Meist enthält er eine überraschende Lösung oder Wendung (Pointe), die u. a. durch die Mehrdeutigkeit eines Wortes, Situationskomik oder Übertreibung entsteht.
> Der **Sketch** (engl. Skizze) ist eine Art dramaturgisch-szenische Umsetzung eines Witzes mit einer auffälligen Schlusspointe.

Mit humoristischen Elementen spielen **99**

**3**
a Tauscht euch über Merkmale von Sketchen aus. Fasst kurz zusammen, was beachtet werden muss, um Sketche zu spielen.

b Bringt verschiedene Sketche mit. Nutzt Lesebücher, das Internet oder die Bibliothek.

c Wählt einen der Sketche aus und spielt ihn vor.

**TIPP**
Beachtet dabei eure Ergebnisse aus Aufgabe a.

d Schreibt eigene Sketche auf der Grundlage von Witzen. Bringt eure Sketche zur Aufführung oder dreht einen Videobeitrag.

**4**
a Lies folgenden Text über das Kabarett.

**Kabarett wird 110 Jahre alt**
Es war eine Bewegung. Manche sprachen von Revolution. »Wir werden diese alberne Welt umschmeißen!«, verkündete Otto Julius Bierbaum – und das ohne Blutvergießen, »nur« mit der Macht der Worte. Am 18. Januar 1901 erlebte das Kabarett in Deutschland seine
5 Geburtsstunde. [...]
»Das Kabarett war schon totgesagt, als es gerade geboren war, tatsächlich ist es noch immer eine quicklebendige Leiche«, sagt Kabarett-Historiker Volker Kühn. [...]
Aber: Gibt es denn wirklich etwas zu feiern? Wie »quicklebendig«
10 ist die kabarettistische Leiche denn? »Es wird Kabarett so lange geben, wie sich die Welt dreht – aber es ist eher wieder in den Keller gezogen«, sagt Kühn. Das Massenpublikum ergötze sich dagegen an Comedy Marke Mario Barth oder Ingo Appelt. »Da geht es nicht mehr um Kunst, sondern nur um Kommerz«, beklagt Kessler. Mutig,
15 nein mutig sei das nicht mehr.
»Kabarett ist doch nicht, wenn man sich über die Schweißflecken von Angela Merkel lustig macht, es geht doch um die Inhalte, darum, unversöhnt mit der Welt zu sein«, sagt auch Kühn. Und überhaupt, frei nach Tucholsky: Ein Kabarettist ist auch irgendwie ein
20 Moralist. Dagegen seien das, was vor allem die privaten Fernsehsender anbieten, »Wohlfühlveranstaltungen«. »Mit dem Gestus des Kabarettmachens hat das nichts mehr zu tun«, so Kühn.
Wie er kann auch Jürgen Kessler, Leiter des Deutschen Kabarettarchivs mit den Standorten in Mainz und Schloss Bernburg in

Jürgen Kessler

25 Sachsen-Anhalt, mit der aktuellen, nicht selten unter der Gürtellinie agierenden Comedy nichts anfangen: »Heute geht's um Kult und Quote, um Verletzung statt Entlarvung.« Die Gründer des Kabaretts waren zwar anfangs auch noch zurückhaltend mit eben dieser Entlarvung gesellschaftlicher Missstände, schließlich gab es noch den
30 Kaiser. Dennoch schossen die – vom französischen Vorbild inspirierten – Kleinkunstbühnen nur so aus dem Boden. Zwischen 1901 und 1902 entstanden laut Kessler allein in Berlin rund 40 Kabaretts. Die Geburtsstunde macht sich übrigens fest an der Eröffnung des ersten deutschen Kabaretts, des »Überbrettl« von Ernst von Wolzogen, am
35 18. Januar 1901 in Berlin.
Aber erst in der Weimarer Republik erlebte das politische Kabarett eine erste Blüte. Und mit dem Ende der Nazi-Diktatur konnte sich die kritische Kunstform nach dem Zweiten Weltkrieg in der Bundesrepublik frei entfalten. Doch als mediales Zugpferd im Fernsehen
40 war das politische Kabarett nicht wirklich erwünscht, berichtet Kühn und erinnert an diverse Eingriffe der Fernsehräte. Ein Grund: »Der großen breiten Masse wurde nicht zugetraut, kritisch zu denken.« Und deshalb ist das, was heutzutage gemeinhin als Kabarett bezeichnet wird, um noch einmal Kessler zu zitieren, längst »keine
45 revolutionäre Bewegung mehr, sondern eine kommerzielle Angelegenheit«.

**b** Der Text enthält einige historische Informationen. Schreibe diese in Stichpunkten heraus.

**c** Sammelt weitere Informationen zur Geschichte des Kabaretts und fasst diese chronologisch geordnet zusammen. Ergänzt inhaltliche Schwerpunkte, mit denen sich die Kabarettisten in ihrer Zeit auseinandersetzten.

**d** Suche im Text aus Aufgabe a Stellen, die Meinungen zur Bedeutung sowie zur aktuellen Lage des Kabaretts widerspiegeln.

**e** Informiert euch über Kabarettbühnen und -ensembles in eurer Nähe. Fertigt ein Plakat an, das zum Besuch einer Vorstellung anregt.

> **Kabarett** ist eine Kleinkunst-Form, in der darstellende, lyrische und musikalische Elemente mit kritischem Ansatz zu unterschiedlichen Themen dargeboten werden. Dazu bedient sich das Kabarett meist humoristischer, ironischer und satirischer Elemente.

# Mit humoristischen Elementen spielen

**5**

a  Lies den Textauszug des Kabarettisten Florian Schroeder (geb. 1979).

**Irgendwas-mit-Medien**

[...] Ein Praktikum im Bereich Irgendwas-mit-Medien, das macht sich außerdem gut im Lebenslauf. [...]
Mein Sender heißt Antenne STAR. Sein Format nennt sich AC. Das ist kein Medikament, sondern ein Musikstil. Es steht für »Adult Contemporary« und richtet sich an die Zielgruppe der 20- bis 49-Jährigen. Mit anderen Worten: Es herrscht dort eine Bryan-Adams-Phil-Collins-Diktatur mit Moderatoren, die aufgesetztes Dauergrinsen mit einem netten Lächeln verwechseln. Schon länger hält sich das Gerücht, der Sender habe mehr Mitarbeiter als Hörer. Es wäre von Vorteil, wenn es gelingen würde, das Verhältnis umzukehren. Ich hätte gewarnt sein müssen – aber ich mache es trotzdem. [...]
[...] Also gehe ich hin. Auch wenn ich dafür meine Selbstachtung an der Sendertür abgeben muss. Aber so ist das nun mal. Man nennt das heute Unternehmenskultur. [...]
Am ersten Tag schicken mich die Radioleute für eine Umfrage auf die Straße. Volkes Stimme soll sprechen, und ich soll sie zum Sprechen bringen. [...]
Draußen auf der Straße wäre ich schon froh, wenn wenigstens ein Passant mal stehen bleiben würde. Sobald die Leute aber das Antenne STAR-Mikrophon erblicken, ergreifen sie die Flucht. [...] Ich denke mir: Vielleicht sollte ich den Sender, für den ich arbeite, doch einmal hören. [...]
Der Redakteur findet, nachdem er meinen Beitrag gehört hat, man könne das so machen. In den Medien kann man immer alles so machen. Das ist die maximale Begeisterung, die aus den Menschen hier sprudeln kann. Ich solle aber besser noch einmal den Chef vom Dienst fragen. Der Chef vom Dienst sagt, [...] ich solle den Programmchef fragen, der habe das letzte Wort. Der Programmchef sagt, [...] bei nächster Gelegenheit aber werde er den Geschäftsführer fragen [...].
Ich bin erstaunt: Alle laufen hier durch die Gänge, als hätten sie das Medium Radio gerade höchstpersönlich erfunden. Entscheiden will aber offenbar keiner. Wenn es um Entscheidungen geht, sind die ganzen aufgeblasenen Wichtigheimer plötzlich ganz klein. Im Grunde sind sie selbst so, wie sie sich ihre Hörer vorstellen: Opfer höherer Mächte, Opfer der Quote, des nächsten Vorgesetzten.

b  Notiere die Themen, die der Autor kritisiert. Weise anhand von Textstellen nach, dass es sich um politisches Kabarett handelt.

→ S.179 Merkwissen

**c** Durch welche stilistischen Mittel gelingt es Florian Schroeder, das Komische hervorzukehren? Belege deine Aussagen mit entsprechenden Textstellen.

> **!** Der Begriff **Comedy** (*engl.* Komödie) bezeichnet humoristisch-unterhaltsame Bühnenprogramme mit wenigen Personen und geringem bühnentechnischen Aufwand sowie unterschiedliche humoristisch-unterhaltsame Unterhaltungsformate im Hörfunk und Fernsehen. Im Gegensatz zum Kabarett stehen bei den so genannten **Comedians** meist Themen aus der Alltagswelt im Vordergrund.

**6**

**a** Nutzt unterschiedliche Quellen (Internet, Zeitschriften, …) und erklärt die Besonderheiten der folgenden Comedy-Formen. Ergänzt aktuelle Beispiele.

Sitcom – Sketch-Show – Mixed Show – Radio-Comedy – Panel Shows – Stand-up-Comedy – Trick-Comedy – Impro-Comedy

**b** Wählt einzelne Comedians aus und stellt sie den anderen Gruppen vor.

**c** Lest den folgenden Text des Comedians Murat Topal (geb. 1975). Tauscht euch über das Thema und euren Eindruck von dem Text aus.

**Erst einsteigen lassen!**
Ja, auch ich bin leidgeprüfter Bahn-Vielfahrer und hatte schon sehr oft viel Freude an unverständlichen Durchsagen (von denen in englischer Sprache ganz zu schweigen), überforderten Zugbegleitern, total abgefahrenen Anschlusszügen, plötzlich aus dem Nichts auf-
5 tauchenden Baustellen, Signalstörungen, Verzögerungen im Betriebsablauf, Spontandurchsagen über heute in umgekehrter Wagenreihung verkehrende Züge und, und, und …
Aber nicht nur die Bahn und ihre Mitarbeiter tragen zur Unterhaltung bei – auch die Bahnreisenden legen oft recht drollige Ver-
10 haltensmuster an den Tag. Sie sollen hier einmal in Wort und Bild gewürdigt werden.
Irgendeine geheimnisvolle Macht sorgt dafür, dass praktisch alle Reisenden sich lange im Voraus auf eine einzige Tür festlegen und beschließen, für ihren Einstieg auf gar keinen Fall eine andere Tür zu
15 nutzen.

Wenn der Zug einfährt und wie immer an einer ganz anderen Stelle zum Stehen kommt als im (komplett sinnlosen und irreführenden) »Wagenstandsanzeiger« auf dem Bahnsteig angegeben, setzt ein grandioses Schauspiel ein:

20 Der Zug fährt an den wartenden Leuten vorbei, die Leute hängen sich mit dem Blick an die zuvor fixierte Tür und beginnen – unter dem Einfluss eines gewissen Herdentriebs – kollektiv mit Sack und Pack der Tür hinterherzulaufen und alles und jeden im Weg Befindlichen gnadenlos umzunieten.

25 Der sicherste Platz, um dieses Schauspiel zu genießen, ist im Zug. Ich fühle mich dann immer an die Zoobesuche in meiner Kindheit erinnert, genauer gesagt an die Robbenfütterung. So, denke ich mir, muss sich der Tierpfleger also fühlen, wenn er mit seinem Fischeimer ins Gehege kommt und ihm die Robben mit ihren gierigen Blicken aufgeregt hinterherhecheln und -watscheln. Fehlt eigentlich nur noch das heisere Bellen.

Blöd ist nur, wenn man aussteigen will und genau die Tür, durch die man raus will, die von der Herde auserwählte ist. Da steht man dann vor einer dichtgedrängten, zur Erstürmung des Zugs entschlossenen 35 Meute. Ihre Mitglieder scheinen einen nicht wahrzunehmen, fangen sie doch an, sich hektisch in den Zug zu quetschen, noch bevor man selbst nur einen Fuß auf die Fluchttreppe gesetzt hat. [...]

a Sieh dir die Karikatur an und erläutere, welches Problem überspitzt dargestellt ist.

b Sucht weitere Karikaturen, die ein Problem überspitzt darstellen, und stellt sie vor. Tauscht euch über das Dargestellte aus.

> **!** **Satire** ist eine Kunstrichtung (Spottdichtung, -lied, Karikatur, Film), in der durch überspitzte Darstellung (Übertreibung, Ironie, Verfremdung, Verzerrung, Spott) menschliche Schwächen oder gesellschaftliche Missstände auf humorvoll-bissige Weise kritisiert werden, z.B.:
> *Gerade will ich schreien: »Mehr Personal!«, da erkenne ich den Sinn des Schlangestehens: Nur durch sehr langes Anstehen in sehr langen Reihen kann ich die sehr lange Getränkekarte wirklich so eingehend studieren, dass ich anschließend professionell bestellen kann. (F. Schroeder)*

**8** Erprobt euch selbst in humoristischen Darstellungsweisen.

a Besprecht, welche humoristischen Darstellungsformen für eine Abschlusszeitung oder eine Abschlussfeier geeignet wären.

b Überlegt euch kurze, witzige Formen der Personenbeschreibung. Achtet darauf, dass niemand beleidigt wird!

*Susi, unsere Beste, trug immer eine Weste.*

c Bereitet ein humoristisches Programm eurer Klasse oder eine Abschlusszeitung vor. Verteilt dazu z. B. folgende Aufgaben.

1 Programmposter oder Deckblatt für eine Abschlusszeitung gestalten (z. B. Collage)
2 Poster, Seiten, Texte, Sketche o. Ä. über Lehrerinnen/Lehrer und Schülerinnen/Schüler gestalten (z. B. Lieblingsspruch, Frisur, Haarfarbe, Figur, Kleidung, Wesen)
3 Poster, Seiten, Texte, Sketche o. Ä. über Erwartungen, Wünsche, Hoffnungen für die Zukunft gestalten (z. B. Schlagzeilen, Filmtitel nutzen)
4 Poster, Seiten, Texte, Sketche o. Ä. zur Geschichte bzw. Chronik der Klasse gestalten (z. B. als Comic, Fotoroman, in Reimform)
5 Präsentation von gesammelten »Kunstwerken« der Schülerinnen/Schüler gestalten (z. B. Versprecher, witzige Sätze, Spickzettel, typische Gestik und Mimik)

**Was habe ich gelernt?**

**9** Überprüfe, was du über humoristische Elemente in verschiedenen medialen Formen gelernt hast. Lies die folgenden Zitate. Erkläre, welche Absichten die Autoren damit verfolgen.

1 Globalisierung ist, wenn sich Konzerne verbinden. Aber nicht unbedingt Menschen. Obwohl, diese Konzernfusionen sind wie Ehen. Das sind Firmenehen. Das ist, wie wenn Sie heiraten! So heiraten Firmen. Und wenn's dann verheiratet sind, dann merken die Firmen oft, wir passen gar nicht zusammen. (Erwin Pelzig)
2 Wenn es zu Silvester schneit, ist Neujahr nicht weit. (Wilhelm Busch)
3 In Brandenburg, in Brandenburg
ist wieder jemand gegen einen Baum gegurkt!
Was soll man auch machen mit 17, 18 in Brandenburg?
(Rainald Grebe)

# Wortarten und Wortformen

## Verben

### Die Modusformen des Verbs

**1** Der folgende Text trägt den Titel »Kleider machen Leute«.

**a** Entscheide nach dem Lesen des Textes, ob der Titel zutreffend ist, und begründe deine Meinung.

»›Schau mal, da kommt ein Glücksbringer!‹, rufen die Leute, wenn sie mich in meiner Uniform sehen«, sagt die Kaminkehrerin Pia B. »Sobald ich sie anziehe, schlüpfe ich in die Verantwortung hinein.« Die Fotografin Herlinde Koelbl hat Pia einmal als Privatperson in
5 Top, Rock und Turnschuhen und einmal in ihrem Dienst-Outfit porträtiert. Sie habe interessiert, was Kleidung, speziell Uniformen, mit Menschen mache. »Ändert die Uniform das Selbstbewusstsein, den Gang, das Körpergefühl oder das Verhalten?« Für ihr Langzeitprojekt hatte die Grande Dame der deutschen Fotografie Menschen in
10 Deutschland und im Ausland zunächst in ihrer Standes- oder Berufsbekleidung fotografiert und anschließend so, wie sie sich in ihrer Freizeit kleiden.
»Ich fühle mich wie ein Star«, kommentiert
15 Tomas B. sein Porträt in Jockeykleidung mit den glänzenden Stiefeln, dem gelben Seidenblouson, Helm, lackrotem Sattel und der Gerte. »In meiner Alltagskleidung komme ich mir vor, als wäre ich unsichtbar.«
20 In der Dienstuniform hätten sich einige Porträtierte aber auch verkleidet oder zumindest unwohl gefühlt, sagte Koelbl.

**b** Benenne an Beispielen, wer im Text zu Wort kommt und wie dessen Rede wiedergegeben wird.

→ S.179 Merkwissen (Verb)

**c** Suche im Text für alle vier Modusformen jeweils ein Beispiel und begründe die Verwendung.

**2**

a  Überlege, wie folgender Text entstanden ist und welche Funktion er für den Text aus Aufgabe 1a hat. Begründe deine Meinung.

**1** Das Thema interessiere sie schon seit Langem. **2** Aber der Auslöser für ihre Fotoserie »Kleider machen Leute« sei ein Restaurantbesuch in Kroatien gewesen. **3** Dort sei sie von einer Einheimischen in Heimattracht bedient worden. **4** Kurz darauf habe sie die Frau wiedergesehen, in einem ärmellosen, sackartigen, bunten Kleid. **5** Sie, Herlinde Koelbl, sei geschockt gewesen. **6** Die Würde und die Präsenz, die die Kellnerin vorher ausgestrahlt habe, seien verschwunden gewesen. **7** Das habe sie auf die Idee der Doppelporträts gebracht.

b  Belege an Beispielen, dass die Journalistin die indirekte Redewiedergabe gewählt hat.

c  Schreibt den Text aus Aufgabe a in ein Interview um. Achtet dabei auf die Modusformen. Spielt den anderen das Interview vor.

d  Vergleicht die Zeitformen im Text der Aufgabe a und in eurem Interview mit den Regeln im Merksatz.

> Die **Zeit-Modus-Formen in der direkten Rede** werden in der **indirekten Rede** durch folgende Formen ersetzt:

| direkte Rede | indirekte Rede | Beispiel |
| --- | --- | --- |
| Indikativ Präsens | Konjunktiv I Präsens | »Ich entwerfe Schmuck.« → Er sagte, er entwerfe Schmuck. |
| Indikativ Präteritum, Perfekt und Plusquamperfekt | Konjunktiv I Perfekt | »Ich entwarf Schmuck. Ich habe/hatte Schmuck entworfen.« → Er sagte, er habe Schmuck entworfen. |
| Indikativ Futur | Konjunktiv I Futur | »Ich werde Schmuck entwerfen.« → Er sagte, er werde Schmuck entwerfen. |

**TIPP**
Bei einigen Formen gibt es mehrere Lösungen mit unterschiedlichen Zeit-Modus-Formen.

 a  Führe die folgenden Formen im Konjunktiv I auf eine Indikativform zurück.

1 Er sagte, Felix sei Goldschmied.
2 Er erzählte, sein Vater sei Schuhmacher gewesen.
3 Sie erklärte, sie habe jetzt ihre eigene Werkstatt.
4 Er kündigte an, er werde eine Sattlerlehre beginnen.
5 Sie sagte, sie habe in einer Maßschneiderei gelernt.
6 Sie erzählte, sie nähe am liebsten Hochzeitskleider.

 b  Bestimme die Zeitform der jeweiligen Konjunktivform in Aufgabe a und die Zeit-Modus-Form in deinen Lösungen.

**TIPP**
Manchmal müssen die Pronomen verändert werden.

→ S. 179 Merkwissen (indirekte Rede)

4 Gib die wörtliche Rede indirekt wieder. Entscheide dich für eine mögliche Form und begründe deine Entscheidung.

1 »Meine Mutter arbeitet in einer Änderungsschneiderei.« (Knut)
2 »Früher ging man zum Maßschneider.« (Jenny)
3 »Heute kauft man die Klamotten von der Stange.« (Alexander)
4 »Ich kann mir eine Lehre als Hutmacherin vorstellen.« (Mathilda)
5 »Beim Film und Theater gibt es Kostümbildner.« (Lukas)
6 »Dafür braucht man sicher eine Schneiderausbildung.« (Fatma)
7 »Meine Großmutter benutzte noch einen Webstuhl.« (Pawel)
8 »Ihr Hochzeitskleid hat meine Schwester selbst genäht.« (Mia)
9 »Ich werde eine Schuhmacherlehre beginnen.« (Kim)

*1. Knut sagte, seine Mutter arbeite …*

a Lest die folgenden Varianten der Redewiedergabe und tauscht euch über die Unterschiede in der Aussage aus. Benennt diejenigen Wörter, durch welche die Wirkung erreicht wird.

1 Carla sagte, sie solle/wolle/dürfe als Model arbeiten.
2 Sie bestätigte/vermutete/sagte, dass über 100 junge Frauen zum Casting erschienen sind.
3 Sie sagte, sie sei/wäre beim Shopping von einem Agenten angesprochen worden.
4 Carla entspreche offensichtlich/vermutlich/zweifellos dem Trend zur nordischen Schönheit, sagt ihre Freundin.

**b** Ordnet die Beispiele aus Aufgabe a den Varianten im folgenden Merkkasten zu.

> **!** Es gibt verschiedene sprachliche Möglichkeiten, wiedergegebene Rede zu **bewerten** (neutral, glaubwürdig, zweifelhaft, unglaubwürdig), z. B.:
> - **Indikativ**, z. B.:
>   Julia sagt, sie _hat_ nichts davon _gewusst_. Julia sagt, dass sie nichts davon _gewusst hat_.
> - **Konjunktiv I**, z. B.:
>   Julia sagt, sie _habe_ nichts davon _gewusst_.
> - **Konjunktiv II**, z. B.:
>   Julia sagt, sie _hätte_ nichts davon _gewusst_.
> - **redeeinleitende Verben**, z. B.:
>   Julia _bestätigte (versicherte, behauptete, gestand, erklärte)_, nichts davon gewusst zu haben.
> - **Adverbien, Adverbialbestimmungen**, z. B.:
>   Julia hat _offenbar (angeblich, vermutlich, zweifellos, mit großer Wahrscheinlichkeit)_ nichts davon gewusst.
> - **Modalverben**, z. B.:
>   Davon _will (soll, kann)_ Julia nichts gewusst haben.

**6**

**a** Lest, was Journalisten aus Laras Aussage gemacht haben, und diskutiert die Wirkung.

**Lara:** Xaver terrorisiert mich seit Monaten mit Anrufen, Mails, SMS.

**Journalist 1** Lara wird angeblich seit Monaten von Xaver belästigt. Er soll sie mit Anrufen, Mails und SMS terrorisiert haben.
**Journalist 2** Lara wird seit Monaten von Xaver belästigt. Er terrorisiert sie mit Anrufen, Mails und SMS.
**Journalist 3** Lara sagte, Xaver sei ein Stalker. Er belästige sie seit Monaten mit Anrufen, Mails und SMS.

**b** Diskutiert, welche Rolle der Redebewertung bei Zeugenaussagen vor Gericht zukommt.

**c** Diskutiert, welche Rolle der Redebewertung in Fachtexten und in journalistischen Texten zukommt.

→ S. 179 Merkwissen (indirekte Rede)

**7**

**a** Untersucht, welche unterschiedlichen Arten der Redewiedergabe in folgendem Text genutzt werden.

Jungs tragen Hellblau, Mädchen Rosa, das ist schon immer so, denken viele. Aber dieser Brauch sei wahrscheinlich erst 80 Jahre alt, sagen Experten. Jahrhundertelang habe im westlichen Kulturkreis Rot als Farbe der Männlichkeit gegolten, schreibt z. B. die Farbforscherin Eva Heller. Folgerichtig habe man Jungen in Rosa, das kleine Rot, gekleidet. Blau galt als Farbe der Jungfrau Maria. Deshalb sei (helles) Blau zur Kleiderfarbe für Mädchen gewählt worden. Die religiöse Symbolik der Farben sei später in Vergessenheit geraten. Ab 1900 soll die blaue Kleidung der Matrosen und der Fabrikarbeiter das Blau zur Männerfarbe gemacht haben. Erst um 1920 habe sich die Sitte durchgesetzt, männliche Babys hellblau und weibliche rosa zu kleiden, meint Frau Heller.
Die US-amerikanische Historikerin Jo B. Paoletti will die 1940er-Jahre als Zäsur für die heutige Farbfestlegung verstanden wissen. Noch 1927 hätten Geschäfte in New York, Boston und Chicago für Jungen Rosa und Blau für Mädchen empfohlen. Zwei Gründe für die neue Farbzuordnung vermutet die US-Professorin: Eltern wüssten heute bereits vor der Geburt das Geschlecht ihrer Kinder und die Kinderbekleidungsfirmen würden ihnen farblich »angemessene« Kleidung anbieten. Kinder und Eltern seien in noch nie da gewesenem Maße von der Werbung und den Rollenbildern im Fernsehen oder in Bilderbüchern mit ihren neuen Farbfestlegungen beeinflusst.

**b** Tauscht euch darüber aus, wie die Art der Redewiedergabe auf euch wirkt: neutrale Wiedergabe, glaubwürdige Tatsache oder Vermutung.

→ S. 179 Merkwissen (indirekte Rede)

**8** Hier ist Tratsch erlaubt: Gib weiter, was du gehört hast. Signalisiere bei deiner Wiedergabe, wie (un)glaubwürdig dir die Informationen erscheinen.

*Hast du schon gehört? K. soll … M. sagt, …*

1 Till / seine Augen / betonen / mit Kajalstift
2 Stones-Gitarrist Keith Richards / nie / auftreten / ohne Augen-Make-up
3 Leon / in einer Disko in L. / im Kleid / gesehen
4 Sara / tragen / wieder / Größe 36
5 vor einem Monat / Sara / nicht in Größe L / passen

9 Lies, was ein Journalist über Mario Galla schreibt. Beurteile, in welchen Sätzen er Tatsachen, Meinungen, Bewertungen oder Äußerungen anderer wiedergibt.

**1** Wer als Model arbeiten will, muss einen makellosen Körper haben. **2** Das ist wohl falsch. **3** Dem Hamburger Mario Galla gelang eine rasante Karriere im Modebusiness – trotz Beinprothese. **4** Nach der Ausbildung zum Bürokaufmann beim NDR und dem Studium der Medienwissenschaften arbeitete Galla als Redaktionsassistent. **5** Sein Geld verdiene er als Model, erzählt mir der junge Mann. **6** Er soll in einer philippinischen Imbissbude entdeckt worden sein. Galla schweigt dazu. **7** Bei dem nachfolgenden Casting hätten sich noch sechs andere, sehr gut aussehende Männer beworben. **8** Ihn aber habe man als Einzigen angenommen. **9** Dem Fotografen will er damals nichts von seiner Behinderung erzählt haben.

→ S.179 Merkwissen (indirekte Rede)

10 Ergänze den Text von Aufgabe 9 durch Aussagen der folgenden Personen. Verdeutliche bei deiner schriftlichen Redewiedergabe, wie du die Äußerungen bewertest.

**Fotograf** Dass Mario eine Prothese trägt, habe ich erst beim Shooting in Boxershorts bemerkt. Ich bin da ganz cool geblieben.
**Marios Mutter** Mein Sohn trägt seit seinem 3. Lebensjahr eine Beinprothese. Das hat ihn beim Herumtoben nie gestört.
**Marios Freund** Behindert? So hat sich Galla wohl nicht gesehen. Jedenfalls nicht auf Partys.
**Ehemaliger Mitschüler** Im Sport hatte Mario nur Einsen. Manchmal dachte ich, der will uns anderen nur zeigen, dass er trotz seines Handicaps besser ist als wir.
**Marios Freundin** Manche Leute werfen Mario vor, dass er die Bodenhaftung verloren hat, seit er für namhafte Labels wie Hugo Boss modelt. Aber das stimmt so nicht.

→ S.179 Merkwissen (Verb)

**11** Realität oder Wunsch? Begründe deine Meinung.

Mein Traumberuf wäre Modedesigner. Ich liebe Stoffe, Moden, Formen. Auch viele Stardesigner sind Männer. Die Models auf dem Laufsteg bewundere ich. Aber Kleidung möchte ich selbst nicht vorführen. Ich würde die Entwürfe machen und sie auch nähen. Das Zuschneiden und Nähen habe ich mir bei meiner Mutter abgeguckt. Das Studium der Stoffe würde mich auch interessieren. Aber ich müsste erst eine Aufnahmeprüfung bestehen. Und die dreijährige Ausbildung könnte meine Mutter gar nicht finanzieren.

**12** Was wäre, wenn nicht …? Formuliere die folgenden Aussagen in Satzgefüge um, die irreale (unwirkliche) Bedingungen und Konsequenzen ausdrücken. Bilde Nebensätze mit *wenn* und dem Konjunktiv II.

1 Hassan ist zum Casting gegangen. Seine Freunde haben ihn überredet.
2 Paul trägt immer nur Sportklamotten. Ihn interessiert Mode nicht.
3 Judy hat eine Karriere als Model gemacht. Nach der 10. Klasse wollte sie eine Ausbildung als Buchhändlerin beginnen.
4 Franka hat eine Hautallergie. Deshalb kann sie die schicken Pullover, die ihre Mutter strickt und verkauft, nicht tragen.

*1. Wenn seine Freunde ihn nicht überredet hätten, (dann) wäre …*

**13** Erkläre, wodurch in den folgenden Sätzen die Wirkung eines irrealen (unwirklichen) Vergleichs entsteht.

1 In so einem Kleid musst du schreiten, als ob du in einem Reifrock stecken würdest.
2 In diesem Aufzug sieht Luca aus, als hätte er sich auf der Müllhalde eingekleidet, sagen seine Tanten.
3 Auch in einem Kartoffelsack würde Hanna aussehen, als wäre sie eine Elfe.
4 In diesem federleichten Anorak hat man das Gefühl, man würde in einer Daunenwolke stecken.
5 In ihrem Korsett saßen die Damen kerzengerade, als hätten sie ein Messer verschluckt.

### Aktiv und Passiv

**1**

**a** Entscheide bei allen unterstrichenen Verbformen, ob es sich um eine Form des Aktivs, Vorgangs- oder Zustandspassivs handelt.

→ S. 179 Merkwissen (Verb)

**1** Die deutschen Frauen und Männer <u>werden</u> im Schnitt schwerer und größer. **2** In Deutschland <u>ist</u> ein Textilforschungsinstitut <u>beschäftigt</u>, Körpermaße für Kleidergrößen zu erfassen. **3** Die Hohensteiner Institute in Bönningheim bei Stuttgart <u>erstellen</u> seit 1957 Körpermaßtabellen für die Oberbekleidung. **4** In Reihenmessungen <u>wurden</u> Daten von zehntausenden Männern und Frauen <u>ermittelt</u>. **5** Der Brustumfang <u>ist</u> 1994 1,7 cm größer <u>gewesen</u> als 1981, der Taillen- und Hüftumfang 2,2 cm, die Körpergröße aber nur 0,5 cm. **6** Die Kleidergrößen <u>wurden</u> 1994 entsprechend <u>angepasst</u>. **7** Für Kleidergröße 40 <u>ist</u> der Taillen- und Hüftumfang um jeweils 2 Zentimeter <u>vergrößert worden</u>. **8** 2007 <u>haben</u> 80 Firmen die Bönningheimer Forscher mit einer neuen Reihenmessung <u>beauftragt</u>. **9** Die Ergebnisse <u>sind</u> noch nicht <u>veröffentlicht</u>. **10** Klar ist aber auch, dass wir nochmals hüftstärker <u>geworden sind</u>.

*1. (sie) werden: Aktiv (Präsens), 2. (es) ist beschäftigt: ...*

**b** Bestimme die Zeitform der unterstrichenen Verbformen.

> **!** Beim Passiv sind zwei Formen zu unterscheiden:
> - das **Vorgangspassiv**, das den Ablauf der Handlung betont,
> - das **Zustandspassiv**, das den neuen Zustand als Ergebnis einer vorhergegangenen Handlung benennt.
>
> | **Vorgangspassiv** | **Zustandspassiv** |
> |---|---|
> | Die Messe <u>wurde eröffnet</u>. | Die Messe <u>ist geöffnet</u>. |
> | Die Messe <u>ist eröffnet worden</u>. | Die Messe <u>ist geöffnet gewesen</u>. |
> | **werden** + Partizip II | **sein** + Partizip II |

**2** Formuliere in Sätze mit Passivformen um. Begründe, warum hier das Passiv sinnvoll ist.

1. Die älteste Schaufensterpuppenfabrik Europas gründete ein Unternehmer 1907 in Köln.
2. Früher hat man Schaufensterfiguren aus Gips und Wachs gefertigt.
3. Man stellt sie heute aus Kunststoff her.
4. Die Prototypen lässt man von Bildhauern entwerfen.

## 3

**a** Entscheide, welche der Passivformen eine Handlung und welche einen andauernden Zustand in der Gegenwart oder Vergangenheit benennen.

1. Nadelfunde belegen, dass schon in frühester Zeit Kleidung <u>genäht worden ist</u>.
2. Fäden <u>waren</u> aus Tiersehnen oder gedrehten Därmen und Nadeln aus Knochen oder Fischgräten <u>hergestellt</u>.
3. Der erste Nähapparat von 1790 <u>ist</u> aus Holz <u>konstruiert</u> und <u>war</u> für Schuhmacher <u>gedacht</u>.
4. Die erste moderne Nähmaschine, die Ober- und Unterfaden miteinander verschlang, <u>wurde</u> 1845 <u>hergestellt</u>.
5. Mit dieser Maschine des Bostoner Mechanikers Elias Howe ließen sich 300 Stiche in der Minute ausführen, während mit der Hand maximal 50 Stiche <u>genäht werden können</u>.
6. Die Nähmaschine <u>ist</u> auf den US-Amerikaner Isaac Merritt Singer <u>patentiert</u>, der als Gründer der Singer-Nähmaschinen-Werke bekannt wurde.
7. Mit der Nähmaschine <u>wird</u> nun Kleidung für die Massen <u>produziert</u>.

**b** Bestimme, welche Zeitform in den Sätzen jeweils verwendet wird.

**c** Prüfe, ob sich die jeweilige Passivform (Vorgang, Zustand) durch die jeweils andere Passivform (Zustand, Vorgang) ersetzen lässt und ob damit eine Bedeutungsänderung verbunden ist.

## 4

Vervollständige die Sätze, indem du die vorgegebenen Verben im Vorgangs- oder Zustandspassiv ergänzt.

**TIPP**
In einigen Sätzen sind beide Formen möglich.

1. Seit Jahren ——— in Berlin der Stiletto-Run ——— (organisieren).
2. Die Damen ——— mit Pumps oder Sandalen mit Absätzen von mindestens 7,5 cm Höhe ——— (ausrüsten).
3. Stiefel mit hohen Absätzen ——— nicht ——— (zulassen).
4. Vor dem Start ——— die Stilettos der Teilnehmerinnen genau ——— (vermessen).
5. Der Stiletto-Run ——— über 100 Meter ——— (austragen).

## Interjektionen

**1**

**a** Lies die Texte in den Sprechblasen laut vor.

**b** Erkläre, welche Wirkung durch die Sprechtexte entsteht und wie sie zustande kommt.

> **!** Wörter, wie *Ach! Aha! Au! Bäh! Igitt! Oje! Hoppla! Peng!*, sind **Interjektionen**. Sie geben Ausrufe oder Empfindungen wieder und werden durch Satzzeichen abgegrenzt.

**c** Erkläre, warum Interjektionen häufig in Comics vorkommen.

**2**

**a** Welche weiteren Interjektionen kennst du? Suche Beispiele zum Ausdruck von Gefühlen wie Überraschung, Enttäuschung oder Freude.

**b** Sammle Interjektionen aus einer anderen Sprache und stelle sie in der Klasse vor.

**3** Die folgenden Wörter nennt man Pseudo-Interjektionen. Überlege und begründe, warum.

**1** Ächz! **2** Seufz! **3** Würg! **4** Krach!

# Wortarten und Wortformen im Überblick

→ S.179 Merkwissen

**1** Überprüfe, was du über Wortarten und Wortformen gelernt hast. Löse dazu die folgenden Aufgaben.

a Bestimmt Numerus (Zahl) und Kasus (Fall) der unterstrichenen Nomen/Substantive und Pronomen. Benennt, um welche Art von Pronomen es sich jeweils handelt.

**1** In Malis Hauptstadt Bamako entwirft Mimi Konaté Kleider, die Altes und Neues zusammenbringen. **2** Traditionelle Baumwollstoffe, die von Frauen in den Dörfern gesponnen werden, schneidet sie nach westlicher Mode figurbetont zu. **3** In Mali tragen die Frauen Kleider, bei denen der Stoff – wo immer möglich – geknotet, gebunden, gerafft, gekräuselt, geschichtet ist: Das pumpt optisch und gesellschaftlich auf. **4** Die Kleider von »Mimi K.« verstoßen gegen diesen Kodex, so, wie auch ihr Leben als Single nicht zu Mali passt. **5** Familie hätte sie gern, sagt die 38-Jährige. Aber ihren Beruf werde sie nicht aufgeben, auch wenn malische Männer dies erwarten würden. **6** Nach einem schweren Unfall wurde die 12-Jährige zur Rehabilitation nach Frankreich geschickt, dort studierte sie später Modedesign. **7** Auf der alten Singer-Nähmaschine ihrer Mutter hat Mimi das Nähen gelernt, jetzt bildet sie selbst Schneiderinnen aus. **8** Heute ist das einheimische Weber- und Schneiderhandwerk durch Asia-Importe und gebrauchte Kleidung aus Europa bedroht, aber Mimi Konatés Weg könnte die Zukunft sein.

*1. Kleider (Plural, Akkusativ), 2. die (Plural, Nominativ, Relativpronomen), …*

b Schreibe je ein Prädikat im Präsens, Präteritum und Perfekt heraus und markiere die finiten Verbformen.

c Suche je ein Beispiel für eine Form des Aktivs, Vorgangs- und Zustandspassivs heraus.

d Bestimme die Modusformen in den Sätzen 5 und 8.

e Bestimme, zu welcher Wortart die Wörter *heute* (Satz 8), *immer* (Satz 3) gehören, und ergänze weitere Beispiele aus dem Text.

f Suche im Text Beispiele für Konjunktionen und Präpositionen.

# Satzbau und Zeichensetzung

## Der einfache Satz

a  Ermittle zuerst alle Satzglieder und Satzgliedteile mithilfe der Umstellprobe. Bestimme anschließend die unterstrichenen Satzglieder.

1 <u>Die österreichische Schriftstellerin Gabi Kreslehner</u> wurde 1965 in Linz geboren.
2 Heute lebt sie <u>in Oberösterreich</u>.
3 Für ihr Jugendbuch »Charlottes Traum« erhielt <u>sie</u> 2010 <u>den Österreichischen Staatspreis für Kinder- und Jugendliteratur</u>.
4 2012 <u>wurde</u> ihr Buch »Und der Himmel rot« für den Deutschen Jugendliteraturpreis <u>nominiert</u>.
5 Bei jährlich 8000 Neuerscheinungen auf dem Gebiet <u>der Kinder- und Jugendbücher</u> zeichnet schon diese Nominierung aus.
6 Durch ihre Tätigkeit als Lehrerin hat <u>Gabi Kreslehner</u> <u>viele wertvolle Erfahrungen</u> gesammelt.
7 Sie hat auch manche Sorgen und Nöte <u>junger Menschen</u> kennen gelernt.
8 In dem Buch »Charlottes Traum« erzählt sie zum Beispiel <u>von den Problemen der 15-jährigen Charlotte</u>.
9 <u>Charlottes Eltern</u> haben sich getrennt.
10 <u>Sie</u> darf sich um die kleinen Brüder kümmern.
11 Dann laufen <u>ihr</u> <u>plötzlich</u> <u>die zwei Jungen Sulzer und Carlo</u> über den Weg.
12 Nun <u>erlebt</u> Charlotte die Unberechenbarkeit der Liebe.

 b  Bestimme in den Sätzen der Aufgabe a weitere Satzglieder.

a  Untersuche, welches Satzglied in Aufgabe 1a jeweils am Anfang der Sätze steht.

b  Setze in allen Sätzen das Subjekt an die erste Stelle. Welche Wirkung entsteht dadurch?

c  Untersuche, wie sich die Wirkung der Sätze jeweils verändert, wenn du verschiedene andere Satzglieder an die erste Stelle setzt.

# Der zusammengesetzte Satz

## Die Satzreihe (Parataxe)

**1**

a Notiere die Nummern der Satzreihen (Satzverbindungen).

1 Ihr erstes Buch für Erwachsene hat Gabi Kreslehner »Das Regenmädchen« genannt.
2 Die Kommissarin Franza Oberwieser trifft am Tatort ein, am Rande einer regennassen Fahrbahn liegt eine Tote.
3 Der Anblick trifft sie wie ein Schlag, denn am Straßenrand liegt ein schönes junges Mädchen in einem glitzernden Ballkleid.
4 Franza beginnt Fragen zu stellen, aber sie begegnet nur Menschen mit dunklen Geheimnissen.
5 Die Tote kannte sie alle, und vielleicht musste sie deshalb sterben.
6 Mithilfe von Menschen aus dem Umfeld der Toten wird das Puzzle Stück für Stück zusammengesetzt, und es werden erschütternde Geheimnisse offengelegt.
7 Gabi Kreslehner lässt die Leser an der Entwicklung der Ermittlungen teilhaben, und tatsächlich kommt bald ein Verdacht auf.
8 Die Autorin verunsichert den Leser aber immer wieder, dadurch bleibt es bis zur letzten Seite spannend und berührend.

→ S. 179 Merkwissen

b Wiederhole, wie die Hauptsätze einer Satzreihe verbunden sein können.

c Untersuche, durch welche Wörter die Hauptsätze miteinander verbunden sind.

d Finde heraus, in welchen beiden Sätzen die Subjekte der Hauptsätze jeweils dieselbe Person bezeichnen. Überprüfe, ob man sie in einfache Sätze mit Aufzählungen umwandeln kann. Schreibe diese auf.

→ S. 123 Die Kommasetzung im Überblick

e Begründe, in welchen Sätzen du die Kommas weglassen könntest.

**2** Überprüfe, welche Sätze aus Aufgabe 1a (S. 116) man zu einer Satzreihe verbinden könnte. Wähle jeweils eine passende Konjunktion aus und schreibe die Sätze auf.

## Satzbau und Zeichensetzung

### Das Satzgefüge (Hypotaxe)

a Schreibe die Sätze ab und setze die notwendigen Kommas. Ermittle dazu die Nebensätze und unterstreiche sie mit einer Wellenlinie. Rahme die Einleitewörter darin ein und unterstreiche die finiten Verbformen doppelt.

**Achtung, Fehler!**

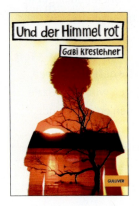

1. Ihr neuestes Buch das für den Deutschen Jugendliteraturpreis 2012 nominiert wurde nennt Gabi Kreslehner »Und der Himmel rot«.
2. Sie erzählt von dem Jungen Oliver Darm der immer nur »Darm« gerufen wird.
3. Er hat sich daran gewöhnt dass kaum einer ihn bei seinem Vornamen nennt.
4. Oliver findet dass der Name »Darm« gut zu ihm passt.
5. Weil in seinem Leben vieles schiefgegangen ist definiert er sich selbst über diesen Namen.
6. Der Leser erfährt am Anfang noch nicht warum sich Oliver oft sehr ungewöhnlich verhält.
7. Bevor sich manche Geheimnisse seines Lebens lösen erscheint er seinen Mitmenschen manchmal als Eisblock.
8. Es wird spannend erzählt mit welchen Problemen sich Oliver herumschlagen muss.

*1. Ihr neuestes Buch, das für den Deutschen Jugendliteraturpreis 2012 nominiert wurde, nennt ...*

> ! In den meisten **Satzgefügen** ist der **Nebensatz vom Hauptsatz abhängig**. In diesem Fall spricht man von einer Abhängigkeit 1. Grades, z. B.:
> *Oliver Darm wundert sich nicht darüber, dass sein Leben verpfuscht ist.*
> (NS 1. Grades)
>
> [HS], [NS (1. Grades)].
>
> Ist einem **Nebensatz 1. Grades** ein weiterer Nebensatz untergeordnet, so spricht man von einem **Nebensatz 2. Grades**. In mehrfach zusammengesetzten Sätzen kann es auch **Nebensätze 3. oder 4. Grades** geben, z. B.:
> *Oliver denkt, dass sein Leben verpfuscht ist* (NS 1. Grades), *weil er seine Mutter und seine Schwester verloren hat.* (NS 2. Grades)
>
> [HS], [NS 1 (1. Grades)], [NS 2 (2. Grades)].

**b** Überprüfe, welchen Abhängigkeitsgrad die Nebensätze in Aufgabe a haben.

1. ... (HS Teil 1), <u>das</u> <u>für den Deutschen Jugendliteraturpreis 2012 nominiert wurde</u> (NS 1. Grades), ... (HS Teil 2).

**2**

**a** Nenne in den folgenden Satzgefügen alle Nebensätze. Bestimme in den Nebensätzen die Einleitewörter und die finiten Verbformen.

1 Nachdem Olivers Mutter Monika gestorben ist, nimmt ihn sein Onkel Kurt bei sich auf.
2 Onkel Kurt, der der ältere Bruder von Olivers Mutter ist, lebt am Rande der Stadt.
3 Die Gegend, durch die der Bus fährt, ist nicht übel.
4 Weil Onkel Kurt eine Tischlerwerkstatt betreibt, wohnt er in einem Haus, das ziemlich geräumig ist.
5 Da das Gebäude Laden, Werkstatt und Wohnräume enthält, die sich als Rückzugsorte eignen, kann man sich gut aus dem Weg gehen.
6 Wenn Oliver die alte Holztür öffnet, lauscht er dem vertrauten Knarren.
7 Oliver, der hier in diesem Hause 17 geworden ist, würde hier wohl auch 18 werden.
8 Beim Betreten des Hauses schlagen ihm die verschiedensten Gerüche entgegen, die man zunächst nicht unterscheiden kann.
9 Aber dann riecht Oliver, dass der Onkel Marillenknödel gekocht hat.
10 Er mag keine Marillenknödel, weil sie sich wie grauer Beton in seinem Mund verdoppeln.

**b** Bestimme den Grad der Abhängigkeit der Nebensätze und zeichne die Satzbilder.

1.            HS     2. ...
    NS (1. Grades),

! Der **Nebensatz** erfüllt für den Satz, von dem er abhängig ist, die **Funktion** eines **Satzglieds** oder **Satzgliedteils** (Attribut). Man nennt ihn deshalb **Gliedsatz** oder **Gliedteilsatz** (Attributsatz).

| | | |
|---|---|---|
| **Subjektsatz** | *Dass man ihn »Darm« nannte*, störte Oliver nicht besonders.<br>*Wer etwas von ihm wollte*, rief ihn meist bei seinem Spitznamen. | Was störte Oliver nicht?<br><br>Wer rief ihn meist bei seinem Spitznamen? |
| **Objektsatz** | »Darm« war froh darüber, *dass ihn sein Onkel Kurt aufgenommen hatte*.<br>Onkel Kurt wollte gern wissen, *warum Oliver stets die Kamera mit sich herumschleppte*. | Worüber war er froh?<br><br>Was wollte Onkel Kurt gern wissen? |
| **Adverbialsatz** | *Als Olivers Mutter gestorben war*, nahm Onkel Kurt ihn bei sich auf.<br>In Kurts Haus konnte man sich gut aus dem Weg gehen, *weil das Gebäude sehr geräumig war*. | Wann nahm Onkel Kurt ihn bei sich auf?<br><br>Warum konnte man sich gut aus dem Weg gehen? |
| **Attributsatz (Gliedteilsatz)** | Oliver fühlte sich bei seinem Onkel, *der keine eigene Familie hatte*, recht geborgen.<br>Onkel Kurts Laden, *der am Ende der Straße lag*, war nobel und elegant. | Was für ein Onkel?<br><br><br>Was für ein Laden? |

**3** Bestimme mithilfe des Merkkastens die Satzgliedfunktion der Nebensätze in folgenden Sätzen.

**1** Dass Onkel Kurt sich Sorgen macht, weiß Oliver. **2** Der Onkel fragt sich, wie er ihm helfen könnte. **3** Seit seine Mutter tot ist, hat Oliver sich verändert. **4** Oliver, der meist sehr still ist, wirkt unnahbar.

**4** Bestimme mithilfe des Merkkastens die Satzgliedfunktion der Nebensätze in den Aufgaben 1a und 2a (S. 118–119).

*1. ..., das für den Deutschen Jugendliteraturpreis 2012 nominiert wurde, ... (Attributsatz)*
*2. ...*

Der zusammengesetzte Satz **121**

**TIPP**
Manchmal musst du die Stellung der finiten Verbform verändern.

**5**

a Verbinde die einfachen Sätze zu einem Satzgefüge, indem du einen von beiden in einen Nebensatz verwandelst. Überlege, welche unterordnende Konjunktion du verwenden kannst: *ob, dass, weil, als.*

1 Oliver mag den Lehrer Hoffmann nicht. Hoffmann benutzt Olivers Namen in unangenehmer, zynischer Art.
2 Hoffmann fragt Oliver z. B.: »Darm, willst du dein Wissen entleeren?«
3 Jana steht auf und sagt: »Ich finde diese Scherzchen nicht komisch.«
4 Hoffmann entgegnet: »Ich finde deine Antwort mutig.«
5 Der Lehrer liebt Jana. Sie weiß immer alles und ist seine Tochter.
6 Darm stimmt dem Lehrer zum ersten Mal zu. Er findet Janas Antwort auch mutig.

*1. Oliver mag den Lehrer Hoffmann nicht, weil der …*

b Bestimme die Satzgliedfunktion der gebildeten Nebensätze.

**6**

a Die folgenden Sätze bestehen aus mehr als zwei Teilsätzen. Bestimmt die Teilsätze und setzt die notwendigen Kommas.

**Achtung, Fehler!**

1 Jana die unbequeme Wahrheiten oft deutlich ausspricht liebt Oliver der sich aber über seine Gefühle für Jana nicht so sicher ist.
2 Oliver gefällt es dass Jana für ihn Partei ergreift und ihm gefallen auch ihre sanften braunen Augen die ihn an seine Schwester Irina erinnern.
3 Wenn Oliver seinen Eispanzer um sich herum aufbaut ist Jana nicht sehr begeistert obwohl sie ihn liebt.
4 Am Nachmittag wenn die Schule zu Ende ist treffen sich die beiden oft auf einem Hügel vor der Stadt von dem aus man die Stadt sehen kann.
5 Jana hockt sich neben Oliver wie sie es immer tut und sagt ihm allerlei schönes Zeug von dem Darm sich nichts gemerkt hat weil er sich so etwas eben nicht merkt.
6 Als seine Mutter gestorben ist findet Oliver im Küchenschrank etwas Geld von dem er sich eine Kamera kauft.
7 Sie wird sein täglicher Begleiter womit er vieles festhält aber niemand soll diese Aufnahmen die er häufig absichtlich verwackelt indem er an das Gehäuse klopft jemals zu sehen bekommen.

**b** Schreibe drei Sätze heraus. Unterstreiche die Haupt- und Nebensätze unterschiedlich. Markiere in jedem Nebensatz das Einleitewort und die finite Verbform.

*1. Jana, die unbequeme Wahrheiten oft deutlich ausspricht, …*

**c** Tauscht euch darüber aus, welche Sätze schwierig zu lesen sind. Erarbeitet gemeinsam Vorschläge, wie man diese Sätze auflösen kann, um sie leichter lesbar zu gestalten.

**d** Zeichne für jeden Satz aus Aufgabe a das Satzbild. Bestimme die Nebensätze mithilfe des unten stehenden Merkkastens.

*1. HS (1. Teil),  HS (2. Teil),*
*          NS 1,         NS 2.*

*NS 1: Attributsatz, Zwischensatz, Relativsatz, 1. Grades*
*NS 2: Attributsatz, Nachsatz, Relativsatz, 1. Grades*

**!** 

| Einteilung der Nebensätze nach | | | |
|---|---|---|---|
| der Funktion, d. h. dem Satzgliedwert | der Stellung zum übergeordneten (Teil-)Satz (HS, NS) | der Art des Einleitewortes | dem Grad der Abhängigkeit vom übergeordneten (Teil-)Satz (HS, NS) |
| • Gliedsatz<br>– Subjektsatz<br>– Objektsatz<br>– Adverbialsatz<br>• Gliedteilsatz (Attributsatz) | • Vordersatz<br>[NS], [HS].<br>• Zwischensatz<br>[HS], [HS].<br>   [NS],<br>• Nachsatz<br>[HS],<br>  [NS]. | • Konjunktionalsatz (z. B.: *da, weil, als*)<br>• Relativsatz (z. B.: *der, die, das; welcher*)<br>• Fragewortsatz (z. B.: *wo, wann, wie*) | • Nebensatz 1. Grades<br>[HS], [NS].<br>• Nebensatz 2. Grades<br>[HS], [NS 1], [NS 2]. |

# Die Kommasetzung im Überblick

| Regel | Beispiel |
|---|---|
| **Die Kommasetzung im einfachen Satz** | |
| Ein Komma **muss** gesetzt werden bei:<br>• **Aufzählungen** von Wörtern und Wortgruppen, wenn diese nicht durch *und, oder, sowie, sowohl … als auch, weder … noch* verbunden sind. | *Die Schriftstellerin Gabi Kreslehner unterrichtet Deutsch, Technisches Werken und Bildnerische Erziehung. Sie schreibt Bücher für Jugendliche, aber auch für Erwachsene.* |
| • **nachgestellten Erläuterungen** (auch in Form von Appositionen und Datumsangaben). | *Gabi Kreslehner erhielt mehrere Preise, unter anderem den Oldenburger Kinder- und Jugendbuchpreis und den Peter-Härtling-Preis.*<br>*Am Freitag, dem 12. Oktober 2012, wurde der Deutsche Jugendliteraturpreis vergeben.* |
| • **Infinitivgruppen** (erweiterte Infinitive mit *zu*), wenn die Infinitivgruppe<br>– durch Wörter, wie *um, ohne, (an)statt, außer* oder *als*, eingeleitet ist,<br>– sich auf ein Nomen/Substantiv bezieht,<br>– sich auf Wörter, wie *daran, darauf* oder *es*, bezieht. | *Gabi Kreslehner begann erst als Lehrerin(,) Romane zu schreiben.*<br>*Sie verwandelte Geschichten zu Theaterstücken, um sie mit den Schülern aufzuführen.*<br>*Sie hatte die Absicht, die Stücke zu spielen.*<br>*Sie bemüht sich darum, in ihren Büchern Probleme junger Leute darzustellen.* |
| • **Partizipgruppen**, wenn sie als nachgestellte Erläuterung auftreten. | *Seine freie Zeit verbringt er oft in der Natur, mit Jana auf dem Hügel vor der Stadt sitzend.* |
| **Die Kommasetzung im zusammengesetzten Satz** | |
| Durch Komma abgetrennt werden:<br>• **Nebensätze** vom Hauptsatz bzw. einem weiteren Nebensatz. | *Oliver, der seine Schwester und seine Mutter verloren hat, lässt niemanden an sich heran.* |
| • **gleichrangige Hauptsätze** einer Satzreihe, wenn diese nicht durch *und, oder, sowie, weder … noch, sowohl … als auch* verbunden sind. | *Oliver schottet sich ab, am liebsten ist er allein.*<br>*Jana liebt Oliver, aber er liebt sie nicht.*<br>*Oliver liebt Jana nicht, denn er liebt niemanden.* |
| **Komma bei Anreden, Ausrufen, Ausdrücken einer Stellungnahme** | |
| Durch Komma abgetrennt werden:<br>• **Anreden**. | *Hallo, Stefanie, ich empfehle dir die Bücher von Gabi Kreslehner.* |
| • besonders hervorgehobene **Ausrufe** und **Ausdrücke einer Stellungnahme**. | *Ach, du hast schon von dieser Autorin gehört?*<br>*Ja, ich habe schon etwas von ihr gelesen.* |

# Satzbau und Zeichensetzung

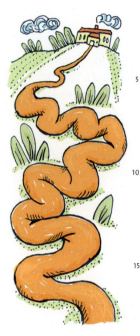

**1**

**a** Lies den Beginn von Gabi Kreslehners Buch »Und der Himmel rot«.

Später dachte Darm manchmal, dass alles damit zu tun gehabt hatte, dass er diesen Namen trug – Darm; ja, er war sicher, alles hatte damit angefangen.
Seit jeher hatte er diesen Namen als Synonym für sein Leben verstanden, als Prophezeiung gewissermaßen. Dieser Name war die geeignete Voraussetzung für ein nicht geglücktes Leben oder, um es drastischer zu formulieren, für ein verpfuschtes. Trotzdem fühlte er sich seinem Namen verbunden, nie im Leben hätte er ihn verleugnet, er gehörte zu ihm wie die gleichnamigen Verschlingungen in seinem Körper, waren Teil seiner Identität, seines Bewusstseins. Alle Darms dachten so, und vielleicht hatte Mutter Darm, Monika, es deshalb als ihre Verpflichtung angesehen, ihrem verpfuschten Leben ein ebensolches Ende zu bereiten. Sechzehn war Darm an ihrem Todestag geworden, auch das ein logischer Hinweis auf die mystische Kraft des Namens. Nach dem Begräbnis war er zu seinem Onkel Kurt gezogen, besser, Kurt hatte ihn zu sich geholt. Und da lebte er nun in diesem Haus am Ende der Straße, die ein bisschen ins Nichts zu führen schien.

**b** Wiederholt die Regeln für die Kommasetzung mithilfe der Übersicht auf S. 123. Schreibt Beispiele für die einzelnen Regeln aus dem Text heraus.

**c** Überlegt, für welche Regeln ihr keine Beispiele gefunden habt.

→ S. 127 Das Semikolon

**d** Im ersten Satz findest du ein Semikolon. Lies über die Verwendung des Semikolons nach. Überlege, warum die Autorin das Semikolon verwendet haben könnte.

**e** Untersuche, welche Satzzeichen der Schreiber des folgenden Internet-Blogs nutzt und welche Wirkung dadurch entsteht. Erprobe, welche Satzzeichen sich durch andere ersetzen lassen.

> Ich habe leider erst den Anfang gelesen: Das läuft wohl auf eine recht tragische Geschichte hinaus (die mag ich eigentlich nicht so). Andererseits könnte es ganz amüsant werden: Wenn einer schon Darm heißt! Und: Irgendwie deutet auch die Wortwahl – nach meinem Gefühl – einen ganz witzigen Grundton an. So ernst die Lage scheint, man darf wohl hoffen.
>
> Antwort

Die Kommasetzung im Überblick

a  Schreibe den Text ab oder nutze eine Kopie. Setze alle Kommas.

**Achtung, Fehler!**

**1** Oliver hat einen einzigen Freund der oft zu ihm nach Hause in Onkel Kurts Küche kommt. **2** Er wird »Muskat« genannt weil seine Mutter Afrikanerin ist. **3** Muskat weiß wie das ist wenn man nicht dazugehört. **4** Manchmal träumt Muskat von Afrika der Heimat seiner Mutter. **5** Er sieht den rotgoldenen Staub der Steppe und hört das Gebrüll der Löwen in der Nacht. **6** Dabei weiß er nicht einmal genau ob Löwen nachts brüllen denn er war noch nie in Afrika. **7** Er weiß auch nicht warum seine Mutter das Land verlassen hat. **8** Er vermutet dass es die Liebe zu seinem Vater war. **9** Muskat kommt oft zu ihnen um die Menüs zu genießen die Onkel Kurt kocht. **10** Obwohl er Olivers bester Freund ist hat der Geheimnisse vor ihm. **11** Muskat will nun endlich wissen wer das Mädchen auf dem Foto ist das an Darms Pinnwand hängt.

 b  Vergleicht eure Ergebnisse. Begründet eure Entscheidungen mithilfe der Übersicht zur Kommasetzung auf S.123.

 c  Überarbeitet den Text der Aufgabe a, indem ihr z.B. Nebensätze in einfache Satzglieder umwandelt oder Zusammenhänge bzw. Sachverhalte mit anderen Worten ausdrückt.

→ S.123 Die Kommasetzung im Überblick

a  Schreibe die Sätze ab, unterstreiche die Infinitivgruppen und setze die nötigen Kommas.

**Achtung, Fehler!**

1  Monika ist mit Oliver und seiner älteren Schwester Irina in ein kleines Haus in der Nähe des Flusses gezogen um dort Ruhe zu finden.
2  Die Geschwister lieben es ihre freie Zeit am Fluss zu verbringen.
3  Sie haben dort Gelegenheit über ihre Sorgen und Freuden zu reden.
4  Irina hat nun die Absicht als Au-pair-Mädchen nach England zu gehen.
5  Oliver hat das Gefühl verraten worden zu sein.
6  Er hat ihr den Brief aus England weggenommen und hofft ihre Abreise auf diese Weise verhindern zu können.
7  Drei Jahre später nimmt Muskat ein Bild von Olivers Pinnwand ohne das abgebildete Mädchen zu kennen.
8  Oliver ist zunächst nicht bereit mit Muskat über seine Schwester Irina zu sprechen.

**b** Ersetzt in den Sätzen einige Infinitivgruppen durch andere sprachliche Formulierungen.

**4**

**a** Verbinde folgende Sätze sinnvoll, indem du den Inhalt des zweiten Satzes als nachgestellte Erläuterung in den ersten Satz einfügst.

1 Muskats Mutter hat oft Sehnsucht nach ihrer Heimat. Sie kommt aus Afrika.
2 Muskat hat die Heimat seiner Mutter noch nicht kennen gelernt. Sie kommt aus einem kleinen afrikanischen Land.
3 Die Lieder ihrer Heimat beeindrucken Muskat. Es sind fremde und sehnsuchtsvolle Klänge.
4 Kurt kocht oft für die Jungen schmackhafte Menüs. Er ist Olivers Onkel.
5 Muskat verbringt viel Zeit bei Onkel Kurt. Muskat ist Olivers Freund.

*1. Muskats Mutter, eine Afrikanerin, hat …*

**b** Überprüfe, ob es noch eine andere sprachliche Variante gibt, z. B. einen eingeschobenen Nebensatz.

*1. Muskats Mutter, die aus Afrika kommt, hat …*

 Verwende die Wortgruppen als nachgestellte Erläuterungen in je einem Satz. Beachte, dass die nachgestellte Erläuterung im gleichen Fall stehen muss wie das Beziehungswort. Setze die notwendigen Kommas.

1 meine Heimatstadt / mein Heimatort
2 mein Lieblingsplatz
3 ein beeindruckender Ort
4 meine beste Freundin / mein bester Freund
5 mein Lieblingsfilm
6 mein Lieblingsbuch
7 meine liebste Freizeitbeschäftigung
8 meine Lieblingsjacke
9 eine total nervende Beschäftigung
10 einer der langweiligsten Filme

*1. Dresden, meine Heimatstadt, wird von vielen Touristen besucht.*
*2. Auch am Elbufer, meinem Lieblingsplatz, trifft man viele Touristen. …*

## Das Semikolon

Das **Semikolon** (der Strichpunkt) kann zwischen gleichrangigen Wortgruppen oder Sätzen stehen, wo der Punkt zu stark, das Komma zu schwach abtrennen würde, z. B.:
*Schon immer hat Oliver Darm seinen Namen als Vorzeichen für sein Leben verstanden; kein Wunder, dass es nun verpfuscht ist.*
Das **Semikolon** kann auch verwendet werden, um zusammengehörige Gruppen in Aufzählungen zu markieren, z. B.:
*Muskat träumte von Wüsten und Steppen in Afrika; von Löwen, Elefanten und Flusspferden; von tanzenden Kriegern und Medizinmännern.*

**1** Lies folgenden Romanauszug. Prüfe, wo statt eines Kommas oder eines Punktes ein Semikolon gesetzt werden könnte.

Sie zogen los, mit lautem Röhren hinaus aus der Stadt, hinauf auf die Autobahn. Muskats Augen blinkten wie frisch geputzte Eurostücke, während er einen Zahn zulegte, und wie immer fand Darm Muskats Freude über die unerlaubte Autofahrt faszinierend. [...]
5 Neben der Autobahn war der Frühling ausgebrochen, und Darm fragte Muskat überrascht, ob das anderswo, in der Stadt zum Beispiel, auch der Fall war.
Muskat schüttelte lachend den Kopf und nannte ihn Spinner und meinte, dass sie April hatten. [...]
10 Gut gelaunt klopfte er mit der Faust an Darms Schulter, der nickte und grinste zurück, weil sich das eben so gehörte, weil man miteinander scherzte und lachte und sich ein bisschen veräppelte.

**Achtung, Fehler!**

**2** Setze die Kommas. Prüfe, wo in den Aufzählungen ein Semikolon die Gruppen besser markieren könnte.

1 In der Bibliothek kann man Erzählungen Romane Zeitungen Zeitschriften Nachschlagewerke Lexika DVDs und CDs ausleihen.
2 Für die Wanderung brauchen wir: Proviant Getränke Brot Käse Obst Karten und Kompass passende Kleidung Regenkleidung T-Shirts zum Wechseln und festes Schuhwerk.
3 Im Zoo kann man sich exotische Tiere wie Schlangen Krokodile Antilopen Zebras oder Gnus exotische Pflanzen wie Palmen Orchideen Kakteen ansehen Tierpfleger bei ihrer Arbeit beobachten und an Führungen Vorträgen Veranstaltungen teilnehmen.

## Satz- und Textgestaltung

### Mittel der Verknüpfung von Sätzen und Teilsätzen

→ S.179 Merkwissen (Satzverknüpfung/ Textgestaltung)

**1**

a Wiederhole, welche Mittel der Satzverknüpfung zur Verständlichkeit und Wirkung von Texten beitragen.

b Lies den folgenden Auszug aus dem Roman »Und der Himmel rot« und untersuche, mit welchen Mitteln die Verknüpfung zwischen den Sätzen und Teilsätzen erfolgt.

Darm stieg aus dem Bus, lief die letzten Schritte, steckte den Schlüssel ins Schloss der uralten Holztür und lauschte ihrem Knarren nach und der Vertrautheit, die sich in ihm einstellte, sobald das Knarren durch seine Ohren flutschte. Er machte die Tür zu, lehnte sich ein
5 bisschen dagegen, schloss für einen Wimpernschlag die Augen und dachte an Jana […] Seit einem Jahr lebte er nun schon hier, war hier siebzehn geworden, würde wohl auch achtzehn werden.
Das Haus war großzügig geschnitten, teilte sich in Geschäft, Werkstatt und Wohnräume, und alles ging irgendwie ineinander über
10 und war so weitläufig, dass man sich, wenn man wollte, aus dem Weg gehen konnte.
Kurt stand in der Küche, einsilbig und schweigsam, aber vollkommen Herr der Lage. »Hast du Hunger?«, fragte er und rührte in einem Topf.
15 Süß wehte es Darm entgegen, Vanille oder Apfel, man konnte es schlecht einordnen in diesem Konglomerat an Gerüchen von Zimt und Lack bis Koriander und Leim.

# Satz- und Textgestaltung

→ S.179 Merkwissen (stilistische Mittel)

**2** Im folgenden Auszug aus dem Roman »Und der Himmel rot« wird die Wiederholung als stilistisches Mittel eingesetzt. Suche die Wiederholungen heraus und erläutere ihre Wirkung.

Darm […] folgte Muskat in die Küche. Er starrte seine Schuhe an, die waren dreckig, aber das war nicht ungewöhnlich, und an den Sohlen hatten sie kleine Risse und Schrunden, durch die das Nasse drang, wenn es regnete. Darm fand das nicht schlimm. Er fand, dass es größere Katastrophen gab als nasse Füße. Er fand überhaupt, dass Füße nicht das Wichtigste im Leben waren […].

→ S.179 Merkwissen (Satzverknüpfung/ Textgestaltung)

**3**
**a** Lies den folgenden Auszug aus dem Roman »Und der Himmel rot« und untersuche die Besetzung des Vorfelds.

Darms Mutter Monika lebte allein mit ihren Kindern im Haus am Fluss. Sie liebte ihre Kinder und sorgte sich um sie. Nach Irinas Tod war alles anders. Die Schuld an dem Unglück gab sie Darm. Niemals würde sie ihm verzeihen können. Bald begann sie zu trinken. Immer
5 häufiger kamen irgendwelche Liebhaber. Dann blieben die Liebhaber aus. Sie wurde grau wie das Zimmer, in dem sie lag. Nur ihre Haare leuchteten bis zum Schluss, gelb wie das Gelb im Marmorkuchen, den Kurt backte. Irgendwann gab es keine saubere Wäsche mehr im Schrank. Irgendwann stand Monika nicht mehr auf. Und
10 eines Morgens war sie nicht mehr da. Nur ihr Körper war noch da. – Nach zwei Tagen rief Darm ihren Bruder Kurt an …

**b** Suche die Subjekte in den Sätzen. Erläutere die Wirkung des Textes, wenn in jedem Satz das Subjekt im Vorfeld stehen würde.

→ S.179 Merkwissen (Satzverknüpfung/ Textgestaltung)

**c** Suche weitere Mittel der Textverknüpfung in diesem Text.

**4** Schreibe eine kurze Geschichte. Nutze dazu die folgenden Wörter. Verwende unterschiedliche Mittel der Textverknüpfung.

Freund(in) – Facebook – lange Telefongespräche – viele Gemeinsamkeiten – Zweifel – erste Begegnung – Enttäuschung oder Begeisterung?

## Mittel der Verdichtung und Auflockerung

→ **S.179** Merkwissen (stilistische Mittel)

**1** Lies die Rezension (Text 1) und den Klappentext (Text 2) und vergleiche ihren Stil. Untersuche, welcher Text im Nominalstil und welcher im Verbalstil verfasst ist. Begründe deine Meinung und belege sie mit Textbeispielen.

### Text 1

Der Zugang zu der Geschichte von Darm ist zunächst mit Schwierigkeiten verbunden. Doch im Verlauf der Handlung löst sich der anfängliche Eindruck von Zusammenhangslosigkeit und Vereinzelung. Allmählich steigt die Spannung und am Ende entsteht ein schlüssiger Zusammenhang zwischen den Figuren. Die einzelnen Beziehungen gewinnen an Klarheit und man beginnt, die Hauptfigur zu verstehen, deren Sprache geprägt ist von Knappheit, Derbheit, Vulgarismen, aber auch von Gefühl und Sanftheit.

### Text 2

Darm ist ein Eisklotz und lässt niemanden an sich rankommen, seinen Onkel Kurt nicht und Muskat nicht, mit dem er so oft auf den Wasserwiesen am Fluss
5 sitzt. Auch Jana nicht. Jana liebt Darm. Aber Darm liebt Jana nicht. Darm liebt niemanden. Doch als die Polizisten auftauchen, kommt alles wieder hoch. Was damals, vor mehr als tausend Tagen,
10 passiert ist, als seine Schwester auf tragische Weise verschwand, seine Mutter anfing zu trinken und überhaupt sein ganzes Leben auseinanderfiel. Darm braucht diesen ganzen langen Sommer,
15 bis er endlich reden kann. Doch irgendwann, als Darm mit Jana auf dem Hügel sitzt und der Himmel rot wird, beginnt der Anfang vom Ende. »Vielleicht, dachte er, kann Jana das Wunder voll-
20 bringen. Vielleicht ist sie die Prinzessin und ich der Frosch.«

**2**

a Lies das Vorwort der Bundesministerin für Familie, Senioren, Frauen und Jugend zum Deutschen Jugendliteraturpreis 2012.

»Ein Buch ist ein Haufen toter Buchstaben? Nein, ein Sack voller Samenkörner!« Davon war der französische Schriftsteller und Nobelpreisträger André Gide überzeugt. Nicht nur Bücherwürmer und Leseratten werden ihm Recht geben. Denn so manches Buch ent-
5 puppt sich beim Lesen als wahre Zauberbohne: Sie geht auf, wächst und wächst, bis zum Himmel. Daran hinaufzuklettern verspricht spannende Abenteuer und neue Perspektiven. Wer liest, erweitert seinen Horizont. Und wer schon in jungen Jahren das Lesen und damit auch die Literatur für sich entdeckt, wird sein Leben lang von
10 diesem Reichtum zehren.
Jedes Jahr erscheinen über 8000 neue Kinder- und Jugendbücher in deutscher Sprache. Bei diesen Mengen ist es nicht einfach, den Überblick zu behalten. Umso wichtiger ist es, Eltern und Interessierten eine Orientierungshilfe anzubieten. Das ist der Deutsche Jugend-
15 literaturpreis. Er wurde 1956 als einziger deutscher Staatspreis für erzählende Literatur ins Leben gerufen und wird bis heute vom Bundesjugendministerium gestiftet. Seitdem ist er das wichtigste Gütesiegel für herausragende Beiträge in der Jugendliteratur.
Die Jury hat sich auch in diesem Jahr durch den Sack voller Samen-
20 körner gearbeitet und sich die schönsten Zauberbohnen herausgepickt. […] Am 12. Oktober 2012 werde ich auf der Frankfurter Buchmesse verraten, welche der nominierten Bücher letztlich mit dem Deutschen Jugendliteraturpreis ausgezeichnet werden. Bis dahin wünsche ich den nominierten Büchern, dass sie viele Kinder und
25 Jugendliche auf wunderbare Reisen mitnehmen, die nur die Literatur uns eröffnet. Viel Spaß beim Schmökern! *Dr. Kristina Schröder*

b In welchem Sprachstil ist der Text geschrieben? Begründe deine Meinung.

c Der Text enthält sachliche Informationen und sprachliche Bilder. Schreibe jeweils Beispiele heraus.

d Recherchiere, wer den Jugendliteraturpreis bisher schon bekam.

→ http://www.djlp.jugendliteratur.org

**3** Suche im Internet, der Zeitung oder einem Fachbuch Texte im Nominalstil.

# Satzbau und Zeichensetzung

**Die Ellipse**

**1**

**a** Lies den folgenden Auszug aus dem Roman »Und der Himmel rot«.

»Auf geht's«, sagte Frau Voresberg. Klassenarbeit in Deutsch. [...]
Darm schloss die Augen und legte den Kopf auf den Tisch. Schreiben sollten sie. Einfach so. Ins Blaue hinein. Oder ins Grüne. Oder vielleicht ins Gelbe. Aber da kam nichts. Er dachte an zu Hause. Oder an das, was sich jetzt so nannte. Kurts Laden. In dem Kurt Tag und Nacht vor sich hin werkelte, altdeutsche Schreibtische reparierte, Hühner köpfte, Biedermeierkommoden polierte, Kaninchen entkernte. Zwischendurch kippte er Klare bei Milli. Die führte das Wirtshaus vorn neben dem Laden, war knapp an die sechzig, hatte eine Haut wie gegerbter Wüstensand und eine Stimme, als hätte sie schon mancherlei erlebt.

→ S. 179 Merkwissen (stilistische Mittel)

**b** Beschreibe, wie der Text auf dich wirkt. Wie wird diese Wirkung erreicht?

**c** Besonders häufig verwendet die Autorin Ellipsen als sprachliches Mittel. Informiere dich im folgenden Merkkasten über diesen Begriff.

> **!** Eine **Ellipse** ist ein unvollständiger Satz, in dem Wörter oder Satzteile weggelassen wurden, den man aber trotzdem verstehen kann, z. B.:
> *Was nun?* (anstelle von: *Was machen wir nun?*)
> *Keine Ahnung.* (anstelle von: *Ich habe keine Ahnung.*)

**d** Suche im Text der Aufgabe a nach Ellipsen und erläutere, welche Wirkung die Autorin damit erzielt.

**2** Überlege, in welchen Kommunikationssituationen und Texten Ellipsen häufig gebraucht werden. Begründe deine Meinung.

**3** Suche in literarischen Texten nach Ellipsen. Erläutere, welche Wirkung mit ihnen erzielt wird.

# Zitieren

 **1**

a Überlegt, was das Wort *Plagiat* mit dem Thema »Zitieren« zu tun hat. Klärt bei Bedarf die Bedeutung des Wortes.

→ S. 179 Merkwissen

b Wiederholt, was ihr bereits über das Zitieren gelernt habt.

**2**

a Ordne die einleitenden Sätze A bis D den jeweiligen Zitaten 1 bis 4 zu.

A Die Autorin erzählt davon, wie Darm die Träume von seiner Schwester Irina quälen:
B Darm kommt beim Durchstöbern einer Kiste seiner Mutter Monika einem Geheimnis auf der Spur, das mit seiner Schwester Irina und dem Lehrer Hoffmann zu tun hat:
C Gabi Kreslehner stellt Jana in ihrem Buch so vor:
D Über die Lehrerin Frau Voresberger schreibt die Autorin:

1 »Sie hatte sanfte braune Augen und wunderschöne Zähne. [...] Leider hatte sie kurze Beine und leider ragte ihr Hintern von ihr ab wie die Kuppeln der Sankt Petersburger Kathedralen [...].« (Kreslehner, 2011, S. 6.)
2 »Sie war gerade noch jung, ihre Beine waren länger als Janas, aber ihre Augen nur halb so schön. Sie hatte schwarz gefärbte Haare und trug cremefarbene Hosen, die ihr, das musste Darm zugeben, wirklich gut standen, sich über ihren Hintern spannten, als hätten sie nie etwas anderes getan.« (Kreslehner, 2011, S. 13–14.)
3 »Sie kam in der Nacht. Sie kam in seine Träume. Da konnte er sich nicht wehren. Als auch seine Mutter tot war, kam Irina zurück. In zerhackten Bildern fiel sie auf ihn herab, die trieben ihm den Schweiß aus allen Poren, die machten ihn weinen [...]. Irina. Der Jana niemals das Wasser reichen würde.« (Kreslehner, 2011, S. 24.)
4 »Der Name, Ingbert, wo hatte er den schon gehört? *Ingbert, Ingbert*, klang das nicht wie ... [...]
*Ingbert* – der Boden war übersät mit Monikas Leben. Muscheln, Steine, Fotos, Zettel mit kleinen Zeichnungen, und dann, endlich, stach Darm der Name ins Hirn. Unbarmherzig. Nachdrücklich. *Ach Bert, mein Bert, mein kluger Bert, machen wir's heut im siebenten Himmel?«* (Kreslehner, 2011, S. 78–79.)

**TIPP**
Besorgt euch das Buch und kontrolliert, ob exakt zitiert wurde.

b Wiederhole die Anforderungen an Quellenangaben mithilfe des Merkkastens auf S. 134. Ordne zu, welche Form in Aufgabe a genutzt wurde.

**!**

Um **Herkunft und Wortlaut** eines direkten Zitats überprüfbar zu machen, muss man die **Quelle** präzise angeben, z. B.:
- **in Klammern** hinter dem Zitat, z. B.:
  »Die Gegend, durch die der Bus fuhr, war nicht übel.« (Kreslehner, Gabi: Und der Himmel rot. Weinheim, Basel: Beltz & Gelberg, 2011, S. 8.)
- als **Fußnote** am Ende der Seite, z. B.:
  »Oft aßen sie nach der Schule bei Kurt. Muskat schätzte Kurts Menüs, auch Darm hatte sich daran gewöhnt.«[1]
  [1] Kreslehner, Gabi: Und der Himmel rot. Weinheim, Basel: Beltz & Gelberg, 2011, S. 18.
- als **Verweis** ins Quellenverzeichnis, wo eine ausführliche Quellenangabe zu finden ist, z. B.:
  »Sie zogen los, mit lautem Röhren hinaus aus der Stadt, hinauf auf die Autobahn.« (Kreslehner, 2011, S. 20.)

Auch bei **indirekten (sinngemäßen) Zitaten** muss eine Quelle angegeben werden. Um deutlich zu machen, dass es nur sinngemäß übernommen wurde, steht vor der Quellenangabe *vgl. (vergleiche)*, z. B.:
*Gabi Kreslehner erzählt in ihrem Buch, dass Oliver den Namen Darm schon immer als Synonym für sein verpfuschtes Leben verstanden habe. (Vgl. Kreslehner, 2011, S. 5.)*

Am Ende eines Textes, für den man Quellen genutzt hat, muss ein alphabetisches **Quellenverzeichnis** (Literaturverzeichnis) stehen, in dem alle verwendeten Quellen vollständig aufgeführt sind. Dabei unterscheidet man:

| | |
|---|---|
| **Buch** <br> Name, Vorname: Titel. Ort: Verlag, Jahr. | *Kreslehner, Gabi: Und der Himmel rot. Weinheim, Basel: Verlag Beltz & Gelberg, 2011.* |
| **Zeitung/Zeitschrift** <br> Name, Vorname: Titel. Aus: Zeitung/Zeitschrift, Nr. bzw. Datum der Ausgabe, Seite/Seiten des Artikels. | *Küchemann, Fridtjof: Achtung, heftiges Sprüngeln! Gabi Kreslehners Jugendbuch »Und der Himmel rot«. Aus: FAZ, 11. 06. 2011, S. Z 6.* |
| **Internet** <br> (Verfasserin/Verfasser, wenn vorhanden): Titel. Online im Internet: Internetadresse [Datum des Abrufs]. | *Weninger, Wolfgang: »Das Regenmädchen« von Gabi Kreslehner. Online im Internet: http://www.krimi-couch.de/krimis/gabi-kreslehner-das-regenmaedchen.html [23. 05. 2013].* |

→ http://www.djlp.
jugendliteratur.org

**3** Stelle den Deutschen Jugendliteraturpreis vor. Verwende direkte und indirekte Zitate aus dem Text der Aufgabe 2a (S.131) und binde sie sinnvoll in deinen Text ein. Achte auf korrekte Quellenangaben.

**TIPP**
Nutze auch Bücher, Zeitungen und Zeitschriften sowie Beiträge aus dem Internet.

**4** Stelle das Buch »Und der Himmel rot« in einem kurzen Text vor. Nutze dazu die Zitate aus der Aufgabe 2a (S.133) und die Informationen auf S.116–134. Verwende direkte und indirekte Zitate und binde sie sinnvoll in deinen Text ein. Achte auf korrekte Quellenangaben.

**5** Stelle dir vor, du bereitest einen Vortrag über die Schriftstellerin Gabi Kreslehner vor, in dem du auch Leseempfehlungen einbaust.

**a** Lies die folgenden Angaben zu ihren Büchern, die du in deinen Vortrag einbeziehen könntest.

1 Charlottes Traum (Arbeitstitel: Ringlotten am Erdbeerbaum) – flexibler Einband – 116 Seiten – aus der Reihe 3 – Kinder- & Jugendbuch – Erscheinungsdatum Erstausgabe: 03.03.2009 – Verlag Beltz & Gelberg – auch verfügbar als Hörbuch und E-Book
2 In meinem Spanienland – 2010 – fester Einband – 197 Seiten – aus der Reihe 1 – Gegenwartsliteratur – Erscheinungsdatum Erstausgabe: 16.02.2010 – Picus Verlag Wien
3 Das Regenmädchen – Ullstein Buchverlage – Berlin – flexibler Einband – 295 Seiten – Krimi & Thriller – Erscheinungsdatum Erstausgabe: 16.12.2010 – auch verfügbar als Hörbuch
4 Und der Himmel rot – Verlag Beltz & Gelberg – Weinheim, Basel – 2011

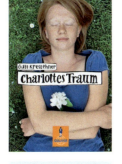

**TIPP**
Ordne die Bücher einer Autorin/eines Autors nach dem Erscheinungsjahr und beim selben Jahr alphabetisch nach dem Titel.

**b** Überlege, welche Angaben du für deine Literaturhinweise brauchst, welche noch fehlen und welche du weglassen kannst. Orientiere dich am Merkkasten auf S.134 und erstelle aus den Angaben ein Quellenverzeichnis.

**6** Erarbeite einen kurzen Vortrag zu einem Thema, das dich persönlich besonders interessiert (z.B. aus den Bereichen Freizeitgestaltung, Politik, Umweltschutz, Geschichte, Musik). Nutze dazu Bücher, Zeitungen und Zeitschriften sowie Beiträge aus dem Internet. Verwende direkte und indirekte Zitate und binde die Zitate mit einleitenden Sätzen sinnvoll in deinen Text ein. Erstelle ein Quellenverzeichnis.

# Wortbildung

**1**

**a** Wovon ist hier die Rede? Wähle einen Begriff aus, recherchiere im Internet oder in einem Wörterbuch und stelle ihn in der Klasse vor.

Ziegenbart – kupferrot – Nassrasur – anfönen – Dreadlocks – lockig – raspelkurz – Echthaarverlängerung – Moustache – Undercut

**b** Tragt die verschiedenen Möglichkeiten der Wortschatzerweiterung im Deutschen zusammen und belegt sie an Beispielen aus Aufgabe a.

**2** Suche in den folgenden Sätzen Beispiele für Ableitungen und für Zusammensetzungen. Lege eine Tabelle an und ordne sie ein.

**1** Frisuren haben in vielen Kulturen der Welt ästhetische und soziale Funktionen. **2** Bei den Germanen und im antiken Griechenland zeigte die Haarlänge die gesellschaftliche Stellung: Langes Haar war nur freien Männern erlaubt. **3** Handwerker und Sklaven mussten ihr Haar kurz scheren. **4** Erst 2008 wurde die Tradition abgeschafft, nach der englische Richter als Zeichen ihrer Amtswürde langlockige Perücken zu tragen hatten. **5** Das Abschneiden langer Haare diente als Bestrafung und öffentliche Demütigung von Ehebrecherinnen, Gefangenen oder »Feindesliebchen«. **6** Haare sind ein rechtsmedizinisches Beweismittel, weil sie die Erbinformationen des Haarträgers speichern.

> **!** Die **Erweiterung des Wortschatzes** im Deutschen geschieht durch:
> - die **Übernahme** von Wörtern aus anderen Sprachen, z.B.:
>   *die Dreadlocks, die Leggings/Leggins* (engl.); *der Blouson* (franz.),
> - die **Nominalisierung/Substantivierung** von Wörtern, z.B.:
>   *zuschneiden* → *das Zuschneiden lernen, blond* → *das Blond,*
> - die **Bildung von neuen Wörtern** (**Neologismen**) durch:
>   – Zusammensetzung, z.B.: *die Mode + der Zar* → *der Modezar,*
>   – Ableitung, z.B.: *be- + kleiden* → *bekleiden + -ung* → *die Bekleidung, Seide + -ig* → *seidig*

**3** Erkläre die Zuordnung der Beispiele *bekleiden* und *ankleiden* zur jeweiligen Wortbildungsart.

# Zusammensetzungen (Komposita)

**Zusammensetzungen** (Komposita, *Singular:* das Kompositum) gehören zu den (wenigen) Möglichkeiten im Deutschen, einen Sachverhalt kurz und treffend auszudrücken. Komposita bestehen aus einem **Bestimmungswort** und einem **Grundwort**, die selbst wiederum Ableitungen oder Zusammensetzungen sein können, z. B.:
die Baum/wolle + das Kleid → das Baum/woll/kleid;
die Dame + die Ober/be-kleid-ung → die Dame/n/ober/be-kleid-ung.
Eine Anhäufung von (Mehrfach-)Zusammensetzungen kann einen Text aber auch schwerer lesbar machen.

**TIPP**
Achte auch auf die Fugenelemente.

**1**

**a** Schreibe die Zusammensetzungen auf, zerlege sie in ihre Bestandteile und unterstreiche die Grundwörter.

1 Abendkleidpräsentation 2 Sportschuhhersteller 3 Wintermantelkollektion 4 Hochzeitsbekleidungsgeschäft 5 Berufsbekleidungsausstatter

→ S.179 Merkwissen

**b** Wiederhole, welche Funktionen Grundwörter in Zusammensetzungen haben.

**TIPP**
Bestimme z. B., ob Form, Funktion, Material, Ort, Zeit, Zielgruppe angegeben werden.

**c** Ordne zu, welche inhaltlichen Beziehungen zwischen Grund- und Beziehungswort jeweils bestehen. Löse die Zusammensetzungen dazu in Wortgruppen auf.

*1. Präsentation von Kleidern, die zum Ausgehen am Abend geeignet/gedacht sind (nähere Bestimmung; Funktion, Zeit), 2. ...*

**d** Beschreibe die Wirkung der Bestimmungswörter in folgenden Beispielen.

1 Topmodel 2 Bombenerfolg 3 Wahnsinnskostüme 4 Riesenapplaus
5 Superqualität 6 Starfriseur 7 Spitzenprodukt 8 topaktuell
9 hochmodern

**TIPP**
Kontrolliert mithilfe der Zerlegeprobe.

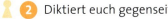 **2** Diktiert euch gegenseitig die Zusammensetzungen 1 bis 3 bzw. 4 bis 6.

1 Laufstegimpressionen 2 Oberteilkombinationen 3 Speiseeisfarben
4 Hornbrillenträger 5 Umsatzzahlensteigerung
6 Messebesucherandrang

## Ableitungen

**Ableitungen** entstehen durch Anfügen von Präfixen (Vorsilben) oder Suffixen (Nachsilben) an einen **Wortstamm**. Der Wortstamm entspricht meist der Nennform, unter der die Wörter im Wörterbuch aufgeführt werden, z. B.: *Mann, Hose, Kleid; jung, schön, groß*.
Bei Verben wird von der Nennform (Infinitiv) die Endung *-(e)n* abgestrichen, z. B.: *such-en, renn-en, seh-en; sammel-n, ärger-n, schummel-n*.

**Typische Ableitungspräfixe und -suffixe** sind:
- Präfixe (Vorsilben): *be-, er-, ent-, ver-, zer-, un-, miss-*
- Suffixe (Nachsilben):
  - Nomen/Substantive: *-ung, -heit, -keit, -nis, -ion, -ik, -ine*
  - Adjektive: *-lich, -ig, -isch, -sam, -bar, -haft, -iv*
  - Verb: *-ieren*

der Ärger → ärgern, verärgern, das Ärgernis, ärgerlich, die Verärgerung

**1** Bilde mit den folgenden Präfixen, Suffixen und Wortstämmen abgeleitete Adjektive, Verben und Nomen/Substantive.

| be- | ver- | ent- | -ung | -sam | -ig | -lich | -nis | -heit | -keit |
|-----|------|------|------|------|-----|-------|------|-------|-------|
| -(e)n | Kleid | Zier | locken | bitter | schön | Farbe | lang | Haar | |

**TIPP**
Nutze die Zerlegeprobe.

## Achtung, Fehler!

**2** Korrigiere die vom Rechtschreibprogramm markierten Wörter.

1 Models präsentiren die neue Winterkollekton.
2 Kritiker lobten sie als witzich, aber kleidsahm.
3 Die Designerin selbst trägt unauffällige Kleidunk.
4 Ihre Kleider endwirft sie im Studio.
5 Typich für ihren Stil sind fernöstlich beinflusste Schnitte.
6 Zu jeder Zeichnung fertigt eine Näherrin das Musterstück.
7 In der Modebranche machen sich viele selbstständich.
8 Die Fashion-Show ereichte gute Umsatzzahlen.

**TIPP**
Nutze die Verwandtschaftsprobe.

**3** Schreibe ab, unterstreiche den Wortstamm und ergänze das Wort, von dem abgeleitet wurde.

1 vergänglich  2 behände  3 erträglich  4 beweglich  5 sich erwehren
6 Verstärkung  7 vertäuen  8 bereuen  9 gräulich  10 verschätzen

# Wortbedeutung

→ S.179 Merkwissen

 **1** Wiederholt, welche Sprachvarianten ihr kennt. Erläutert kurz Besonderheiten bzw. Verwendungsbereiche jeder Variante.

**Fachwortschatz kennen und nutzen**

**2** Bei der Sprachvariante *Fachwortschatz* ist es besonders wichtig, die Bedeutung von Fachwörtern genau zu kennen.

a Ordne die Fachwörter 1 bis 10 den Bedeutungsangaben A bis J richtig zu.

Radar auf dem Brocken

| | | | |
|---|---|---|---|
| 1 | Hurrikan | A | Funkmessverfahren |
| 2 | Asteroid | B | Gliederung eines Ton- oder Bewegungsablaufs in zeitliche Einheiten |
| 3 | Stammbaum | | |
| 4 | Rhythmus | C | Sicherheitsvorrichtung im Kfz |
| 5 | Airbag | D | Technik der bildenden Kunst bzw. daraus entstandenes Kunstwerk |
| 6 | Collage | | |
| 7 | Radar | E | Zwischenknorpel im Kniegelenk |
| 8 | Meniskus | F | Wortart |
| 9 | Nomen/ Substantiv | G | Wirbelsturm |
| | | H | Kleinkörper im Sonnensystem |
| 10 | Kaltfront | I | Grenze zwischen vorrückender Kaltluft und einem Warmluftgebiet |
| | | J | Form der Darstellung der Verwandschaft von Lebewesen |

**TIPP**
Nutze ggf. Lehrbücher oder Nachschlagewerke.

 b Erklärt die Fachwörter genauer, als es mit den Synonymen und kurzen Erklärungen in Aufgabe a möglich ist. Umschreibt sie oder erläutert ihre Verwendung und nennt dabei weitere Bedeutungsmerkmale.

 c Überprüfe, wie sich Fachwörter, die aus einer Fremdsprache stammen, übersetzen lassen und wie das bei der Bedeutungsbestimmung hilft.

 **3**

 a Tauscht euch über Gründe aus, warum die Aneignung und richtige Verwendung von Fachwortschatz wichtig ist.

b Überlegt, warum und in welchen Situationen Fachwortschatz auch im Alltag von Bedeutung ist. Notiert einige Beispiele.

> **!** Bezeichnungen für bestimmte Gegenstände, Tätigkeiten usw. in Berufen, Wissenschaften, Unterrichtsfächern und speziellen Lebensbereichen (Interessen/Hobbys) werden als **Fachsprache/Fachwortschatz** zusammengefasst.
> **Fachwörter** bezeichnen einen Sachverhalt kurz, genau und eindeutig. Sie sind Ausdruck für das Spezialwissen bestimmter Gruppen von Menschen. Manche Fachwörter werden auch in der Alltagskommunikation verwendet.
> Wissen und Kompetenz von Menschen werden u. a. danach eingeschätzt, inwieweit sie Fachwörter im Fachgebiet und im Alltag richtig gebrauchen.

**4** In verschiedenen Fachwörtern eines Gebiets kommen manchmal Bauteile mit gleicher bzw. ähnlicher Bedeutung vor.

**a** Schreibt die Fachwörter ab und unterstreicht in jeder Gruppe das gemeinsame Bauteil. Klärt die Bedeutung jedes Fachworts und des jeweiligen gemeinsamen Bauteils.

1. Bioethik – Bioinformatik – Bionik – Biowaffe – Biozid
2. Atmosphäre – Biosphäre – Geosphäre – Hydrosphäre – Troposphäre
3. Proton – Elektron – Neutron – Positron
4. Diagramm – Parallelogramm

**b** Bildet selbst Gruppen von Fachwörtern eines Gebiets mit jeweils einem gemeinsamen Bauteil. Klärt die Bedeutungen und verwendet die Fachwörter in einem Satz bzw. kurzen Text.

*Geo-: Geologie, Geo…*

→ S. 172 Fremdwörter

**5**

**a** Ordne die folgenden Fachwörter jeweils dem richtigen Fach zu. Bestimme ihre Bedeutung durch Merkmale (in Stichpunkten) so genau wie möglich. Nutze dabei auch die Register (Stichwortverzeichnisse) der Lehrbücher.

Geografie – Biologie – Mathematik – Physik

1 Bestäubung  2 Magnetfeld  3 Wurzel  4 Absatzmarkt  5 Gen  6 Diode
7 Mutation  8 Hypotenuse  9 Hoch  10 Ozon  11 Primzahl

**b** Sucht zu ausgewählten Fachwörtern aus Aufgabe a, wenn möglich, jeweils weitere Fachwörter, die damit Zusammenhängendes bezeichnen (Oberbegriff, Unterbegriffe, Antonyme). Baut damit Mindmaps auf.

**6**

**a** Lies die folgenden Textausschnitte. Schreibe die Fachwörter heraus.

**Kleine Sparklasse**

[...] Das Zeug zum Sparauto hat der Ford Fiesta TDCi schon von Haus aus, denn er tritt als einziger effizienter Diesel an. Mit konventionellen vier Zylindern zwar, aber als Sparversion »Econetic«. Das
5 Paket kostet stolze 1500 € extra und beinhaltet neben einer Start-Stopp-Automatik u. a. eine tiefergelegte Karosserie für geringeren Luftwiderstand, Leichtlaufreifen und Energierückgewinnung. [...] Auf dem Papier ist das so: Der 95-PS-Motor soll nur
10 3,3 Liter Diesel auf 100 Kilometer konsumieren. Sein Pluspunkt ist das erhabene Drehmoment von 205 Nm. [...] Der EcoTest bescheinigt dem Ford 4,2 Liter. [...] Als Fünftürer kostet der Fiesta Econetic 17 850 €. [...]
15 Damit liegt der Fiesta auf dem gleichen Preisniveau wie der Toyota Yaris [...] Der Toyota Yaris ist der erste Vollhybrid-Kleinwagen. Als Antrieb dient ein 55 kW starker Vierzylinder-Benziner, unterstützt von einem Elektromotor mit 45 kW. Für die Kraftüber-
20 tragung sorgt ein stufenloses Automatikgetriebe.

**b** Kläre die Bedeutung der Fachwörter. Suche dafür ein Synonym oder eine kurze Erklärung.

**c** Erläutere, in welcher Bedeutung die Wörter *Diesel* und *Paket* in diesem Text gebraucht werden. Welche weiteren Bedeutungen haben diese mehrdeutigen Wörter?

**d** Tauscht euch auf Grundlage des Textes und eures Fachwissens über die Eigenschaften bzw. Vorteile der dargestellten Autotypen aus.

**7**

a  Lies den folgenden Text. Schreibe die Fachwörter heraus, deren Bedeutung dir nicht (völlig) klar ist, und kläre ihre Bedeutung.

Zumba-Party, Saarlandhalle 2012

**Den Hüftspeck wegtanzen**

Zumba ist ein von Latino-Musik inspiriertes, häufig einstündiges Tanz-Fitness-Programm, das die Koordination und Kondition trainiert, den Stoffwechsel ankurbelt, Muskeln aufbaut. Auch in Deutschland
5 zählt Zumba zu den beliebtesten Trendsportarten; Fitness-Studios und Tanzschulen registrieren wachsende Teilnehmerzahlen. Auch der Saal von Tanzlehrer Christopher Knack ist acht Mal pro Woche zur Zumba-Stunde gefüllt, auch wenn draußen
10 30 Grad Hitze herrschen. »Zumba […] ist das freieste, individuellste, kreativste und sportivste Tanzen, das es derzeit gibt.« Knacks Zuneigung kommt nicht von ungefähr, schließlich war der Berliner früher selbst Standard- und Lateintänzer und kennt die Exaktheit, Steifheit
15 und Disziplin der Tanzklassiker wie Walzer, Foxtrott oder Cha Cha. […] Feste Choreografien oder Schrittsequenzen, wie etwa beim Hip-Hop, gibt es nicht. […] Trainiert wird in Intervallen, sodass sich Pulsbeschleunigung und -beruhigung abwechseln. Zum ruhigen Aufwärmen bietet sich Salsa an, Merengue bringt dann Power […].
20 400 bis 600 Kalorien kann man so pro Stunde verlieren.

b  Gib den Inhalt des Textes wieder, indem du dir vorstellst, deinen Großeltern von diesem Tanzsport zu erzählen. Überlege dabei, welche Fachwörter du für sie übersetzen oder umschreiben müsstest.

→ S. 51 Bewerbungsunterlagen zusammenstellen

**8**  Überarbeite dein Bewerbungsschreiben für die Berufsausbildung. Wenn du dein Interesse für deinen Berufswunsch darstellst, weise deine Grundkenntnisse auf dem Gebiet nach und verwende dafür Fachwörter.

*Mich interessiert z. B. besonders …*

→ S. 44 Formulare ausfüllen

**9**  Im Formular für den Ausbildungsvertrag stehen ebenfalls Fachwörter. Kläre ihre Bedeutung so genau wie möglich.

# Sprache und ihre Wirkung

**1**

a Lies den folgenden Ausschnitt aus der Erzählung »Djamila« des kirgisischen Schriftstellers Tschingis Aitmatow (1928–2008).

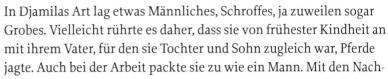

In Djamilas Art lag etwas Männliches, Schroffes, ja zuweilen sogar Grobes. Vielleicht rührte es daher, dass sie von frühester Kindheit an mit ihrem Vater, für den sie Tochter und Sohn zugleich war, Pferde jagte. Auch bei der Arbeit packte sie zu wie ein Mann. Mit den Nach-
5 barinnen vertrug sie sich gut, doch wenn man sie ungerecht behandelte, dann konnte sie besser schimpfen als jede andere; es kam sogar vor, dass sie jemand bei den Haaren zog. Schon mehrmals hatten sich Nachbarn beklagt: »Was habt ihr nur für eine Schwiegertochter? Sie ist doch gerade erst in euer Haus gekommen, aber mit
10 dem Mund ist sie schon sehr vorneweg! Die hat weder Achtung noch Schamgefühl!«
»Lasst nur, sie ist schon richtig!«, antwortete dann die Mutter. »Sie sagt den Leuten gern die Wahrheit ins Gesicht. Das ist besser, als wenn's einer heimlich tut und hinter dem Rücken die Zunge wetzt.
15 [...]« [...]
Hübsch war Djamila, schlank und wohlgebaut. Ihr straffes, dichtes Haar trug sie in zwei festen, schweren Zöpfen, und ihr weißes Kopftuch band sie so geschickt um, dass es ein wenig schräg über ihre Stirn lief, was sie sehr gut kleidete und die gebräunte Haut ihres
20 glatten Gesichts hervorhob. Wenn sie lachte, glühten ihre blauschwarzen, mandelförmigen Augen in jugendlichem Feuer; wenn sie aber plötzlich ein gepfeffertes Spottlied anstimmte, dann trat in ihre schönen Augen ein keineswegs mädchenhafter Glanz.

 b Tauscht euch darüber aus, wie der Text auf euch wirkt.

 c Ermittelt, welche besonderen sprachlichen Merkmale dieser literarische Text hat. Belegt eure Erkenntnisse durch Textstellen.

→ S.148 Stilistische (sprachliche) Mittel zur Textgestaltung im Überblick

d Notiere mehrere Textstellen, in denen Djamila, eine junge Frau in Kirgisien in den 1940er-Jahren, hinsichtlich ihres Verhaltens und ihres Aussehens charakterisiert wird.

**e** Bewerte, ob die Textausschnitte Djamila anschaulich charakterisieren. Überlege, ob dir die Figur der jungen Frau durch diese Darstellung nahegekommen ist.

 **f** Schreibe eine kurze Charakterisierung der literarischen Figur Djamila.

→ S.179 Merkwissen

> **!** **Sprache** wird in **Texten** verwendet. Ein Text ist dann gut, wenn er – entsprechend seinem Ziel – in seinem Aufbau, seiner Hauptaussage, seinen inhaltlichen Schwerpunkten und der Verwendung sprachlicher Mittel bewusst gestaltet ist. Gute Texte können durch ihre Gestaltung auf Leser bzw. Hörer eine große Wirkung ausüben – sie können z. B. informieren, unterhalten, zum Nachdenken anregen oder zum Handeln motivieren und aufrufen.

**a** Lies das folgende Gedicht von Ulla Hahn (geb. 1946).

### Bildlich gesprochen

Wär ich ein Baum ich wüchse
dir in die hohle Hand
und wärst du das Meer ich baute
dir weiße Burgen aus Sand.

5 Wärst du eine Blume ich grübe
dich mit allen Wurzeln aus
wär ich ein Feuer ich legte
in sanfte Asche dein Haus.

Wär ich eine Nixe ich saugte
10 dich auf den Grund hinab
und wärst du ein Stern ich knallte
dich vom Himmel ab.

**b** Gib deinen ersten Eindruck von diesem Gedicht wieder.

→ S.67 Mit lyrischen Texten umgehen

**c** Formuliere die Gesamtaussage des Gedichts. Ermittle, aus welchen einzelnen Bildern (Metaphern) sich diese Gesamtaussage ergibt.

Sprache und ihre Wirkung **145**

**d** Untersucht, durch welche weiteren sprachlichen Mittel Aussage und Wirkung des Gedichts entstehen.

**e** Schreibe ein eigenes Gedicht mit anderen Bildern, das wie Ulla Hahns Gedicht eine starke Zuneigung zu einem Menschen ausdrückt.

**3** Die folgende Reportage wurde am 10. Dezember 2011 im Rundfunk gesendet.

**a** Lies den Text und überlege, mit welcher Intention und für wen diese Reportage verfasst und gesendet wurde.

> Es ist früher Nachmittag des 10. Dezember.
> Es ist kalt, sehr kalt sogar. Trotzdem stehen viele Menschen auf den Straßen Berlins. Sie haben Ferngläser mitgebracht und warten. Manche frieren ein wenig. Doch dieses Wetter ist gut! Denn
> 5 ein Naturschauspiel kündigt sich an: eine totale Mondfinsternis. Das ist es, worauf alle hier warten. Das ist es, was alle hier sehen wollen.
> Langsam wird es dunkel. Im Westen geht die Sonne unter. Ein schöner winterlicher Sonnenuntergang! Noch überstrahlt die
> 10 Abenddämmerung den Mond, der pünktlich um 15:49 Uhr aufgeht. Jetzt ist es so weit! Die Erde schiebt sich vor die Sonne. Deutlich ist auf der verdunkelten Mondoberfläche ihr Schatten zu sehen. Der Erdschatten ist sehr gut zu erkennen. Was für ein Schauspiel!
> 15 Kurz vor vier Uhr ist es dann vorbei. Die totale Mondfinsternis ist beendet. Ganze neun Minuten konnte man den Vorgang beobachten. Zwar ging der Vollmond noch total verfinstert auf, den Schatten der Erde verließ er dann aber schon wieder.
> Dennoch, das Frieren hat sich gelohnt!

**b** Untersucht, wie der Text aufgebaut ist. Welche inhaltlichen Teile enthält er?

**c** Untersucht die Sprache des Textes. Welche Satzlänge herrscht vor? Welche Wortarten dominieren? Welche Besonderheiten der Wortwahl fallen auf?

→ S.148 Stilistische (sprachliche) Mittel zur Textgestaltung im Überblick

**d** Beurteilt, ob die Reportage wirkungsvoll gestaltet ist und ob sie der in Aufgabe a ermittelten Intention gerecht wird.

**4** Für die Wirkung einer mündlichen Reportage ist auch die sprecherische Gestaltung sehr wichtig.

**a** Sprich den Text zuerst halblaut und trage ihn anschließend als Rundfunkreporter einer Gruppe von Hörern laut vor. Beachte, dass du dabei deine Stimme bewusst einsetzt (Tempo, Lautstärke, Stimmfärbung).

**b** Beurteilt zusammenfassend, wie die Stimme des Reporters die Wirkung der gesprochenen Reportage beeinflusst hat.

**5**

**a** Lies die folgenden Ausschnitte aus einem Lehrbuchtext.

### Die Lufthülle – Schutzschild und Wetterküche
Die Erde ist von einer Lufthülle umgeben, die das Leben erst ermöglicht. Sie schützt vor tödlichen Strahlen aus dem Weltraum und vor lebensfeindlicher Hitze oder Kälte. In der Lufthülle entwickelt sich auch das Wetter. Wie ist die Lufthülle aufgebaut und wodurch wird
⁵ das Wetter bestimmt?

Die Erde mit ihrer Lufthülle

**Aufbau der Lufthülle.** Ein Gemisch von Gasen bildet die Lufthülle der Erde, die Atmosphäre. Sie besteht im Wesentlichen aus Stickstoff, Sauerstoff, Wasserdampf, Kohlendioxid und Edelgasen. Die nur rund 1100 km dicke Lufthülle ist durch die Schwerkraft an den
10 Erdkörper gebunden und in seine Drehung einbezogen. [...]
Die Lufthülle gliedert sich in Schichten. Über der Erdoberfläche lagert die *Troposphäre* (↗). [...]
Die Troposphäre reicht an den Erdpolen bis in 8 bis 9 km, am Äquator bis 18 km Höhe. Die Meteorologen untergliedern sie wegen ihrer
15 Bedeutung für das Wettergeschehen in die bodennahe Luftschicht, die Grundschicht, und die obere Troposphäre.
An die Troposphäre schließt sich nach oben die Stratosphäre an. Die Luft enthält hier kaum noch Feuchtigkeit und die wenigen Wolken haben auf das Wettergeschehen keinen Einfluss.
20 Nur die erdnahe Luftschicht bis in durchschnittlich 14 km Höhe enthält so viel Wasserdampf und Staub, dass sie mit bloßem Auge zu sehen ist. Darüber beginnt die Schwärze des Weltraums. [...]
**Wetterelemente.** Die grundlegende Ursache des Wettergeschehens ist die Lufttemperatur. Sie treibt es an.
25 Weitere *Wetterelemente* (↗) sind Luftdruck, Wind, Luftfeuchte, Bewölkung und Niederschlag. Aus dem ständigen Zusammenwirken der Wetterelemente ergibt sich das *Wetter* (↗).
Verändert sich ein Wetterelement, so ändert sich auch das Wetter. Steigt z. B. die Temperatur, so verdunstet mehr Wasser und es bilden
30 sich Regenwolken. Meteorologen beobachten und messen die Wetterelemente, um das Wetter vorhersagen zu können.

**b** Bestimme, mit welcher Intention und für wen dieser Text verfasst wurde.

**c** Untersuche, wie der Text inhaltlich gegliedert ist.

**d** Erläutere an Beispielen, wie durch Fachwörter inhaltliche Zusammenhänge hergestellt werden.

*Lufthülle = Gemisch von Gasen = Atmosphäre*
*Atmosphäre (besteht aus): Stickstoff, ...*

**e** Überprüfe an Beispielen, wie viele Fakten pro Satz dargestellt werden und ob die Sätze übersichtlich gebaut sind.

**f** Beurteile zusammenfassend die Gestaltung und die Wirkung des Textes.

## Stilistische (sprachliche) Mittel zur Textgestaltung im Überblick

| Mittel | Erläuterung | Beispiel |
| --- | --- | --- |
| Alliteration | Wörter mit demselben Anlaut/Anfangsbuchstaben | Ina hat Sehnsucht nach Sonne und Süden. |
| Anapher | Wiederholung von Wörtern/Wendungen am Satzanfang | Endlich ist Frühling. Endlich können wir aufbrechen. |
| Antithese | Gegenüberstellung von Gegensätzlichem | Heiß brannte das Feuer, eiskalt war die Nacht. |
| Appell | Aufruf, Aufforderung | Gebt uns eine Chance, unsere Unschuld zu beweisen! |
| Aufzählung | gleichrangige Aneinanderreihung von Wörtern, Wortgruppen oder Teilsätzen | Es rauschte, spritzte und sprudelte. |
| Ausruf | lauter Ausdruck eines starken Gefühls | Oh, was für ein Glück! |
| Ellipse | unvollständiger Satz | Warum nur? Für immer. |
| Klimax | Aufzählung mit Steigerung | Er ist ein Schurke, ein Mörder. |
| Metapher | Übertragung der ursprünglichen Bedeutung eines Ausdrucks auf einen anderen Sachbereich | Gerd ist wirklich ein Fuchs. |
| Neologismus | Wortneuschöpfung | Sachensucher, tiefbegabt |
| Nominalstil (Verdichtung) | Verwendung von vielen nominalisierten/substantivierten Verben und Ableitungen auf -ung | Beim Auswerten der Untersuchungen hatten wir Unterstützung. |
| Parallelismus | Wiederholung einer Satzkonstruktion | Ich wollte viel lernen. Ich wollte viel erleben. Ich wollte viel mehr. |
| Personifizierung | Übertragung menschlicher Verhaltensweisen/Eigenschaften auf Unbelebtes | Der Bach flüsterte, die Wellen spielten. |
| Reim | gleichklingende Wörter | Wut – Mut, singen – klingen |
| Übertreibung | emotionale Ausschmückung, Hervorhebung | Das ist der schönste Ort der Welt. |
| Verbalstil (Auflockerung) | Verwendung vieler Verben, besonders finiter Verbformen | Experten unterstützten uns, als wir die Untersuchungen auswerteten. |
| Wortspiel | Spiel mit Klang oder Bedeutungen von Wörtern | Immobilienmäkler; durchs Wiruwaruwolz gutzt der Golz |

**6**

a Lies die folgenden Auszüge aus der Ansprache von Martin Luther King Jr. (1929–1968) während des Marsches nach Washington für Arbeitsplätze und Freiheit am 28. August 1963.

**Ich habe einen Traum**

Heute sage ich euch, meine Freunde, trotz der Schwierigkeiten von heute und morgen habe ich einen Traum. Es ist ein Traum, der tief verwurzelt ist im amerikanischen Traum. Ich habe einen Traum, dass eines Tages diese Nation sich erheben wird und der wahren
5 Bedeutung ihres Credos gemäß leben wird: »Wir halten diese Wahrheit für selbstverständlich: dass alle Menschen gleich erschaffen sind.« Ich habe einen Traum, dass eines Tages auf den roten Hügeln von Georgia die Söhne früherer Sklaven und die Söhne früherer Sklavenhalter miteinander am Tisch der Brüderlichkeit sitzen kön-
10 nen. Ich habe einen Traum, dass sich eines Tages selbst der Staat Mississippi, ein Staat, der in der Hitze der Ungerechtigkeit und Unterdrückung verschmachtet, in eine Oase der Freiheit und Gerechtigkeit verwandelt.
Ich habe einen Traum, dass meine vier kleinen Kinder eines Tages in
15 einer Nation leben werden, in der man sie nicht nach ihrer Hautfarbe, sondern nach ihrem Charakter beurteilen wird. [...] Ich habe einen Traum, dass eines Tages in Alabama, mit seinen bösartigen Rassisten, [...] kleine schwarze Jungen und Mädchen die Hände schütteln mit kleinen weißen Jungen und Mädchen als Brüder und
20 Schwestern. [...]
Das ist unsere Hoffnung. [...] Mit diesem Glauben werde ich fähig sein, aus dem Berg der Verzweiflung einen Stein der Hoffnung zu hauen.

b Äußere, wie diese Textausschnitte auf dich wirken. Nutze dafür auch Fotos, Ton- oder Filmaufnahmen von dieser Rede.

c Fasse zusammen, wie sich Martin Luther King die Zukunft in den USA vorstellte.

d Untersucht, wie der Textaufbau und bestimmte Sprachmittel die Wirkung dieser Rede bestimmen.

**7** Recherchiere weitere berühmte Reden und stelle Auszüge in der Klasse vor.

# Teste dich selbst!

**1** Lies den folgenden Text, in dem Ulf Cronenberg (2008 bis 2012 Mitglied der Kritikerjury für den Deutschen Jugendliteraturpreis) seine Meinung zu dem Buch »Und der Himmel rot« formuliert.

1 Ein leicht zugängliches Buch ist »Und der Himmel rot« ganz bestimmt nicht. Eigentlich wollte ich das schmale Bändchen in einem Rutsch an einem Abend durchlesen. Doch nach 40 Seiten musste ich es erst einmal aus der Hand legen und mich etwas sammeln, um
5 dann am nächsten Tag mit dem Buch fortzufahren.
2 Die Handlung kommt zu Beginn nicht so richtig in Fahrt. Die vielen Andeutungen, ohne dass man Genaueres erfährt, machen das Buch zu keiner einfachen Lektüre, obwohl ich vom Schreibstil Gabi Kreslehners ziemlich fasziniert war. Der setzt einen wachen Leser
10 voraus und ist anders, als man es von anderen Jugendbüchern gewohnt ist. Je weiter ich gelesen habe, desto beeindruckter war ich von dem Roman, denn ab der Mitte kristallisiert sich eine Handlung heraus, die zunehmend packend wird. Die Puzzleteilchen fügen sich zu einem Ganzen und es kommt Tempo in das Buch. Am Ende kann
15 man dann mit dem Lesen nicht aufhören, weil man wissen will, wie alles ausgeht.
3 Darm ist eine anfangs eher abstoßende Hauptfigur deren inneren Beweggründen man nicht folgen kann. Doch im Laufe des Buches erfährt man immer mehr darüber warum Darm alle provoziert und
20 so wankelmütig ist. Damit kommt nicht so etwas wie Mitleid für ihn auf aber man versteht ihn immer besser. Am Ende des Romans ist Darm dann fast so etwas wie geläutert hat sein Leben mit den vielen Schicksalsschlägen ein wenig mehr akzeptiert und vermag weniger schroff auf andere zuzugehen. Das ist kein Happy End aber ein Hoff-
25 nungsschimmer der als Ende des nicht gerade zimperlichen Jugendromans folgerichtig und wichtig scheint.

**Achtung, Fehler!**

**2** Schreibe den 3. Abschnitt ab (am besten am PC). Setze die fehlenden Kommas.

**3** Schreibe auf, um welche Satzglieder oder Satzgliedteile es sich bei den unterstrichenen Wörtern und Wortgruppen im 1. und 2. Abschnitt handelt.

**4** Schreibe eine Infinitivgruppe heraus.

**5**

a Schreibe aus folgenden Sätzen die Nebensätze heraus, rahme die Einleitewörter ein und unterstreiche die finiten Verbformen.

1 Ab der Mitte des Buches kristallisiert sich eine Handlung heraus, die zunehmend packend wird.
2 Am Ende kann man dann mit dem Lesen nicht aufhören, weil man wissen will, wie alles ausgeht.

b Bestimme die Nebensätze nach der Art des Einleitewortes, nach ihrer Funktion (dem Satzgliedwert) und nach der Stellung und dem Grad der Abhängigkeit von den übergeordneten (Teil-)Sätzen.

**6** Schreibe zwei Satzreihen (Satzverbindungen) aus dem Text heraus.

**7** Im Text werden u. a. bedeutungsähnliche Wörter als Mittel der Satz- und Textgestaltung verwendet. Schreibe drei Beispiele dafür heraus.

**8**

a Gib Ulf Cronenbergs Meinung aus dem 2. Abschnitt schriftlich in indirekter Rede wieder. Verwende den Konjunktiv I und – wo es unvermeidlich ist – auch die Ersatzform mit *würde*.

b Markiere in deinen Sätzen alle Signale der Redewiedergabe.

c Unterstreiche die Konjunktivformen und bestimme, um welche Konjunktivform es sich handelt.

**9** Unterstreiche in folgenden Sätzen die Passivformen und bestimme, ob es sich um Vorgangs- (**VP**) oder Zustandspassiv (**ZP**) handelt.

Darm wird zunächst als eher abstoßende Figur dargestellt. Erst nach und nach wird sein Charakter entfaltet. Am Ende ist zwar einiges geklärt, ein Happy End gibt es aber nicht.

**10** Schreibe aus dem Text je drei Beispiele für Ableitungen und Zusammensetzungen heraus.

# Fehlerschwerpunkte erkennen – Fehler korrigieren

## Über Rechtschreibung nachdenken – Rechtschreibwissen anwenden

*Achtung, Fehler!*

**1**

**a** Lies den folgenden Text aus einer Anfrage an ein Internetforum.

> sol meine Freundin wisen, das ich viele tatuus mag? Ich bin ein junge der vol da rauf steht sich doll zu tätuviren so mit Farbe und dollen Motieven wie Comics und Tiehre und so, keiner auser mir sonsnt weis das, würdet ihr sagen wen ich eine freundinn habe das sie das wissen soll das ich mich tätuviren will oder nich?
>
> Antwort

**b** Was hältst du von dieser Rechtschreibung? Begründe deine Meinung.

**c** Lies die folgenden Meinungen zur Rechtschreibung in der Anfrage aus Aufgabe a. Überlege, wer Recht hat, und begründe deine Auffassung.

> **1**
> Besuch einen Deutsch-Kurs und kauf ein Wörterbuch, lerne eine Tastatur zu benutzen, ohne dich ständig zu vertippen, es ist echt anstrengend, so was zu lesen.

> **2**
> Jeder sollte schreiben können, wie er will. Man kann doch alles lesen und verstehen. Wozu also komplizierte Regeln lernen?

> **3**
> Ich bin schon fürs Richtigschreiben, auch wenn's manchmal nervt, denn man will schon wissen, ob *alles Käse isst* oder *alles Käse ist*, oder?

**TIPP**
Nutze ggf. ein Nachschlagewerk.

**d** Schreibe die Anfrage aus Aufgabe a in der richtigen Schreibung auf.

Über Rechtschreibung nachdenken – Rechtschreibwissen anwenden

a  Lies die beiden Texte über Halloween möglichst schnell. Überlege, was dir beim Lesen Schwierigkeiten bereitet.

**Text 1**
Jetztstehenwirvordeinertür
hexengeistergruseltier
höraufunsundgibgutacht
holeschnellwassüßesraus
sonstspuktesindeinemhaus

**Text 2**  gruSelspaßzuhalLoween
Am 31.Oktob eris tWi ederhal loween a Mab end zieh en dan nvie lekin dera lsgeS penst v Erkle idetv ontü Rzut ürum süß igke itE nzus am Mel nvora llemi Name rikai std ies eTradit ionb eLiebt we rnich tsgiB tdems piele Ndiek inde rGrus eligestr eiChed erbra uchg rusella Mpe nzuscHn itzenk omMt urs prüngl ichA usir lanDd iemEns chengl Aubtenb öseng Eister nsoe inenS chrec keneinz ujagEne igentlic hwuRde ndies elam Pena usrüb eNhe rgeste lltviEl eirenw andeRte nspätern Acham erikaa usDo rtwa Renrü Ben selte Nerd iedOr tigenk ürbis Sefunk tionie rtenDa nnabera uCh.

Rechtschreib-
hilfe: Wörter
nachschlagen

b  Schreibe Text 1 in richtiger Rechtschreibung auf.

  c  Schreibt Text 2 in richtiger Rechtschreibung auf.

**3**  Häufig führen Rechtschreibfehler zu Missverständnissen. Berichtige die Fehler und schreibe die Wortgruppen und Sätze auf.

*Achtung,
Fehler!*

1  Junge Topflanzen für den Garten und Erdbären, süss und saftich
2  Alu-Tier (nutzbar als Eingangstier für Wohnhaus), neu, 1 × 2,10 m zu verkaufen
3  Rolladen vom Schwein mit Bommfritz
4  Farrad, 26-er Ramen und ein Blootus Mobiel Hätset zu verkaufen
5  In unserem Schnäpchen-Shop gibt es stark verbilligte Wahren, außer montags: am Mohntag geschloßen. Ab November werden auch Chrisbäume verkauft. Direkt neben diesem Shop gibt es einen Hohl- und Bringservice.
6  Ein Sportler schreibt im Internet, dass er auf Anraten seines Arztes nach einer Verletzung zunächst in Massen trainieren soll, also eher wenig.

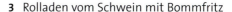
*1. Junge Topfpflanzen für den Garten …*

**Achtung, Fehler!**

④ Untersuche, wie sich der Sinn der folgenden Nachricht verändert, wenn man das Komma an verschiedenen Stellen setzt.

Freue dich nicht du bist bei der Abschlussprüfung durchgefallen.

> Die **Rechtschreibung**, d.h. die richtige Schreibung der Wörter, dient vor allem dazu, dass Wörter und Texte problemlos gelesen und verstanden werden können. Bei einem Fehler stutzen Leserinnen/Leser meist, der Leseprozess wird verzögert oder sogar unterbrochen. Wenn grobe Verstöße auftreten, dann kann sogar die Verständigung erschwert bzw. unmöglich sein, z.B.: *Niwo (statt Niveau).
> Sind die Wörter richtig geschrieben, können sie viel schneller, auch über Dialektgrenzen hinweg, wiedererkannt und verstanden werden.

\* kennzeichnet fehlerhafte Schreibungen

Rechtschreibhilfe: Wörter und Regeln nachschlagen

⑤
a Suche im folgenden Text 23 Rechtschreibfehler und zwei Kommafehler. Schreibe die entsprechenden Wörter und Sätze richtig auf.

**Achtung, Fehler!**

### Funkchip gegen Schulschwänzer
Die Eltern in einer Brasilianischen Kleinstadt wissen sehr genau, ob ihre Kinder die Schule schwänzen. In den super schicken T-Shirts der Schülerinnen und Schüler sind nähmlich hoch moderne Chips eingenäht, mit denen der Aufenthalt geortet werden kann. Die Funk-
5 chips befinden sich am Ärmel unter dem Schulabzeichen. Die Stadt hat sehr viel Geld für das Deseign und für die herstellung der »intellegenten« T-Shirts inwestiert. Sie vertragen sogar problemlos das waschen und bügeln. Außerdem verfügen die T-Shirts über ein raffiniertes Sicherheitssystem. Deshalb sind sie ziehmlich sicher gegen
10 Manipullationen. Die electronischen Wächter senden ein Signal an einen Computer, sobald das Kind den Schuleingang pasiert hat. Die Eltern werden dann über eine SMS informiert. Solte einige Minuten nach Unterrichtsbegin das Kind noch immer nicht in der Schule sein erhalten sie auch eine SMS. Die meißten Eltern sind sehr über-
15 rascht und schähmen sich, wenn sie hören, wie oft ihr Kind nicht im Unterricht war. Sie bringen es stetz in die Schule, sehen aber nicht, ob es tatsächlich auch hinein gegangen ist. Wenn jemand mehrfach den Unterricht geschwänzt hat müssen die Eltern der Schulbehörde den Grund mitteilen, sonst müssen sie eine Strafe zalen. Inzwischen
20 gibt es Anfragen aus anderen brasilianischen Städten, aus den vereinigten Staaten von Amerika und einigen Europäischen Ländern.

Über Rechtschreibung nachdenken – Rechtschreibwissen anwenden  **155**

 **b** Ordne die korrigierten Fehler aus dem Text in Aufgabe a richtig zu.

*langer/kurzer Stammvokal (Dehnung/Dopplung): …*
*geografische Namen: …*
*Fremdwörter: …*
*Groß- und Kleinschreibung: …*
*Getrennt- und Zusammenschreibung: …*

**So kannst du fehlergefährdete Wörter üben und einprägen**
1. das Wort richtig aufschreiben und mögliche Fehlerstellen markieren, z. B.: *Ingenieur*
2. das Wort laut lesen und in Silben sprechen (Robotersprache), z. B.: *Me-da-il-le*
3. verwandte Wörter suchen und aufschreiben, z. B.: *Medaillon*
4. Wortgruppen bilden und aufschreiben, z. B.: *viele Goldmedaillen erringen*
5. Merkhilfen suchen, z. B. Eselsbrücken, z. B.: Gar nicht *wird gar nicht zusammengeschrieben.*

Rechtschreibhilfe: Wörter einprägen

**6** Übe besonders schwierige Wörter und bearbeite die folgenden Aufgaben.

**TIPP**
Hinweise für die Aussprache findest du im Wörterbuch.

**a** *Ingenieur*

1 Lies dieses Wort laut und deutlich.
2 Schreibe es nach Silben gegliedert auf.
3 Bilde die weibliche Form und schreibe sie auf.
4 Schreibe alle Wörter auf, die in *Ingenieur* enthalten sind.
5 Bilde aus den folgenden Wörtern Zusammensetzungen oder Wortgruppen mit *Ingenieur:* Bau, Maschinenbau, Chemie, Diplom, Elektrotechnik, Anlagenbau, Gartenbau, Bergbau, Forst, Wissenschaft, Akademie, Büro.

**TIPP**
Dieses lateinische Wort besteht aus den beiden Bestandteilen *inter* und *esse.*

**b** *Interesse*

1 Suche aus dem Wörterbuch die verschiedenen Möglichkeiten der Silbentrennung für dieses Wort heraus.
2 Schreibe das Adjektiv von *Interesse* auf und bilde damit drei Wortgruppen.
3 Bilde das Verb und schreibe deine besonderen Interessen auf.
4 Bilde weitere Zusammensetzungen mit diesem Wort.

> **TIPP**
> Merke dir besonders die ersten vier Buchstaben: *appa*.

**c** *Apparat*

1 Sprich dieses Wort laut und deutlich und schreibe es nach Silben gegliedert auf.
2 Notiere, welche Apparate du kennst.
3 In diesem lateinischen Wort steckt der Bestandteil *parat*. Suche im Wörterbuch die entsprechende Bedeutung und schreibe sie auf.

> **TIPP**
> *wider*: gegen
> *wieder*: noch einmal

**d** *wider – wieder?*
Schreibe die folgenden Wortgruppen richtig auf. Überlege, was das zu ergänzende Wort bedeutet und ob du Buchstaben ergänzen musst. Kontrolliere die Schreibung im Zweifelsfall mit einem Wörterbuch.

1 das Buch wi■derbringen  2 der Versuchung wi■derstehen
3 die Geldbörse wi■derbekommen  4 jemanden wi■dererkennen
5 die Regeln wi■derholen  6 jemandem heftig wi■dersprechen
7 das Land wi■dervereinigen  8 dem Freund wi■dersprechen
9 ein wi■derlicher Geruch  10 hin und wi■der in die Stadt fahren
11 am Treffen wi■derwillig teilnehmen  12 einen Gruß erwi■dern
13 eine Stimmung wi■derspiegeln  14 das Für und Wi■der

**7**

**a** Lies den Text und erkläre die Gründe für die Verwechslungen.

Eine Frau aus Sachsen buchte telefonisch einen Flug nach Porto (Portugal). Da sie ziemlich starken sächsischen Dialekt sprach, verstand die Angeste■lte des Reisebüros Bordeaux (Frankreich). Am Flughafen war letzten■lich die Ent■äuschung der Frau groß, als die
5 Fehlbuchung en■deckt wurde. Daraufhin en■schloss sie sich, da■ Tiket nicht zu bezahlen. Doch die Richter en■schieden anders, als sie es hof■te. En■setzt musste sie zur Ken■tnis nehmen, dass sie den Flug dennoch bezahlen mus■. Die Kunden sind dafür verantwortlich, das■ sie von den Angestellten richtig verstanden werden.
10 Nicht minder ko■misch erging es einem Sachsen, der in einer Sta■t im Norden Deutschlands einen älteren Mann nach dem Goethepark fragte. Mit dessen Antwort kon■te er gar nichts anfangen: »Wie soll ich denn wissen, wie Sie nach Göteborg kommen?«, antwortete der Gefragte.

> **TIPP**
> Deutliches Sprechen hilft beim richtigen Schreiben.

**b** Schreibe die zu ergänzenden Wörter ab und setze, wenn nötig, fehlende Buchstaben ein.

c Suche im Internet unter dem Stichwort *end-* oder *ent-* eine entsprechende Regel und schreibe diese auf.

**8** Bilde den Superlativ der folgenden Wörter und verwende die Superlative in sinnvollen Wortverbindungen. Schreibe sie auf.

1 gelungen 2 hervorragend 3 begeistert 4 anstrengend
5 verwegen 6 aufregend 7 gefährdet 8 hinreißend
9 erfahren 10 auffallend

*1. am gelungensten: Am gelungensten waren …*

Rechtschreibhilfe: Zerlegeprobe

**9** Schreibe die Verben in der 2. Person Singular auf.

1 halten 2 braten 3 raten 4 überraschen 5 beherrschen
6 täuschen 7 naschen 8 duschen 9 wischen 10 rutschen
11 klatschen 12 tratschen 13 auftischen

*1. du hältst, 2. …*

**10** Schreibe die Verbformen ab und setze *ieh* oder *ie* ein. Ergänze den Infinitiv.

1 es geschi■t 2 sie verli■ß 3 er bewi■s 4 du sti■lst 5 er verri■t
6 sie befi■lt 7 er geri■t 8 sie verzi■ 9 sie hi■lt an 10 ich verli■
11 sie bri■t 12 er verhi■lt sich

*1. es geschieht – geschehen, 2. …*

Rechtschreibhilfe: Zerlegeprobe, Verwandtschaftsprobe

**11**

a Hier fehlt ein Buchstabe: *d* oder *t*. Schreibe die Wörter richtig auf.

1 hoffen■lich 2 gelegen■lich 3 unen■lich 4 versehen■lich
5 wesen■lich 6 aben■lich 7 wöchen■lich 8 jugen■lich
9 wissen■lich 10 eigen■lich 11 verantwor■lich 12 morgen■lich

b Schreibe einen kurzen Entschuldigungstext, indem du möglichst viele der Wörter aus Aufgabe a verwendest.

*Liebe/Lieber …,
es tut mir unendlich leid, dass ich …*

## Fehlerschwerpunkte in Bewerbungen erkennen – Fehler vermeiden

**1** Der folgende Bewerbungstext enthält insgesamt 15 Fehler, obwohl das Prüfprogramm nur neun Fehler markiert hat.

a Berichtige die vom Rechtschreibprüfprogramm markierten Fehler.

*Achtung, Fehler!*

> Sehr geehrte Damen und Herren,
>
> durch ihre Anonce in der »Freien Presse« bin ich darauf aufmerksam geworden, das sie eine Ausbildungstelle als Mechatroniker anbieten.
> Da mein Vater auch als Mechatroniker in einem Großen Automobilwerk tätig ist, habe ich mich schon seid mehreren Jahren für diesen vielsietigen und anspruchsvollen Beruf intressiert, der auch gute Zukunftsschancen bietet.
> In meiner Freizeit beschäftige ich mich gern mit Datenverarbeitung und Elektronik.
> Zurzeit bin ich noch Schüler der 10. Klasse der Gagarin-Mittelschule in Zwickau. Meine Noten in den Fächern Mathematik, Informatik, Physik und Englisch sind gut und sehr gut.
> In der AG Elektronik, der ich seit 3½ Jahren angehöre, wurde mir mehrfach bestätigt, dass logisches denken und planvolles arbeiten durchaus zu meinen Stärken gehören. Dort habe ich mich bereits erfolgreich an der Programmierung von einfachen technischen Systemen versucht. Auch das Betriebspraktikum, dass ich bereits im oben genannten Automobilwerk absolwiert habe, hat meinen Berufswunsch weiter bestärkt und mir bei der Entscheidung wesentlich geholfen.
>
> Gerne würde ich mich in einem persönlichen Gespräch bei ihnen vor stellen.
>
> Mit freundlichen Grüßen
>
> *Karl Wagner*

**Rechtschreibhilfe: Wörter und Regeln nachschlagen**

b Suche weitere Fehler, die nicht markiert wurden, und korrigiere sie.

c Erkläre, wie die Pronomen *Sie* und *Ihr* in der Höflichkeitsanrede geschrieben werden.

② Entscheide, ob die Pronomen groß- oder kleingeschrieben werden, und schreibe die Sätze auf.

1 Haben sie/Sie vielen Dank für ihre/Ihre Einladung zum Bewerbungsgespräch. 2 Ich werde ihnen/Ihnen alle Bewerbungsunterlagen an die von ihnen/Ihnen angegebene Firmenadresse übermitteln. 3 Ich hoffe, dass sie/Sie ihren/Ihren Erwartungen entsprechen. 4 In der Zwischenzeit bereite ich mich auf die von ihnen/Ihnen empfohlenen Schwerpunkte vor, die mir ihre/Ihre Sekretärin per E-Mail zugeschickt hat. 5 Meinen Eltern habe ich über alle meine Kontakte mit ihnen/Ihnen und ihren/Ihren Mitarbeiterinnen berichtet, denn sie/Sie werden mich begleiten. 6 Von ihnen/Ihnen erhalte ich stets jede mögliche Unterstützung, denn sie/Sie wollen, dass ich es einmal leichter habe als sie/Sie selbst.

**Rechtschreibhilfe: Wörter einprägen**

③ Diese Wörter und Wendungen werden in Bewerbungsschreiben häufig fehlerhaft geschrieben. Präge sie dir ein und bilde mit ihnen jeweils eine sinnvolle Wortgruppe oder einen kurzen Satz. Schreibe sie möglichst aus dem Gedächtnis auf.

1 absolvieren  2 Annonce  3 aufgrund / auf Grund  4 Auszubildende
5 mit Bezug auf  6 Betriebspraktikum  7 Branche  8 flexibel
9 grundlegend  10 infolgedessen  11 Informationsmaterial
12 interessant  13 Interesse  14 selbstständig/selbständig
15 seit Langem / seit langem  16 voraussichtlich  17 wahrscheinlich
18 Zeugniskopie  19 zurzeit  20 des Weiteren

**Rechtschreibhilfe: Regeln nachschlagen**

④ In den folgenden Sätzen sind häufige Kommafehler in Bewerbungsschreiben bereits korrigiert worden. Schlage die Regeln nach und begründe die Kommasetzung.

1 Um mich vorzubereiten, habe ich bereits ein Praktikum absolviert.
2 Dieses Praktikum war sehr interessant, lehrreich, informativ, kurzweilig, und spannend.
3 Ich hoffe, dass meine Bewerbungsunterlagen vollständig sind.
4 Ich hoffe, auf eine positive Antwort.
5 Ich würde mich freuen, wenn Sie mich zum Gespräch einladen.
6 Über eine Einladung zum Gespräch, würde ich mich freuen.
7 Ich warte schon auf das nächste Praktikum, das im Sommer stattfinden wird.

## Rechtschreibprogramme nutzen – Wörter und Regeln nachschlagen

* kennzeichnet fehlerhafte Schreibungen

**1** Teste dein Wissen über Rechtschreibprüfprogramme. Schreibe nur die richtigen Antworten auf und berichtige alle Fehlerwörter.

1. Es gibt Prüfprogramme, die alle Rechtschreibfehler finden.
2. Sehr zuverlässig funktionieren Prüfprogramme bei Flüchtigkeitsfehlern, wie z.B. ausgelassenen Buchstaben (*Klassenfahr) und Buchstabendrehern (*Klassenfarht).
3. Verlassen kann man sich auf Rechtschreibprogramme auch bei der Konsonantenverdopplung (*bestimt), der Dehnung (Wörter mit *h* und ohne *h*: *stielt, *Schahl) und bei Doppelvokalen (*Hochmor, Seeal).
4. Die Schreibung von Wörtern mit *s, ss* und *ß* wird in den Programmen auch exakt geprüft (*bewußt, fliesst, Vaße, regelmäsig, ausergewöhnlich).
5. Probleme mit Prüfprogrammen gibt es bei der Unterscheidung von *das – dass* (*Ich hoffe, das dass alles nicht so geschrieben wird.).
6. Verlassen kann man sich auch auf die Markierung von allen Kommafehlern.
7. Selbst Ausrufezeichen und Fragezeichen finden gute Rechtschreibprüfprogramme.
8. Nicht zuverlässig arbeiten die Prüfprogramme bei der Unterscheidung von Groß- und Kleinschreibung (*Die Drei ist die eins des Kleinen Mannes.).
9. Die Getrennt- und Zusammenschreibung bereitet den elektronischen Prüfern ebenfalls Probleme (*einen Angeklagten frei sprechen).
10. Selten vorkommende Wörter, meist Fremdwörter, sind manchmal in den Wortlisten der Prüfprogramme nicht enthalten. Sie werden deshalb, obwohl richtig geschrieben, als falsch markiert (*Billardqueue, Rattan*).

**Rechtschreibprogramme nutzen – Wörter und Regeln nachschlagen** 161

2 Im folgenden Text hat das verwendete Prüfprogramm neun Wörter markiert, darunter sogar ein Wort, das richtig geschrieben wurde.

a Schreibe die als fehlerhaft markierten Wörter richtig auf.

Achtung, Fehler!

### Erziehung mit dem Rohrstock

Das Auswendiglernen und das stillsitzen, dass war in deutschen Schulen viele Jahrhunderte die Regel. Wer sich nicht unterordnete wurde in den Karzer gesperrt oder bekam den Rohrstock zu spüren. Den Karzer muss man sich als eine Art schul eigene Gefängniszelle
5 vorstellen. In der Regel gab es Schläge auf die Hände oder auf das Gesäß. Häufig musste dazu auch noch die Hose heruntergezogen werden. Das war schon peinlich genug. Der Rohrstock wurde aus Weiden Ruten oder Birkenruten gefertigt. Später kam Rattan in mode, gefertigt aus einer Palmenart aus Malaysia. Das Matrial war
10 im allgemeinen recht biegsam elastisch und fest und konnte so seinen Erzieherischen Zweck guterfüllen. Jeder Schlag war mit großen Schmerzen verbunden. Neben dem schlagen mit dem Rohrstock gehörte auch das hauen auf den Kopf oder Ohrfeigen zu den so genannten Pädagogischen Massnahmen. Aber mehr und mehr wurden
15 an den Schulen körperliche züchtigungen in Frage gestellt. So schafften die DDR bereits 1949 und die Bundes-
20 republik 1973 offiziell das prügeln ab. Heute gibt es nur noch wenige Länder in der Welt, in denen die Prügelstrafe noch herrscht,
25 z. B. in einigen Bundestaaten der vereinigten Staaten von Amerika.

Albert Anker: Die Dorfschule (1896)

b Schreibe die als fehlerhaft markierten Wörter richtig auf. Korrigiere neun weitere Rechtschreib- und zwei Kommafehler.

Rechtschreibhilfe: Regeln nachschlagen

3 Suche in einem Wörterbuch die Regeln für die Schreibung von Wörtern mit s, ss und ß und schreibe diese Regeln mit eigenen Worten auf.

**Achtung, Fehler!**

**4** In diesem Text sind viele Wörter mit *s, ss, ß* falsch geschrieben. Schreibe die richtige Form auf und markiere die Fehlerstelle.

### Lehrausbildung vor 100 Jahren

Viele ältere Menschen erinnern sich ungern an ihre Lehrzeit. Sie können die Schikanen ihrer Lehrmeister und Gesellen nicht vergessen. Schliesslich gehörte sogar das Prügeln zur Tagesordnung. Beschwerden führten meißt zu noch grösseren Schikanen. Die
5 Auszubildenden mußten die Werkstatt kehren und säubern und auserdem für die Gesellen Brot, Bier und Zigaretten einkaufen. Das alles hatte kein bischen mit der Außbildung zu tun, wurde aber als eine Selbstverständlichkeit angesehen. Dazu kam der oft beschwerliche Weg zur Arbeit. Wer über ein
10 Fahrrad verfügte, konnte sich glücklich schätzen. Die meisten Lehrlinge, so nannte man die Auszubildenden früher, kamen zu Fuss. Nicht wenige hatten eine Strecke von 10 km und mehr zu bewältigen. Der Lehrling muste als Erster im Betrieb sein und war oft der Letzte, der den Betrieb verlies. 12 Stunden
15 Arbeitszeit und mehr waren keine Seltenheit, und oft musten die Eltern für die Ausbildung auch noch Lehrgeld bezahlen.

**TIPP**
Beginnt ein Wort mit *kl, kr, qu, sp* und *sch*, steht niemals Dehnungs-*h*.

**5** Schreibe die folgenden Wörter richtig ab. Prüfe dabei, ob alle Buchstaben enthalten sind. Wenn du unsicher bist, verwende ein Wörterbuch.

1 allmä■lich  2 angene■m  3 Winterscha■l  4 Kuchenkrü■mel
5 sich schä■men  6 Sägespä■ne  7 Königskro■ne  8 Sonnenstra■l
9 Lawinenspü■rhund  10 Kra■m  11 Blü■te  12 Schma■lspu■rba■n
13 geklä■rt  14 schwö■ren  15 gequä■lt  16 Pilzspo■ren

**Rechtschreibhilfe: Wörter nachschlagen**

**Achtung, Fehler!**

**6** Überprüfe die Schreibung dieser Fremdwörter mithilfe eines Wörterbuchs. Schreibe die korrigierte Form heraus. Füge bei Nomen/Substantiven den Artikel und die Pluralform hinzu.

1 Interview  2 Rythmus  3 Bronsemedallje  4 Disziplien  5 Engagment
6 Symphatie  7 agressiv  8 souwerän  9 Aku  10 Mountenbike
11 Regiesseur  12 parrallel  13 Akussativ  14 Schenie  15 Akropat
16 arangieren  17 Läyout  18 Webdeseign  19 Commjunity  20 Reciever

*1. das Interview, die Interviews, 2. …*

# Rechtschreibprogramme nutzen – Wörter und Regeln nachschlagen

**Rechtschreibhilfe: Wörter nachschlagen**

**7** Was bedeuten folgende Wörter? Schreibe die Wörter mit der richtigen Bedeutung heraus. Schlage bei Unsicherheit nach.

**1** *imaginär*
a) nur in der Vorstellung bestehend
b) unanständig
c) leidenschaftlich

**2** *Rekonvaleszent*
a) Weinbauer
b) Genesender
c) Teilnehmer am Wiederaufbau

**3** *Provider*
a) Fürsprecher
b) Diensteanbieter (Internet)
c) Testperson

**4** *Essay*
a) Speisekarte
b) Lautsprecher
c) kürzere Abhandlung

**5** *Spotlight*
a) spöttischer Spruch
b) Scheinwerferlicht
c) Bühnenvorhang

**6** *Dilettant*
a) Tanzlehrer
b) Stümper, Anfänger
c) Flugsaurier

**7** *Boykott*
a) das Nichtbeachten
b) Trainer für Jungen
c) Verteidigung

**8** *Account*
a) Hinterland
b) Konto (Internet, Mail)
c) Zählwerk

**9** *Affäre*
a) Wortbildungselement
b) Gefühl
c) peinlicher Vorfall

**8** Ermittle das Geschlecht und die Pluralform der folgenden Wörter. Beachte, dass für einige Wörter mehrere Artikel möglich sind.

**1** Blog **2** Medaillon **3** Pizza **4** Espresso **5** Butter **6** Quiz **7** Paprika **8** Praxis **9** Jogurt **10** Radiergummi **11** Gully **12** Gulasch **13** Laptop **14** Browser

*1 das/der Blog, die Blogs, 2. …*

**Rechtschreibhilfe: Ersatzprobe**

**TIPP**
Die Regel findest du im Wörterverzeichnis eines Wörterbuchs.

**9**

**a** Wiederhole die Regel zur Unterscheidung von *das* und *dass*.

**b** Schreibe den Text ab und füge *das* oder *dass* ein. Kontrolliere auch mithilfe der Ersatzprobe.

**1** Ich weiß, da■ du immer pünktlich bist. **2** Schenkst du mir da■ Buch, da■ wir im Unterricht behandeln werden? **3** Da■ muss ich mir noch überlegen. **4** Da■ jemand nicht kommt, da■ glaube ich nicht. **5** Ist da■ deine Freundin? **6** Ich wusste, da■ sie dir gefällt.

# Groß- und Kleinschreibung

### Grundregeln

**1** Gestalte einen Merkkasten mit den wichtigsten Regeln der Groß- und Kleinschreibung im Deutschen. Schreibe dazu die richtigen Aussagen zusammen mit Beispielen heraus.

1. Nomen/Substantive schreibt man groß/klein: *FRIEDEN, SCHULE, FREUNDE*.
2. Alle anderen Wortarten, z. B. Verben, Adjektive, Präpositionen, Pronomen, schreibt man im Normalfall groß/klein: *LAUFEN, GUT, UNTER, NACH, UNSER, MICH, MANCHE*.
3. Satzanfänge im Deutschen schreibt man groß/klein: *UNSERE Katze schnurrt beim Streicheln ganz laut.*
4. Die Bezeichnungen von Tageszeiten nach Wörtern, wie *gestern, heute, morgen*, werden groß-/kleingeschrieben: *Ich komme MORGEN ABEND.*
5. Nomen/Substantive mit Suffixen (Nachsilben), wie *-ung, -heit, -keit, -schaft, -tum, -nis*, werden groß-/kleingeschrieben: *Stehen auf dem ZEUGNIS EIGENSCHAFTEN wie FREUNDLICHKEIT, KLUGHEIT, dann stehen die Chancen für eine AUSBILDUNG gut.*
6. Alle Wörter können im Deutschen zu Nomen/Substantiven werden, vor allem in Verbindung mit Artikeln (*der, die, das*), Pronomen (*mein, dein, unser, viel*), Adjektiven (*groß, schlau, rot*), Präpositionen (*mit, auf, an*): *das lange LAUFEN, jmdm. das DU anbieten, viel INTERESSANTES und NEUES, eine dicke EINS unter dem Aufsatz, mit deinem SCHREIEN und RUFEN, das FÜR und WIDER bedenken, im HEUTE leben.*
7. Superlative (Meiststufe) mit *am* schreibt man groß/klein, wenn man mit *wie* fragen kann: *Er kam mit dem Rad am SCHNELLSTEN voran. Am SCHWERSTEN fiel ihm die Bergetappe. Am EINFACHSTEN ist es, im Wörterbuch nachzuschauen.*
8. Wenn Adjektiven Wörter, wie *alles, etwas, nichts, viel, wenig*, vorangehen, dann wird groß-/kleingeschrieben: *alles GUTE, viel SCHÖNES, manch INTERESSANTES, nichts WICHTIGES.*
9. Feste Wendungen, wie *im ALLGEMEINEN, im GROSSEN UND GANZEN, im WESENTLICHEN, auf dem LAUFENDEN sein, im DUNKELN tappen*, schreibt man groß/klein.
10. Die Höflichkeitsanrede schreibt man immer groß/klein: *Haben SIE vielen Dank für IHRE Einladung.*

*Achtung, Fehler!*

**2** Schreibe den folgenden Text in richtiger Rechtschreibung auf. Ziehe bei den unterstrichenen Formen auch deinen Merkkasten oder ein Wörterbuch zu Rate und begründe die Schreibungen.

**andere länder – andere sitten**

es ist schon interessant, wie in der welt begrüßungen ablaufen. in japan gilt das streifen der hände von den schultern über die arme bis zu den fingerspitzen als begrüßung. am temperamentvollsten geht es in italien zu. der handschlag ist im allgemeinen lange und kräftig.
5 das verfrühte zurückziehen der hand gilt als unhöflichkeit. die nigerianer fassen sich an den händen und trennen sie durch einen ruck, sodass es zum schnalzen kommt. viel mehr zeit nehmen sich die bewohner lateinamerikanischer länder. da kommt zuerst der handschlag, dann das umarmen, es folgt das küssen der wangen und
10 wiederholtes händeschütteln. den höhepunkt bildet das klopfen auf die schulter. in indien und in asiatischen ländern geht es voller ehrfurcht zu. man legt die innenflächen der hand an die brust und beugt den kopf leicht nach vorn. das reiben der nasenspitzen dagegen ist das typische am begrüßungsritual der maoris in neuseeland. ganz
15 anders ist es in polynesien. dort steht das streicheln mit den händen des anderen über das eigene gesicht im mittelpunkt der begrüßung. In china wiederum reicht im großen und ganzen einfaches verbeugen aus. das charakteristische für einige afrikanische volksstämme ist das aneinanderlegen der stirn. bei den tibetern ist das zeigen der
20 zunge ausgeprägt. damit wollen sie deutlich machen, dass sie nicht von einem dämon befallen sind, der die zunge schwarz färbt.

Rechtschreibhilfe: Regeln nachschlagen

**3**

**a** Schlagt nach, wie Adjektive und Partizipien mit Artikel geschrieben werden, wenn sie Attribut (Beifügung) zu einem vorangehenden oder folgenden Nomen/Substantiv sind.

**b** Entscheidet über die Schreibung folgender Adjektive und Partizipien.

1 Ich mag alle Blumen, besonders aber die UNSCHEINBAREN.
2 Unsere Gruppe war die SCHNELLSTE von allen Beteiligten.
3 Der BUNTE ist mein Regenschirm.
4 Seine Fotos waren die SCHÖNSTEN.
5 Ihr Entwurf war der GELUNGENSTE, ihre Idee die INTERESSANTESTE.
6 Das Programm war das LUSTIGSTE seit Bestehen des Kabaretts.
7 Von allen Läufern war mein Bruder wieder einmal der LANGSAMSTE.

# Die Schreibung von Eigennamen

**1** Wiederhole die Regeln zur Schreibung von Eigennamen.

→ S.179 Merkwissen

**2** Eigenname oder kein Eigenname?

a Lege eine Tabelle nach folgendem Muster an und ordne die folgenden Verbindungen ein. Achte auf die Groß- und Kleinschreibung.

| Eigenname | kein Eigenname |
|---|---|
| das Schwarze Meer | ... |

*Achtung, Fehler!*

1 das schwarze meer – das schwarze auto
2 der atlantische ozean – die atlantische küste
3 das weiße haus in washington – die weiße villa am stadtrand
4 der stille ozean – der stille platz
5 die olympischen spiele – die olympischen medaillen
6 die mecklenburgische seenplatte – die mecklenburgische stadt
7 das zweite deutsche fernsehen – die zweite sendung
8 der große arber (bayern) – der große baum
9 das grüne gewölbe (dresden) – der grüne rasen
10 das rote kreuz (hilfsorganisation) – das rote kleid

b Suche in einem Wörterbuch nach dem Stichwort *rot* und trage weitere Beispiele in die Tabelle ein.

**TIPP**
Schlage die Eigennamen ggf. nach oder suche sie im Internet.

**3** Schreibe folgende Sätze in richtiger Groß- und Kleinschreibung auf. Achte besonders auf die Schreibung der Eigennamen.

IMMER MEHR MENSCHEN ENTDECKEN DEUTSCHLAND ALS URLAUBSLAND. SCHWARZWALD, ERZGEBIRGE, EIFEL, THÜRINGER WALD ODER SAUERLAND FINDEN IHRE BEWUNDERER. SCHÖNE WÄLDER UND GRÜNE
5 AUEN LADEN ZUM WANDERN EIN. ALTE BURGEN, WIE DIE DREI GLEICHEN ZWISCHEN ERFURT UND EISENACH, WARTEN DARAUF, ENTDECKT ZU WERDEN. SCHLOSS-TÜRME, WIE DER ZSCHOPAUER DICKE HEINRICH, ERSTAUNEN DIE BESUCHER. DIE BERGE DER MITTEL-
10 GEBIRGE, WIE KAHLER ASTEN, BROCKEN ODER FICHTEL-BERG, LOCKEN IM WINTER AUCH SKILÄUFER AN.

# Getrennt- und Zusammenschreibung

## Grundregeln

 Bei der Getrennt- und Zusammenschreibung helfen häufig die **Betonung** und die **Bedeutung** der Verbindungen weiter:
- **beide Bestandteile betont** → **getrennt**, z. B.:
  *aufeinander achten, frei sprechen* (ohne Vorlage), *miteinander auskommen.*
- **Betonung auf dem ersten Bestandteil** → **zusammen**, z. B.:
  *abfahren, hingehen, nachkommen, hinausgehen, vorankommen, umsehen.*
- Verbindungen in **übertragener Bedeutung** verwendet → **zusammen**, z. B.:
  *schwarzfahren* (keine Fahrkarte haben), *freisprechen* (von Schuld), *etwas richtigstellen* (berichtigen, korrigieren).

Rechtschreibhilfe: Betonungs- und Bedeutungsprobe

**1**

**a** Verwende die folgenden Verbindungen in einer sinnvollen Wortgruppe. Begründe die Getrennt- bzw. Zusammenschreibung. Prüfe mit einem Wörterbuch.

1 voran/kommen  2 herab/fallen  3 schwarz/malen (die Zukunft)
4 schief/gehen (ein Vorhaben)  5 miteinander/reden
6 leicht/fallen (die Übung)  7 vorbei/laufen
8 fest/nehmen (den Betrüger)  9 schwer/fallen (bei Glatteis)
10 zusammen/laufen (z. B. Farbe)  11 gut/schreiben (einen Betrag)
12 groß/schreiben (Nomen/Substantive)

*1. in Englisch gut vorankommen (Betonung auf ...),*
*2. ...*

**b** Bilde nun mit diesen Verbindungen Sätze im Perfekt und Sätze mit Infinitivgruppen.

*1. Wir sind in Englisch vorangekommen. Wir versuchen, in Englisch voranzukommen.*
*2. ...*

**c** Untersuche die Schreibung der Verbindungen aus Aufgabe b.

**Rechtschreibhilfe: Betonungs- und Bedeutungsprobe**

 **2** Lege eine Tabelle nach folgendem Muster an und ordne die Beispiele richtig ein. Achte auf Getrennt- oder Zusammenschreibung.

| übertragene Bedeutung | direkte Bedeutung |
|---|---|
| eine Aktion schwarzmalen … | … |

1. Du musst nicht jede Aktion schwarz/malen – sei optimistisch.
   Den weißen Balken kann man auch schwarz/streichen.
2. Der Artikel über das Rauchen in der Schülerzeitschrift ist gut/geschrieben.
   Die Bank hat mir den Fehlbetrag gut/geschrieben.
3. In unserem Kurzvortrag sollen wir frei/sprechen.
   Das Gericht wird den Angeklagten frei/sprechen.
4. Die Entscheidung wird mir leicht/fallen.
   Bei Glatteis kann man leicht/fallen.
5. Die Höflichkeitsform *Sie* muss man groß/schreiben.
   Auf Plakaten solltest du groß/schreiben.
6. Pudding sollte man nach dem Kochen kalt/stellen.
   Die Opposition wollte den Minister kalt/stellen.
7. Persönliche Anredepronomen kann man klein/schreiben.
   Auf einer Geburtstagskarte muss man oft sehr klein/schreiben.

**3** Wiederhole die folgenden Regeln der Getrennt- und Zusammenschreibung und präge sie dir ein.

**Getrennt** schreibt man:
- Verb + Verb, z. B.: *schwimmen lernen, einkaufen gehen,*
- Nomen/Substantiv + Verb, z. B.: *Rad fahren, Auto fahren, Fußball spielen,*
- Fügungen mit *sein*, z. B.: *da sein, fertig sein, hier sein, vorüber sein.*

**Zusammen** schreibt man:
- Adjektiv + Adjektiv, z. B.: *feuchtwarm, bitterböse, superschnell, dunkelblau,*
- Verbindungen mit *irgend-*, z. B.: *irgendein, irgendwas, irgendwie,*
- folgende Verbindungen aus Nomen/Substantiv + Verb (Diese Wörter sollte man sich einprägen!): *bergsteigen, eislaufen, heimfahren, irreführen, leidtun, kopfrechnen, kopfstehen, preisgeben, standhalten, teilnehmen.*

4 Schreibe die folgenden Sätze in der richtigen Schreibung auf. Überprüfe die Schreibung in Zweifelsfällen mit einem Wörterbuch.

1. Man sollte mehr RAD/FAHREN als AUTO/FAHREN.
2. Auch SKI/LAUFEN ist sehr gesund.
3. Wer gut EIS/LAUFEN kann, sollte auch an Wettkämpfen TEIL/NEHMEN.
4. Meine Freundin wird mich nach dem Essen HEIM/FAHREN.
5. Obwohl er KOPF/STEHT, werde ich der Versuchung STAND/HALTEN.
6. Dabei geht sie immer mit ihren Eltern BERG/STEIGEN.
7. Den Ort will sie mir aber nicht PREIS/GEBEN.
8. IRGEND/WIE werde ich das schon noch HERAUS/BEKOMMEN.
9. Er wird ZUFRIEDEN/SEIN und am Abend GITARRE/SPIELEN.
10. Das wird mir bestimmt nicht SCHWER/FALLEN.
11. Da bin ich schon gut VORAN/GEKOMMEN.
12. Man muss AUFEINANDER/ACHTEN.

5 Diktiert euch diesen Text gegenseitig und vergleicht anschließend. Achtet auch auf die Kommas.

**TIPP**
Teilt den Text auf: Eine/Einer diktiert bis Zeile 9, die/der andere den Rest.

**Das Bond-Mobil**

1964 bekam James Bond ein neues Auto mit einer unvorstellbaren Ausrüstung. Diese Ausrüstung könnte ganze Armeen das Fürchten lehren. Hinter den Frontblinkern, die ausgefahren werden können, verbergen sich Maschinengewehre. Am Heck gibt es Düsen, mit denen Öl auf die Fahrbahn gespritzt werden kann, um irgendwelche Verfolger ins Schleudern zu bringen. Außerdem kann Nebel produziert werden. Zusätzlich zu gepanzerten Scheiben lässt sich eine dunkelgraue Stahlpanzerung vor die Heckscheibe schieben. Dazu kommen Radar und eine komplette Kommandozentrale im Cockpit. Zudem verfügt der Wagen über superscharfe Reifenschlitzer, mit denen die Reifen vorbeifahrender oder parkender Autos zerstört werden können. Der Wagen kann also im Wesentlichen allen möglichen Angriffen standhalten. Darüber hinaus gibt es noch Ausstattungsdetails, die nicht preisgegeben wurden. Kein Wunder, dass sich alle auf der Straße umschauen, wenn sie ein solches exklusives Gefährt erblicken. Es gehört zu den spektakulärsten Autos der Welt. Übrigens wechselte das Auto 2010 den Besitzer, und zwar für 3 680 000 €. Billiger kann man es nur als Spielzeugmodell bekommen.

## Die Schreibung von Straßennamen

**1** Wenn in Bewerbungsschreiben Fehler in der Anschrift des Betriebes enthalten sind, kann die Bewerbung im Papierkorb landen. Wiederhole mithilfe des Merkkastens die Regeln.

> **!**
>
> **Zusammengeschrieben** werden **Straßennamen**, wenn sie folgende Bestandteile als Bestimmungswort haben:
> - einteilige Personennamen, z.B.: *Goethestraße, Moritzgasse, Kleistallee,*
> - ungebeugte Adjektive, z.B.: *Grüngasse, Hochstraße, Rundweg,*
> - Nomen/Substantive, z.B.: *Seestraße, Strandpromenade, Buchenallee.*
>
> **Getrennt geschrieben** werden Straßennamen, wenn sie folgende Bestandteile enthalten:
> - gebeugte Adjektive, z.B.: *Lange Straße, Breite Gasse, Im Hohen Weg,*
> - geografische Eigennamen auf *-er* oder *-isch*, z.B.: *Erfurter Straße, Potsdamer Platz, Grimmaische Allee,*
> - eine Präposition (+ Artikel), z.B.: *Am Berg, Unter den Linden.*
>
> **Mit Bindestrich geschrieben** werden Straßennamen, wenn sie folgende Bestandteile als Bestimmungswort haben:
> - mehrgliedrige Personennamen, z.B.: *Heinrich-von-Kleist-Weg, Friedrich-Schiller-Platz, Albert-Einstein-Allee.*

**2** Die Anschriften der folgenden Betriebe enthalten Fehler.

**a** Berichtige die Fehler. Lege eine Tabelle nach folgendem Muster an und ordne die korrigierten Straßennamen in die Tabelle ein.

*Achtung, Fehler!*

**1** Tischlerei Mädler, Heinrich Heinestr. 12  **2** Friseurgenossenschaft Bastei, Dresdenerstr. 1  **3** Thüringer Fleischwaren, Berg Straße 99  **4** Getränkehandel Weinreich, An-der-alten-Försterei 6  **5** Forstverwaltung Ost, Wald-Weg 33  **6** Augenoptiker Krüger, Kurzegasse 10  **7** Bäckerei Martens, Carl Maria von Weber Allee 19  **8** Stadtverwaltung Mitte, Magdeburger-Straße 88  **9** Computerdienst Schnabel, Nauenertor 66

| Zusammen-schreibung | Getrenntschreibung | mit Bindestrich |
|---|---|---|
| ... | ... | Heinrich-Heine-Str. 12 |

Die Schreibung von Straßennamen **171**

**TIPP**
Bei der Verwendung von Großbuchstaben kann SS für ß stehen.

b  Überlege, wie die folgenden Straßennamen geschrieben werden, und ordne sie richtig in die Tabelle aus Aufgabe a ein.

1  LUDWIGVANBEETHOVENALLEE
2  BERTOLTBRECHTSTRASSE
3  KAPUZINERGASSE
4  AMSTADTBAD
5  ALBERTEINSTEINSTRASSE
6  MERSEBURGERALLEE
7  BACHSTRASSE
8  CARLMARIAVONWEBERPLATZ
9  NEUERWEG
10  PLATZDEREINHEIT
11  FRIEDENSWEG
12  ANDERBRÜCKE
13  AMALTENBUCHENHAIN
14  AMNAUENERTOR
15  BAHNHOFSTRASSE
16  KRÄMERBRÜCKE

c  Ergänze die Tabelle aus Aufgabe a durch Beispiele aus folgender Karte.

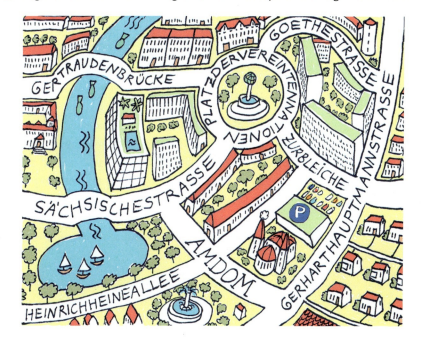

d  Ergänze die Tabelle durch jeweils mindestens drei geeignete Straßennamen deines Ortes bzw. einer nahen Kreisstadt.

e  Ermittle die Adressen dich interessierender Ausbildungsbetriebe und schreibe sie korrekt auf.

*Kita Spatzenhausen*
*Am Ostbahnhof 12*
*10243 Berlin*

# Fremdwörter

a Erkläre, weshalb sich dieser Spieler ganz schön blamiert hat.

Bundesligaspieler im Fernsehinterview: »Vom Gefühl her hatte ich eigentlich ein gutes Feeling.«

→ S.179 Merkwissen

b Wiederhole, welche Wörter als Fremdwörter bezeichnet werden.

→ S.140 Wortbedeutung

a Lege eine Tabelle nach folgendem Muster an und ordne die Wörter ein. Ergänze bei Bedarf an den markierten Stellen Buchstaben.

| Biologie | Deutsch | Mathematik | Musik |
|---|---|---|---|
| Skelett | … | … | … |

1 Skel■ett  2 Akku■sativ  3 Para■le■logra■m  4 a■dieren  5 Rhyt■mik
6 Ba■kterien  7 Sinfoni■  8 Kat■et■e  9 Geniti■v  10 Evo■lution
11 Ko■njunktiv  12 Hy■perbel  13 Pro■zent  14 Multipli■kation
15 Mi■kroskop  16 Imperati■v  17 dividi■ren  18 Jaz■orchester
19 Syn■tax  20 Musica■l  21 Pythagor■as  22 Prä■position
23 Ort■ografie  24 Membra■n  25 R■apsodie  26 Radiu■s
27 Q■otient  28 arit■metisch  29 Stro■phe  30 Sy■nony■me

Rechtschreibhilfe: Wörter nachschlagen

b Schlage die Beispielwörter 1, 3, 8, 10, 11, 12, 16, 21, 24, 25, 27 und 30 in einem Wörterbuch nach und schreibe sie mit ihrer Bedeutung auf.

*1. Skelett: Knochengerüst*
*3. …*

**Fremdwörter** sind häufig an typischen **Präfixen** (Vorsilben) und **Suffixen** (Nachsilben) zu erkennen.
Die **Präfixe** werden dem Wortstamm vorangestellt. Häufig ändert sich dann die Bedeutung des Wortes. Man kann das Wort viel schneller verstehen, wenn man die Bedeutung der Präfixe kennt, z.B.:
*anti-* = gegen (<u>anti</u>rassistisch) oder *prä-* = vor (<u>Prä</u>position).

Fremdwörter **173**

**Rechtschreibhilfe: Bedeutungsprobe**

**TIPP**
Merke dir diese Präfixe.

**3** Ermittle die Bedeutung der Wörter und bei Nomen/Substantiven zusätzlich das Geschlecht.

**1** Antialkoholiker **2** antiautoritär **3** Antibabypille **4** antibakteriell
**5** Antibiotikum **6** Antiblockiersystem **7** antidemokratisch **8** Antikörper
**9** Antipathie **10** Antiraucherprogramm **11** Antivirensoftware
**12** Präfix **13** prähistorisch **14** Prämisse **15** präparieren **16** Präposition
**17** Präsens **18** Präsident **19** Prävention

*1. der Antialkoholiker = Alkoholgegner, 2. ...*

**4** Ergänze die passenden Präfixe. Schreibe die entstandenen Wörter und deren Bedeutung auf. Verwende ein Wörterbuch, wenn du die Bedeutung des Wortes nicht oder nicht genau kennst.

ad-   ana-   dia-   ex-   para-/par-   bio-   nano-

**1** ▪jektiv **2** ▪dition **3** ▪resse **4** ▪apter **5** ▪log **6** ▪lyse **7** ▪pher **8** ▪tomie
**9** ▪gonale **10** ▪gnose **11** ▪mant **12** ▪akt **13** ▪amen **14** ▪emplar
**15** ▪klusiv **16** ▪periment **17** ▪plosion **18** ▪pedition **19** ▪bel **20** ▪odie
**21** ▪graf **22** ▪llel **23** ▪enthese **24** ▪logie **25** ▪grafie **26** ▪technologie
**27** ▪meter **28** ▪sekunde

*1. das Adjektiv = Eigenschaftswort, 2. ...*

**Suffixe** (Nachsilben) sind häufig Bestandteile von Fremdwörtern. Sie werden an den Wortstamm angefügt, sodass meist ein Wort mit neuer Bedeutung entsteht, z. B.:
train- + -ing → das Training.
Häufige Fremdwortsuffixe sind *-ik, -ion, -ist, -istisch, -aille, -eur, -ing*.

**5** Suche zu den folgenden Suffixen aus dem Lateinischen, Griechischen, Englischen und Französischen möglichst viele passende Wörter und markiere das Suffix.

-ik   -ion   -ist/-istisch   -aille   -eur   -ing

*Mechan<u>ik</u>, ...*

**174** Fremdwörter

 Diese Fremdwörter kann man leicht verwechseln. Schlage die Bedeutung in einem Wörterbuch nach und verwende die Fremdwörter in einer sinnvollen Wortgruppe.

1 engagieren – arrangieren
2 Rezension – Rezession
3 Hypothese – Hypophyse
4 integrieren – intrigieren
5 exportieren – expandieren
6 Koryphäe – Konifere
7 effektiv – effizient
8 Konversation – Konservierung
9 absolut – obsolet
10 ökologisch – ökonomisch

*1. engagieren: jemanden einstellen – arrangieren: …*

**7**

a Erkläre die Bedeutung der Fremdwörter aus diesen Anzeigen.

> iPOD MULTI TOUCH 32 GB mit 3,5" Multi-Touch-Display, Face Time, Game Center und iMessage, Safari Webbrowser, Facebook und Twitter Integration

> Free Mobile Wireless Controller. Gamepad Controller zur Spielesteuerung bei Smartphones und Tablets sowie Windows PCs, Bluetooth-Verbindung, extrem leicht und klein

> Touch E-Book-Reader, 15,2 cm papierähnliches E-Ink-Pearl-Display, W-LAN für Download von E-Books und Online-Dokumenten direkt auf den Reader, direkter Zugang zu Wikipedia, Google

b Erkläre, weshalb so viele Fremdwörter aus dem Englischen (Anglizismen) verwendet werden.

 Als **Anglizismen** (*Singular:* Anglizismus) bezeichnet man Wörter, Wortformen und Formulierungen, die aus dem Englischen ins Deutsche (und andere Sprachen) übernommen wurden. Ein allzu häufiger und unnötiger Gebrauch im Deutschen wird oft kritisch gesehen und als Denglisch bezeichnet, z. B.:
*Event* (statt *Veranstaltung*), *canceln* (statt *streichen*), *downloaden* (statt *herunterladen*).

8  Schreibt ein Auswahldiktat. Ein Partner liest jeweils den ganzen Satz vor. Dann diktiert sie/er nur die unterstrichenen Wortgruppen. Anschließend wechselt ihr die Rollen. Vergleicht eure Ergebnisse danach mit dem vorliegenden Text und berichtigt eure Fehler.

**Youtube**

Es ist kaum zu glauben. Seinen wesentlichen Ursprung hat Youtube in der DDR. Dort, und zwar in Merseburg, wurde nämlich einer der Mitbegründer von Youtube 1979 geboren. Mit seinen Eltern ging Jawed Karim 1992 in die USA. Dort lernte er seine beiden Partner kennen, mit denen er 2005 die populäre Website Youtube gründete. Diese wurde ein Jahr später von Google für über eine Milliarde Euro gekauft. Allerdings war es zu dieser Zeit recht mühsam und vor allem teuer, einen kleinen Videoclip herunterzuladen. Das Internet war noch sehr langsam. Erst mit der massenhaften Verbreitung des DSL und günstigen Flatrates wurde das Herumklicken auf Youtube zum erschwinglichen und kurzweiligen Genuss. Parallel dazu eroberten leistungsfähige Handykameras den Markt. Nun wurden das Filmen und das Verbreiten der Filme im Internet problemlos möglich. Andere Menschen am eigenen Leben teilnehmen zu lassen, das verkörpert das Grundprinzip von Youtube. Als größte Video-Plattform bringt sie die Trends des Internets um die Welt. Und sie steht ihren Nutzern in allen Lebenslagen mit Rat und Tat zur Seite. Mittlerweile werden pro Minute fast 50 Stunden Videomaterial auf die Plattform geladen und mehr als zwei Milliarden Aufrufe pro Tag getätigt. Die Zuschauer bewerten das Gesehene in Form von Klicks. Somit produziert das Internet seine eigenen Stars. Youtube ist inzwischen zur echten Konkurrenz für das Fernsehen geworden. Manche bezeichnen das Portal sogar als das Bild- und Filmgedächtnis unserer Zeit. Mehr und mehr verlagern sich auch politische Diskussionen auf Youtube. Das heutige Musikfernsehen läuft fast ausschließlich im Netz.

2009 erhielt Jawed Karim den Sonderpreis des 3. Deutschen IPTV Award

# Teste dich selbst!

**Achtung, Fehler!**

**1**

**a** Prüfe die Schreibung der folgenden Wörter. Wenn du die 23 Fehler entdeckst, schreibe die Wörter richtig auf.

1 allmälich  2 Apperat  3 Blammage  4 Beamer  5 ein bischen
6 endgültig  7 endscheidend  8 im großen und ganzen  9 detailiert
10 engagiert  11 Kaos  12 experimentieren  13 illustrieren
14 insgesammt  15 Integration  16 Jeans  17 Jurnalist  18 Karikatur
19 Komitee  20 Kommision  21 Korektur  22 paralel  23 reperieren
24 Metallspähne  25 Playstation  26 Schal  27 Scanner
28 seid einer Stunde  29 Streß  30 Medailon  31 morgen nachmitag
32 unvergeßlich  33 versehendlich  34 seit pünktlich  35 zusehens

**b** Bilde von den Beispielen 3, 4, 12, 13, 15 und 23 das entsprechende Verb oder Nomen/Substantiv.

**2** Schreibe den Text in richtiger Schreibung auf dem Computer. Überprüfe dabei vor allem die Schreibung der unterstrichenen Wörter.

Hi, hdl und dd, dein Max

DIE SMS IST AUS UNSEREM LEBEN NICHT MEHR WEGZUDENKEN. NACH SCHÄTZUNGEN WERDEN JEDES JAHR 55 MILLIARDEN NACHRICHTEN VERSCHICKT. DABEI NIMMT DIE KONKURRENZ DURCH DAS KOSTENLOSE
5 NUTZEN VON SMARTPHONES UND TABLET-COMPUTERN IMMER MEHR ZU. DIE ERSTE SMS WURDE IM JAHRE 1992 DURCH DEN BRITISCHEN INGENIEUR NEIL PAPWORTH VERSCHICKT. DAS EMPFANGEN UND SENDEN VON NACHRICHTEN IST HEUTE VON JEDEM HANDY AUS MÖGLICH.
10 DABEI IST KEINE INTERNETVERBINDUNG NÖTIG. UND AUCH DAS BEDIENEN IST KINDERLEICHT GEWORDEN. GERADE DIESES EINFACHE UND SCHLICHTE WIRD VON VIELEN MENSCHEN GESCHÄTZT. ALLERDINGS IST SPRACHÖKONOMIE GEFRAGT, DENN DER KLEINE BILD-
15 SCHIRM BIETET NICHT VIEL PLATZ. DESHALB HEISST ES: IN DER KÜRZE LIEGT DIE WÜRZE. JA, DANN: BIBA – BIS BALD.

**3** Viele Ausbildungsbetriebe nutzen Rechtschreibtests wie den folgenden für die Auswahl ihrer Auszubildenden. Schreibe die jeweils richtige Fassung auf. Überprüfe das Geschriebene im Anschluss mit einem Wörterbuch.

| 1<br>a) die Auffart ist ziemlich gefährlich<br>b) die Aufahrt ist ziemlich gefährlich<br>c) die Auffahrt ist ziehmlich gefährlich<br>d) die Auffahrt ist ziemlich gefährlich | 5<br>a) morgends Rad fahren und abends Auto fahren<br>b) morgens Rad fahren und abends Auto fahren<br>c) morgens Rad fahren und Abends Auto fahren<br>d) morgens radfahren und abends Auto fahren |
|---|---|
| 2<br>a) die Adresse ein Bisschen größer schreiben<br>b) die Addresse ein bisschen größer schreiben<br>c) die Adresse ein bisschen größer schreiben<br>d) die Adresse ein bischen größer schreiben | 6<br>a) sich für Computertechnik interesieren<br>b) sich für Computer Technik interessieren<br>c) sich für Computertechnik interressieren<br>d) sich für Computertechnik interessieren |
| 3<br>a) seit pünktlich zuhause<br>b) seid pünktlich zu Hause<br>c) seid pünktlisch zu Hause<br>d) seit pünktlich zu Hause | 7<br>a) das Für und Wieder diskutieren<br>b) das Für und Wider diskutieren<br>c) das für und wider diskutieren<br>d) das Für und wider diskutieren |
| 4<br>a) morgen Nachmittag im Stadion eislaufen<br>b) morgen nachmittag im Stadion eislaufen<br>c) morgen Nachmittag im Stadion Eis laufen<br>d) morgen Nachmittag im Station eislaufen | 8<br>a) bei den olympischen Spielen Goldmedaillen erringen<br>b) bei den Olympischen Spielen Goldmedaillen erringen<br>c) bei den Olympischen Spielen Goldmedalljen erringen<br>d) bei den Olympischen Spielen Goldmedaillen eringen |

# Prüfungsaufgaben lösen: Sprachwissen und Sprachbewusstsein

 Prüfungsaufgaben zu **Sprachwissen und Sprachbewusstsein** können **Sprachwissen abfragen**, zur **Anwendung/Bildung sprachlicher Formen** auffordern und/oder nach der **Wirkung sprachlicher Mittel im Text** fragen.

**TIPP**
Achte auf die Verbformen im Imperativ und weitere Schlüsselwörter.

**1** Untersuche, was folgende Prüfungsaufgaben von dir verlangen.

1. In welchem Tempus ist der Text überwiegend verfasst?
2. Erklären Sie die Bedeutung der Redewendung »etwas genauer unter die Lupe nehmen« (Z. 60–61).
3. Im Text steht: »Die Gendarmen dürften herzlich gelacht haben.« (Z. 14). Notieren Sie, warum hier der Konjunktiv verwendet wurde.
4. Geben Sie die Aussage in indirekter Rede wieder. Verwenden Sie den Konjunktiv I.
5. Im Text gibt es einen unvollständigen Satz. Notieren Sie diesen.
6. Notieren Sie den Fachbegriff für die Steigerungsform des Adjektivs *später*.
7. Begründen Sie die Kommasetzung in den folgenden Sätzen.
8. Im Text gibt es zahlreiche Komposita, bestehend aus zwei Nomen/Substantiven. Notieren Sie ein Beispiel.
9. Begründen Sie, weshalb in Zeile 5 nach dem Doppelpunkt die Großschreibung erforderlich ist.
10. Der erste Satz des Textes beginnt mit einer Inversion (Veränderung des üblichen Satzbaus). Notieren Sie einen möglichen Grund für die Verwendung dieses Stilmittels.

**2** Lies die Schrittfolge. Überlege, ob dir das vorgeschlagene Vorgehen liegt. Wenn nicht, schlage Änderungen vor.

 **So kannst du Prüfungsaufgaben zum Sprachwissen bearbeiten**
1. Löse zuerst diejenigen Aufgaben, die dir leichtfallen.
2. Wenn du eine Aufgabe nicht gleich lösen kannst, gehe erst einmal weiter zur nächsten. Sieh zum Schluss noch einmal die ausgelassenen Aufgaben durch und versuche, sie zu lösen.
3. Prüfe alle Lösungen noch einmal und korrigiere ggf. Fehler.

# Merkwissen

| | |
|---|---|
| **Ableitung** | Form der → **Wortbildung**, entsteht durch:<br>▪ das Anfügen von → **Präfixen** und → **Suffixen** an einen → Wortstamm, z.B.: *beachten, achtsam, Achtung, Verachtung*,<br>▪ **Änderung des Stammvokals**, z.B.: *fliegen – Flug, wählen – Wahl*. |
| **Adjektiv**<br>(Eigenschaftswort) | → **Deklinierbare** und → **komparierbare** → **Wortart**, die **Eigenschaften** und **Merkmale** bezeichnet, z.B.: *ein schönes Buch, mit schönen Bildern; schön, schöner, am schönsten*. |
| **Adverb**<br>(Umstandswort) | **Nicht veränderbare** → **Wortart**: Man unterscheidet **Adverbien**<br>▪ **der Zeit** (Fragen: *Wann? Wie oft?*), z.B.: *morgens, heute,*<br>▪ **des Ortes** (Fragen: *Wo? Wohin?*), z.B.: *oben, dort,*<br>▪ **der Art und Weise** (Frage: *Wie?*), z.B.: *seltsamerweise,*<br>▪ **des Grundes** (Frage: *Warum?*), z.B.: *darum, deswegen*. |
| **Adverbial-<br>bestimmung**<br>(Umstands-<br>bestimmung) | → **Satzglied**, das → **Prädikate** näher bestimmt. Man unterscheidet u.a.:<br>▪ **Temporalbestimmung** (Adverbialbestimmung der Zeit, Fragen: *Wann? Wie lange? Bis wann? Seit wann?*), z.B.: *Morgen wird von morgens bis mittags gelernt, ab 12 Uhr gibt es Mittagessen.*<br>▪ **Lokalbestimmung** (Adverbialbestimmung des Ortes, Fragen: *Wo? Woher? Wohin?*), z.B.: *Wir kommen aus Plauen, verbringen die Ferien in Binz und gehen jeden Tag zum Strand.*<br>▪ **Modalbestimmung** (Adverbialbestimmung der Art und Weise, Fragen: *Wie? Auf welche Art und Weise?*), z.B.: *Sie arbeiteten schnell. Mit viel Vergnügen planschten sie im Wasser.*<br>▪ **Kausalbestimmung** (Adverbialbestimmung des Grundes, Fragen: *Warum? Weshalb? Weswegen? Aus welchem Grund?*), z.B.: *Wegen des Wetters bleiben wir hier. Wir kamen zu spät, weil wir verschlafen hatten.* |
| **Anredepronomen** | Gruppe von → **Pronomen**. Die **persönlichen Anredepronomen** *du/dein, ihr/euer* können in Briefen und E-Mails **klein- oder großgeschrieben** werden. Die **höflichen Anredepronomen** *Sie* und *Ihr* und alle ihre Formen muss man **immer großschreiben**. |
| **Antonyme** | **Wörter mit gegensätzlicher Bedeutung**, die teils gemeinsame, v.a. aber gegensätzliche Bedeutungsmerkmale haben, z.B.:<br>*hell* (Lichtmenge, viel Licht) – *dunkel* (Lichtmenge, wenig Licht). |
| **Apposition** | → nachgestellte Erläuterung |
| **Argument** | **Begründung + Beispiel**, um eine Behauptung zu stützen (**Pro-Argument**) bzw. zu widerlegen (**Kontra-Argument**), z.B.:<br>*Schulessen ist gesund und schmackhaft (Behauptung),*<br>*denn es ist abwechslungsreich und fettarm. (Begründung)*<br>*Es gibt z.B. viel Gemüse und regelmäßig Fisch. (Beispiel)* |

| | |
|---|---|
| | Es gibt verschiedene **Arten von Argumenten**:<br>• **Faktenargumente**, z. B. Erfahrungen, wissenschaftliche Erkenntnisse,<br>• **Wertargumente**, z. B. anerkannte Normen und Werte,<br>• **Autoritätsargumente**, z. B. Berufung auf Experten. |
| **Artikel** | → **Deklinierbare** → **Wortart**: **Begleiter** von → Nomen/Substantiven, die Fall (→ Kasus), Zahl (→ Numerus) und Geschlecht (→ Genus) verdeutlichen. Man unterscheidet **bestimmte Artikel** *(der, die, das)* und **unbestimmte Artikel** *(ein, eine, ein)*. |
| **Artikelprobe** | Probe zur Ermittlung der Groß- bzw. Kleinschreibung:<br>Steht bei dem Wort ein → Artikel oder lässt es sich mit einem Artikel verwenden?<br>Ja → Nomen/Substantiv → Großschreibung<br>Nein → kein Nomen/Substantiv → Kleinschreibung |
| **Attribut** (Beifügung) | **Satzgliedteil**, das → Nomen/Substantive näher bestimmt (Fragen: *Welche(-r, -s)? Was für ein(e)?*). Attribute können nicht allein umgestellt werden. Sie bleiben immer bei dem Nomen, zu dem sie gehören, und sind ein Teil dieses → Satzglieds, z. B.: *Wir sahen | im Zimmer seines Bruders | einen lustigen Film.* |
| **Aufzählung** | Wörter, Wortgruppen oder Teilsätze können aufgezählt werden. Zwischen den Gliedern einer Aufzählung **muss** man ein **Komma** setzen, wenn diese nicht durch eine **aufzählende** → **Konjunktion** (*und, oder, sowie* oder *sowohl … als auch …*) verbunden sind, z. B.: *Wir sahen dichte Wälder, grüne Wiesen und hohe Berge.*<br>Steht zwischen den Gliedern einer Aufzählung eine **entgegenstellende Konjunktion** (*aber, doch, jedoch* oder *nicht nur …, sondern (auch) …*), **muss** auch vor der Konjunktion ein **Komma** gesetzt werden, z. B.: *Sie kamen, sahen, aber blieben nicht. Wir sahen nicht nur Wälder, Wiesen und Berge, sondern auch seltene Pflanzen.* |
| **Ballade** | Literarische **Textsorte** der Gattung → **Lyrik**, die die Merkmale von → **Gedichten**, → **Erzählungen** und → **Dramen** in sich vereint (Erzählgedicht). |
| **Bedeutungsprobe** | Probe zur Ermittlung der Getrennt- und Zusammenschreibung: in **übertragener Bedeutung** verwendete Verbindung → **Zusammenschreibung**, z. B.: *schwarzfahren* (keine Fahrkarte haben), *freisprechen* (von Schuld), *etwas richtigstellen* (berichtigen, korrigieren). |
| **Berichten, Bericht** | • **Darstellungsweise**, **Textsorte**, bei der i. d. R. **knapp**, **sachlich** und **in der richtigen Reihenfolge** über Sachverhalte oder Ereignisse **informiert** wird, indem man die wichtigsten *W*-Fragen beantwortet (*Was? Wann? Wo? Warum? Wer? Welche Folgen?*). Die Auswahl der Informationen und die Gestaltung eines Berichts hängen vom Anlass, Zweck und Empfänger ab. Besondere Berichtsformen sind der → **Praktikumsbericht** und das → **Protokoll**.<br>• **Journalistische Textsorte**: ausführlichere Sachdarstellung. |

| | |
|---|---|
| **Beschreiben, Beschreibung** | **Darstellungsweise**, **Textsorte**, in der über **Gegenstände**, **Personen/Figuren**, **Tiere**, **Pflanzen**, **Bilder**, **Handlungen**, **Vorgänge**, **Experimente** informiert wird. Der Inhalt und die Gestaltung einer Beschreibung hängen vom zu Beschreibenden, vom Anlass, Zweck und Empfänger ab. |
| **Betonungsprobe** | Probe zur Ermittlung der Getrennt- und Zusammenschreibung:<br>■ **beide Bestandteile betont → Getrenntschreibung**, z.B.: *aufeinander achten*, *frei sprechen* (ohne Vorlage), *miteinander auskommen*.<br>■ **Betonung auf dem ersten Bestandteil → Zusammenschreibung**, z.B.: *abfahren*, *hingehen*, *nachkommen*, *hinausgehen*, *vorankommen*, *umsehen*. |
| **Bewerbung** | Zu den Bewerbungsunterlagen gehören ein **Bewerbungsschreiben** (Bewerbungssatz, Gründe für die Bewerbung, kurze Vorstellung der eigenen Person, Bitte um persönliches Gespräch) und ein **tabellarischer Lebenslauf** (wichtige persönliche Angaben in übersichtlicher Form, z.B. Name, Adresse, Geburtsort und -datum, Sprachkenntnisse, Hobbys; Angaben zu Eltern, Geschwistern und Passfoto sind freiwillig). Ob weitere Unterlagen (z.B. Zeugniskopien) einzureichen sind, muss erfragt werden.<br>Viele Firmen bitten um das Ausfüllen eines **Online-Bewerbungsformulars**. Die Formulare sollten mit größter Sorgfalt und den Anforderungen entsprechend ausgefüllt werden.<br>Wird man zu einem **Vorstellungsgespräch** eingeladen, will der Arbeitgeber Eindrücke von der Persönlichkeit gewinnen und die Eignung der Bewerber(innen) feststellen. Darauf sollte man sich inhaltlich und organisatorisch **vorbereiten**. Man sollte:<br>■ Auskunft zu sich selbst (Interessen, Berufswunsch) geben können,<br>■ einiges über den Betrieb und den Ausbildungsberuf wissen,<br>■ eigene Fragen stellen können (zu Anforderungen, zur Berufsschule, zum Ablauf des Ausbildungsjahrs u.Ä.),<br>■ den Gesprächsort und den Weg dorthin kennen und pünktlich sein,<br>■ angemessene Kleidung auswählen, für ein gepflegtes Erscheinungsbild sorgen. |
| **Brainstorming** (engl. *brain* – Gehirn, *storm* – Sturm) | **Methode zur Ideenfindung**: Schnell und ohne nachzudenken werden mit einem Bild, einem Begriff, einer Frage oder einem Problem verbundene Gedanken, Gefühle oder Erlebnisse geäußert und notiert. |
| **Charakterisieren, Charakterisierung** | **Darstellungsweise**, **Textsorte**, bei der neben den **äußeren Merkmalen** (Gesamterscheinung, Einzelheiten, Besonderheiten) einer Person/Figur v.a. deren **innere Merkmale** (Lebensumstände, Gedanken, Gefühle, Verhaltensweisen, ihr Verhältnis zu anderen u.Ä.) dargestellt werden, die den Charakter der Person/Figur deutlich machen. |
| **Cluster, Clustering** (engl. *cluster* – Haufen, Schwarm, Anhäufung) | **Methode zum Sammeln von Ideen**: Man schreibt einen zentralen Begriff in die Mitte und ordnet ringsherum weitere Begriffe an. Dann verdeutlicht man die Beziehungen zwischen den Begriffen durch Verbindungslinien, sodass ein Netz (**Ideennetz**) entsteht. |

| | |
|---|---|
| **Comedy** (engl. *comedy* – Komödie) | Bezeichnung für **humoristisch-unterhaltsame Bühnenprogramme** mit wenigen Personen und geringem bühnentechnischen Aufwand sowie unterschiedliche humoristisch-unterhaltsame Unterhaltungsformate im Hörfunk und Fernsehen. Im Gegensatz zum → **Kabarett** stehen bei den so genannten **Comedians** meist Themen aus der Alltagswelt im Vordergrund. |
| **Datumsangabe** | → nachgestellte Erläuterung |
| **Deklination, deklinieren** | **Beugung** (Formveränderung) von → Nomen/Substantiven, → Artikeln, → Adjektiven und → Pronomen, d.h., diese → Wortarten verändern sich in **Fall** (→ **Kasus**), **Zahl** (→ **Numerus**) und **Geschlecht** (→ **Genus**), z.B.:<br>▪ Nominativ: *das neue Haus, die neuen Häuser*<br>▪ Genitiv: *des neuen Hauses, der neuen Häuser*<br>▪ Dativ: *dem neuen Haus, den neuen Häusern*<br>▪ Akkusativ: *das neue Haus, die neuen Häuser* |
| **Dialekt (Mundart)** | Älteste → **Sprachvariante (Sprachvarietät)**, im 8.Jh.n.Chr. entstanden, heute werden nur noch Reste (Wörter, Formen, Laute/Lautkombinationen) in einzelnen Regionen unterschiedlich gebraucht.<br>In Deutschland gibt es drei **Dialektregionen** bzw. Großdialekte:<br>▪ **Niederdeutsch** (**Plattdeutsch**), z.B. Mecklenburgisch-Pommersch, Niedersächsisch,<br>▪ **Mitteldeutsch**, z.B. Sächsisch (Obersächsisch), Thüringisch, Hessisch,<br>▪ **Oberdeutsch**, z.B. Bairisch, Alemannisch. |
| **direkte (wörtliche) Rede** | **Wörtliche Wiedergabe** von Gesagtem oder Gedachtem, durch **Anführungszeichen** gekennzeichnet, oft mit **Begleitsatz**, der durch Doppelpunkt oder Komma(s) abgegrenzt wird, z.B.: *Nils flüstert mir zu:* »*Bestimmt ist alles bald wieder in Ordnung.*« »*Das hoffe ich*«, *ruft Randi,* »*schließlich müssen wir heim!*« »*Dann geh doch einfach*«, *denke ich.* |
| **Diskussion** | Austausch über → **Sach-** oder → **Problemfragen**, in dem **Diskussionsteilnehmer** in **Diskussionsbeiträgen** ihre → **Standpunkte**, → **Argumente** und/oder Kenntnisse darlegen und auf andere eingehen (zustimmen, ablehnen, Kompromisse vorschlagen, Informationen austauschen). Diskussionen zu einer **Problemfrage** dienen v.a. dem Meinungsaustausch und der Meinungsbildung. Diskussionen zu einer **Sachfrage** dienen v.a. dem Austausch von Informationen zur Beantwortung der Sachfrage.<br>Größere Diskussionen haben eine(n) **Diskussionsleiter(in)**, die/der die Diskussion eröffnet, die Redner aufruft, auf die Gesprächsregeln achtet und die Ergebnisse zusammenfasst.<br>Auch ein(e) **Moderator(in)** kann eine Diskussion leiten. Sie/Er stellt die Beteiligten vor, führt in das Thema ein und bringt Fragen, Aussagen, Ereignisse, Erfahrungen, → Zitate, Fakten, Definitionen in das Gespräch ein. Vor einer Moderation muss man sich gründlich mit dem Thema beschäftigt haben. Es empfiehlt sich, ein → **Protokoll** anfertigen zu lassen und abschließend die **Diskussion auszuwerten** (ggf. auf Grundlage des Protokolls). |

| | |
|---|---|
| **Drama, dramatischer Text** (griech. *drama* – Handlung) | Literarische **Textsorte** der Gattung → **Dramatik**, deren **Haupttext** aus **Dialogen** und **Monologen** der auftretenden Figuren besteht, die die Handlung vermitteln; im **Nebentext** finden sich Regieanweisungen.<br>Eine **Komödie** ist ein Drama mit einer heiteren Handlung, meist mit glücklichem Ende. In einer **Tragödie** scheitert die Hauptfigur an einem Konflikt zwischen einander ausschließenden Werten.<br>Die **Analyse einer Dramenszene** ist die Vorarbeit zur → **Interpretation**. Folgende Fragen können dabei helfen:<br>- In welcher Zeit ist das Drama entstanden (literarische Epoche)?<br>- Welche Art des Dramas liegt vor (Komödie, Tragödie)?<br>- Worum geht es in der Szene (zentrales Thema, Handlungsverlauf)?<br>- Was ging der Szene voraus, was folgt der Szene?<br>- Welche Funktion hat die Szene in Bezug auf das gesamte Drama?<br>- Wo und wann spielt die Handlung (die Szene)?<br>- Welche Figuren spielen eine Rolle? Wie sprechen sie miteinander?<br>- Wie sind die Figuren gestaltet (Charakter, Beziehungen)?<br>- Wie entwickeln sich die Figuren?<br>- Worin besteht der Konflikt? Wie wird er gelöst?<br>- Welche sprachlichen Besonderheiten fallen auf (z. B. Figurenrede, → **stilistische Mittel**)? |
| **Dramatik** | Eine der drei großen literarischen **Gattungen** (neben → **Lyrik** und → **Epik**); umfasst neben dem → **Drama** als Schauspiel für das Theater auch andere szenische Texte (→ **dramatischer Text**), z. B. Hörspiel und Fernsehspiel. |
| **Eigennamen** | Wörter und Wortgruppen, die z. B. Personen, Orte, Veranstaltungen, Organisationen und Institutionen als einmalig bezeichnen. Eigennamen werden **immer großgeschrieben**, z. B.: *Emilia, Dirk Neumann, Bahnhofstraße, Potsdam, Sachsen-Anhalt, Europa, Deutsches Rotes Kreuz, Freie Universität, die Olympischen Spiele, die Vereinigten Staaten, Friedrich der Zweite.*<br>Von geografischen Eigennamen abgeleitete **Adjektive auf -isch** werden kleingeschrieben, wenn sie nicht Teil eines Eigennamens sind, z. B.: *eine sächsische Großstadt*. Als Teil eines Eigennamens werden sie dagegen großgeschrieben, z. B.: *die Sächsische Schweiz*.<br>Von geografischen Eigennamen abgeleitete **Adjektive auf -er** werden **immer großgeschrieben**, z. B.: *Thüringer Bratwurst*. |
| **einfacher Satz** | Satz, der mindestens ein → **Subjekt** und ein → **Prädikat** enthält; meist kommen weitere → **Satzglieder** hinzu. Die finite Verbform (→ **Verb**) steht i. d. R. an erster oder zweiter Stelle, z. B.:<br>*Iva Procházková hat das Buch geschrieben. Die Handlung spielt in Berlin. Kennt ihr das Buch? Lies das Buch doch bald einmal!* |
| **Epik** | Eine der drei großen literarischen **Gattungen** (neben → **Dramatik** und → **Lyrik**), → **Erzählen**, **Erzählung** |

| epischer Text | Literarische **Textsorte** der Gattung → **Epik**, fiktiv erzählender Text → **Erzählung**.<br>Typische **Gestaltungsmittel** sind:<br>■ die **Erzählperspektive**:<br>  – **Ich-Erzählerin/Ich-Erzähler**: ist am Geschehen beteiligt und erzählt aus ihrer/seiner Sicht (eher subjektive Einschätzung des Geschehens und der anderen Figuren durch die Erzählerin / den Erzähler),<br>  – **Sie-Erzählerin/Er-Erzähler**: kann als Figur am Geschehen beteiligt sein (eingeschränkter Einblick in die Gefühls- und Gedankenwelt anderer Figuren) oder von außen beobachtend erzählen.<br>  Tritt die Erzählerin / der Erzähler als allwissend auf, d. h., kennt sie/er die Vorgeschichte, den weiteren Handlungsverlauf, die Gedanken und Gefühle der Figuren und kommentiert bzw. bewertet das Geschehen u. Ä., dann nennt man sie/ihn **auktorialer (allwissender) Erzähler**.<br>■ die **Handlungsgestaltung**:<br>  – das zentrale Thema, der Handlungsverlauf (Abfolge der Ereignisse), Ort, Zeit, Umstände der äußeren Handlung,<br>  – Erzeugung von Spannung (z. B. durch Zurückhalten von Informationen),<br>■ die **Figurengestaltung**:<br>  – äußere und innere Merkmale (→ **Charakterisierung**),<br>  – Beziehungen zu anderen Figuren,<br>  – Entwicklung der Figuren,<br>■ die **Zeitgestaltung**:<br>  – **Zeitdehnung**: Einfügen von Gedanken, Gefühlen, Beschreibungen u. Ä.; die Erzählzeit ist länger als die erzählte Zeit,<br>  – **Zeitraffung**: verkürztes Wiedergeben des Geschehens, Zeitsprünge; die Erzählzeit ist kürzer als die erzählte Zeit,<br>  – **Vorausdeutung**: Andeuten kommender Ereignisse,<br>  – **Rückblende**: Aufgreifen von vergangenen Ereignissen,<br>■ die **sprachliche Gestaltung**:<br>  – → **direkte Rede**,<br>  – **innere Monologe** (Selbstgespräche der Figuren),<br>  – **Wortwahl** und **Satzgestaltung** (→ stilistische Mittel, → Sprachvarianten).<br>Die **Analyse eines epischen Textes** ist die Vorarbeit zur → **Interpretation**.<br>Folgende Fragen können dabei helfen:<br>■ Worum geht es in dem Text (zentrales Thema, Handlungsverlauf)?<br>■ Wann und wo findet die äußere Handlung statt?<br>■ Aus wessen Perspektive wird erzählt?<br>■ Welche Figuren spielen eine Rolle? In welchen Beziehungen stehen sie zueinander? Welche Probleme haben sie und wie lösen sie diese?<br>■ Wie sind die Figuren charakterisiert (äußere, innere Merkmale)? Wie entwickeln sie sich?<br>■ Wie (mit welchen Mitteln) wird Spannung erzeugt?<br>■ Welche Mittel der Zeitgestaltung werden verwendet? |
|---|---|

| | |
|---|---|
| | - Welche sprachlichen Gestaltungsmittel (→ stilistische Mittel) werden verwendet?<br>- Wer hat den Text verfasst?<br>- Wann ist er entstanden? |
| **Erbwörter** | Älteste Wörter unserer Sprache, die vor ungefähr 5000 Jahren entstanden und uns noch heute Auskunft über die Lebensweise der germanischen Stämme geben, z. B.: *Rind, Hund, Beil, weben.* |
| **Erörtern** | **Darstellungsweise, Textsorte**. Beim **textunabhängigen (freien) Erörtern** setzt man sich mit einem **Problem** oder **Sachverhalt** schriftlich auseinander, das/der als Behauptung/Aussage (These), Situationsbeschreibung, Forderung bzw. als Thema oder Frage formuliert ist. Beim **textbezogenen (textgebundenen) Erörtern** setzt man sich kritisch mit einem Text oder einer Aussage (Zitat) auseinander. **Ziel** des Erörterns ist es, **Erkenntnisse** zu gewinnen, Ansätze zur **Problemlösung** zu finden, → **Standpunkte** zu bilden und/oder zum **Meinungsaustausch** beizutragen. Mit → **Argumenten** begründet und belegt man die gewonnenen Einsichten und Meinungen.<br>Eine **textbezogene Erörterung** enthält in der Regel folgende **Bestandteile**:<br>- Einleitung: Nennen der Textvorlage (Textsorte, Titel, Verfasser, Quelle) sowie des behandelten Problems und des dargestellten Standpunkts<br>- Hauptteil: kritisches (kontroverses) Auseinandersetzen mit den angeführten Argumenten und Darstellen eigener Argumente<br>- Schluss: Formulieren eines eigenen Standpunkts (Zustimmung, Ablehnung, Kompromiss), ggf. Empfehlungen und/oder offene Fragen. |
| **Ersatzprobe** | Probe zur Ermittlung von Fällen (→ Kasus) und → Satzgliedern, z. B.:<br>*Die Suppe schmeckt den Kindern. – Die Suppe schmeckt dem Jungen/ihm.* (Dativ)<br>*Sie aßen an einem schönen großen runden Tisch. – Sie aßen dort.* (Satzglied)<br>Probe zur Unterscheidung von *das* und *dass*:<br>- Kann man *das* durch *dieses* ersetzen? → **Artikel** → *das*<br>- Kann man *das* durch *welches* ersetzen? → **Relativpronomen** → *das*<br>- Ergibt der Satz bei der Probe keinen Sinn? → **Konjunktion** → *dass* |
| **Erweiterungsprobe** | Probe zur Ermittlung der Groß- bzw. Kleinschreibung. Man erweitert eine **nominale Wortgruppe** (→ Nomen/Substantiv + Begleiter) durch Attribute, z. B.:<br>*das Laufen, das schnelle Laufen, das anstrengende schnelle Laufen.*<br>Das Wort, das ganz rechts steht, ist das Nomen/Substantiv bzw. eine Nominalisierung/Substantivierung und wird großgeschrieben. |
| **Erzählen, Erzählung** | **Darstellungsweise, Textsorte**, in der Erlebnisse, Ereignisse oder Erfundenes (nicht wirkliche/fiktive Geschichten → **epische Texte**) anschaulich und unterhaltsam wiedergegeben werden. |

| Exzerpieren, Exzerpt | **Methode der Texterschließung und Informationssammlung**: Einem Text werden Informationen zur Beantwortung einer bestimmten Fragestellung entnommen und schriftlich festgehalten (Stichpunkte, ggf. → Zitate). |
|---|---|
| Fabel | Literarische **Textsorte** der Gattung → **Epik** mit bestimmten Merkmalen: Kurzer erzählender oder gereimter Text. Zu den **Merkmalen** einer Fabel gehören:<br>▪ Tiere denken, handeln und sprechen wie Menschen,<br>▪ Tieren sind bestimmte menschliche Eigenschaften zugeordnet,<br>▪ enthält eine Lehre (zentrale Aussage). |
| Facharbeit | Umfangreiche zusammenhängende **schriftliche Arbeit zu einem ausgewählten Thema**. Zur Facharbeit gehören:<br>▪ ein **Deckblatt**,<br>▪ das **Inhaltsverzeichnis** (mit Dezimalnummerierung),<br>▪ der **Text** und<br>▪ der Anhang (**Quellenverzeichnis, eidesstattliche Erklärung**).<br>Der **Umfang** (ohne Anhang) beträgt i. d. R. 8–10 einseitig bedruckte und nummerierte Seiten.<br>Zur **Form** der Arbeit gehört:<br>▪ gut lesbare Schriftart (Times New Roman oder Arial, Schriftgrad 12 pt, Zeilenabstand 1,5 Zeilen),<br>▪ Ränder: 4 cm (links), mindestens 2 cm (rechts),<br>▪ ausgedruckte Seiten in eine Mappe geheftet oder gebunden.<br>Gegebenenfalls sind spezielle Vorgaben zu beachten.<br>Es gibt verschiedene Möglichkeiten, um **auf Materialien im Anhang** zu **verweisen**, z. B:<br>▪ **direkt formulierte Hinweise** im Text, z. B.:<br>*Wie man auf Foto 1 im Anhang sieht, …*<br>*Die Daten im Anhang (S. 2) zeigen, dass …*<br>▪ **Verweise in Klammern** im Text, z. B.:<br>*(vgl. Anhang, Tabelle 1), (vgl. Anhang, Abb. 1), (s. Anhang, S. 2),*<br>▪ **Fußnoten**, z. B.: [1] *s. Anhang, S. 3;* [2] *vgl. Anhang, Abb. 1.*<br>Innerhalb einer Arbeit sollte man sich für eine Möglichkeit entscheiden. |
| Fachsprache | **Gruppensprache** von Spezialisten, die der genauen und eindeutigen Bezeichnung von Gegenständen und Tätigkeiten in verschiedenen Arbeits- und Lebensbereichen dient (**Fachwortschatz**), z. B. in bestimmten Berufen, Wissenschaften, Unterrichtsfächern. |
| fester Vergleich | Anschauliche, oft bildhafte Wortgruppen mit dem Vergleichswort *wie*, z. B.: *arm wie eine Kirchenmaus.* |
| flektieren (die Flexion), flektierbar | Ein Wort **beugen**, seine Form verändern (die Beugung, Formveränderung), z. B.: *(des) Flusses, (in den) Flüssen; (ich) gehe, (du) gehst, (wir) gingen.*<br>Flexion ist der **Oberbegriff** zu → Deklination und → Konjugation. |

| | |
|---|---|
| **Frageprobe** | Probe zur Ermittlung von Fällen (→ Kasus), → Satzgliedern und Satzgliedteilen, z. B.:<br>*dem Jungen* helfen – Wem helfen? (Dativ)<br>*die Katze* fangen – Wen/Was fangen? (Akkusativ)<br>*Sie essen den leckeren Kuchen nachmittags im Garten.*<br>▪ Wer/Was isst …? (Subjekt)<br>▪ Wen/Was essen sie …? (Objekt)<br>▪ Wann essen sie …? (Temporalbestimmung)<br>▪ Wo essen sie …? (Lokalbestimmung)<br>▪ Welchen/Was für einen Kuchen …? (Attribut) |
| **Fremdwort** | Wort, das aus einer anderen Sprache übernommen wurde, sich aber in Aussprache, Schreibung und Betonung **nicht oder nur zum Teil dem Deutschen angepasst** hat, z. B.: *Sweatshirt, Ragout*. Fremdwörter sind häufig an typischen → **Präfixen** (Vorsilben) und → **Suffixen** (Nachsilben) zu erkennen, die für das richtige Schreiben und schnelle Verstehen der Wörter von Bedeutung sind, z. B.: *anti-* = gegen (*antirassistisch*) oder *prä-* = vor (*Präposition*); *train-+-ing* → *das Training*.<br>Häufige Fremdwortsuffixe sind *-ik, -ion, -ist, -istisch, -aille, -eur, -ing*.<br>Als **Anglizismen** (Singular: Anglizismus) bezeichnet man Wörter, Wortformen und Formulierungen, die aus dem Englischen übernommen wurden. Ein allzu häufiger und unnötiger Gebrauch im Deutschen wird oft kritisch gesehen und als Denglisch bezeichnet, z. B.: *Event* (statt *Veranstaltung*), *canceln* (statt *streichen*), *downloaden* (statt *herunterladen*). |
| **Gedicht** | Literarische **Textsorte** der Gattung → **Lyrik**, in der Gedanken und Gefühle eines **lyrischen Sprechers** bzw. **lyrischen Ichs** mithilfe besonderer Gestaltungsmittel (z. B. sprachliche Bilder, Vergleiche) ausgedrückt werden. Gedichte sind oft in **Strophen** unterteilt, die aus **Versen** (Gedichtzeilen) bestehen. Gedichte haben einen bestimmten Rhythmus und können sich nach einem bestimmten Schema **reimen**.<br>Als **Reim** wird der Gleichklang zweier oder mehrerer Wörter bezeichnet. Je nach Anordnung der Reimwörter ergibt sich ein **Reimschema**, z. B.:<br>▪ **Paarreim**: zwei direkt aufeinanderfolgende Verse reimen sich (a a b b),<br>▪ **Kreuzreim**: ein Vers reimt sich mit dem übernächsten (a b a b),<br>▪ **umarmender Reim**: ein Reim umschließt einen Paarreim (a b b a),<br>▪ **Haufenreim**: immer der gleiche Reim am Versende (a a a a).<br>Man unterscheidet außerdem:<br>▪ **reine Reime**: die Reimsilben stimmen genau überein, z. B.: *weben – leben, Haus – Maus*, das *Leben – streben*.<br>▪ **unreine Reime**: die Reimsilben stimmen nur annähernd überein, z. B.: *spannte – Lande, möglich – wenig*.<br>Die **Analyse eines Gedichts** ist die Vorarbeit zur → **Interpretation**. Folgende Fragen können dabei helfen:<br>▪ Wer ist das lyrische Ich und wovon spricht es? (Worum geht es in dem Gedicht?) |

| | |
|---|---|
| | - Wie ist das Gedicht formal gestaltet (Strophen, Verse, Reime)?<br>- Wie ist das Gedicht sprachlich gestaltet (Wortwahl, → stilistische Mittel)?<br>- Wer hat das Gedicht verfasst?<br>- Wann ist das Gedicht entstanden? |
| **Genus**<br>(Geschlecht) | Grammatisches Geschlecht: **männlich**, **weiblich** oder **sächlich**. Das grammatische Geschlecht erkennt man am → **Artikel**, z. B.: *der/ein Regen, das/ein Wetter, die/eine warme Jacke.* |
| **Gesetzestexte erschließen** | Gesetzestexte und Verordnungen geben Normen vor und sind in hohem Maße verbindlich. Sie sind in der → **Fachsprache** der Juristen abgefasst und enthalten juristische Fachwörter und häufig komplizierte Satzstrukturen. Bei Lese- und Verständnisschwierigkeiten sollte man:<br>- die Textstelle mehrmals lesen, um evtl. zunächst Überlesenes aufzunehmen,<br>- den vorhergehenden und nachfolgenden Text lesen, um die Textstelle aus dem Sinnzusammenhang zu erschließen,<br>- komplizierte Satzstrukturen z. B. in einzelne Sätze auflösen,<br>- Nachschlagewerke nutzen, um unbekannte Begriffe oder Fügungen zu klären. |
| **gestaltendes Erschließen** | **Produktive** (schreibende) **Auseinandersetzung mit literarischen Texten** mit dem **Ziel**, das Verständnis eines Originaltextes zu erweitern und ihn auf diese Weise zu interpretieren.<br>**Formen** des gestaltenden Erschließens sind z. B.:<br>- das Um- oder Weiterschreiben eines Textes (z. B. Perspektive, Zeit, Ort oder Textsorte ändern, Textteile ergänzen),<br>- das Verfassen eines bezugnehmenden Textes (z. B. Parallel-, Gegen-, Antworttext, Kritik, Empfehlung, Brief). |
| **Handout**<br>(engl. *hand-out*) | **Thesenpapier**, **Arbeitsblatt**: Zusammenfassung des Inhalts einer → **Präsentation** (die wichtigsten Informationen, ausgewähltes Text- und Bildmaterial), damit Zuhörer dem Vortrag besser folgen und die Informationen später nutzen können. |
| **Hauptsatz** | **Teilsatz eines → zusammengesetzten Satzes**, in dem die finite Verbform (→ Verb) an zweiter Stelle steht, z. B.: *Tim und Tom <u>lächelten</u> glücklich, als sie uns sahen.* |
| **Homonyme** | **Gleichnamige Wörter**, die gleich (bzw. fast gleich) geschrieben und ausgesprochen werden, aber unterschiedliche Bedeutungen haben, z. B.: *Bremse – Bremse.* Sie können auch zu verschiedenen → Wortarten gehören, z. B.: *(der) Morgen – morgen.* |
| **Hypertext, Hypertexte schreiben** | Text, der **Hyperlinks** (Stichworte zum Anklicken) enthält und nicht »der Reihe nach« (linear) gelesen wird.<br>So kann man Hypertexte verfassen: Textteil in eine Word-Datei schreiben, Stichwort markieren, auf »Einfügen« und dann auf »Hyperlink« klicken, Dateinamen eingeben und mit »OK« bestätigen, Fortsetzung schreiben usw. |

| | |
|---|---|
| **Hypotaxe** | → zusammengesetzter Satz |
| **indirekte Rede** | **Nicht wörtliche Wiedergabe** von Gesagtem oder Gedachtem, i. d. R. mithilfe des **Konjunktivs I** (→ Verb). Oft sind dabei die → Pronomen, Orts- und Zeitangaben umzuformulieren, z. B.: *Nils flüsterte mir zu, er sei zu spät gekommen. Randi meint, sie helfe uns.*<br>Auch die Wiedergabe im **Indikativ** (→ Verb) ist möglich, z. B.: *Randi sagt, dass sie uns hilft.*<br>Manchmal wird der **Konjunktiv II** (→ Verb) oder die **würde-Ersatzform** verwendet, z. B.: *Nils flüsterte, er käme pünktlich. Randi sagt, sie würde uns helfen.*<br>Eine **Bewertung** der wiedergegebenen Äußerung (Distanzierung, Zustimmung) lässt sich ausdrücken durch:<br>▪ **Konjunktiv II**, z. B.: *Sie sagte, sie hätte nichts davon gewusst.*<br>▪ **redeeinleitende Verben**, z. B.: *Sie bestätigte (versicherte, behauptete), nichts davon gewusst zu haben.*<br>▪ → **Adverbien**, → **Adverbialbestimmungen**, z. B.: *Ihrer Aussage nach hat sie offenbar (angeblich, vermutlich, zweifellos, mit großer Wahrscheinlichkeit) nichts davon gewusst.*<br>▪ → **Modalverb wollen**, **sollen**, z. B.: *Sie will davon nichts gewusst haben. Sie soll informiert worden sein.* |
| **Infinitivgruppe** | Wortgruppe, die einen Infinitiv (→ Verb) mit *zu* enthält (**erweiterter Infinitiv mit zu**). Ist ein Infinitiv nicht erweitert, kann man ein Komma setzen, z. B.: *Sibylle versprach(,) zu helfen.*<br>Man **muss** ein **Komma** setzen:<br>▪ wenn die Infinitivgruppe mit *um, ohne, (an)statt, außer, als* eingeleitet wird, z. B.: *Sylva fuhr nach Berlin, um ihren Freund Niklas zu treffen.*<br>▪ wenn sich die Infinitivgruppe auf ein → Nomen/Substantiv bezieht, z. B.: *Sylva gab ihr den Rat, viel schwimmen zu gehen.*<br>▪ wenn sich die Infinitivgruppe auf ein hinweisendes Wort, wie *daran, darum, damit, es,* bezieht, z. B.: *Sie bemühte sich darum, Sylva zu verstehen.*<br>Fehler vermeidet man, wenn man beim Infinitiv mit *zu* immer ein Komma setzt. |
| **Informationen suchen** | Nach bestimmten Informationen kann man suchen in:<br>▪ **alphabetischen**, **systematischen** oder **Onlinekatalogen** von **Bibliotheken**,<br>▪ **Suchmaschinen** und **Web-Katalogen** im **Internet**,<br>▪ **Lexika**,<br>▪ **Inhaltsverzeichnissen**, **Klappentexten** und **Registern** von **Sachbüchern**,<br>▪ **Inhaltsverzeichnissen** von **Zeitschriften**.<br>Zur **Beurteilung der Suchergebnisse** sollte Folgendes geprüft werden:<br>▪ Autor/Autorengruppe (Angegeben, anonym?) und Herkunft (Kontaktdaten/Impressum? Offizielle Organisation, Privatperson? Diskussionsforum?)<br>▪ Aktualität (Entstehungszeit? Letzte Aktualisierung?)<br>▪ Inhalt (Überprüfbarkeit? Quellen genannt?) |

| | |
|---|---|
| **Inhaltsangabe (zu literarischen Texten)** | Knappe, sachliche Darstellung des **wesentlichen Inhalts** eines literarischen Textes, Films oder Theaterstücks. Sie sollte folgende **Bestandteile** aufweisen:<br>▪ Einleitung: Angaben zu Autorin/Autor, Textsorte, Titel, Thema;<br>▪ Hauptteil: Darstellung der Figuren und des Handlungsverlaufs;<br>▪ Schluss: Besonderheiten des Textes nennen.<br>Folgende **sprachliche Besonderheiten** sollte man beachten:<br>▪ Inhalt mit eigenen Worten wiedergeben (keine → Zitate),<br>▪ → **direkte Rede** in → **indirekte Rede** umwandeln,<br>▪ in Präsens oder Perfekt (→ Verb) darstellen. |
| **Interjektion** | **Nicht veränderbare** → **Wortart**, die Ausrufe oder Empfindungen wiedergibt und durch Satzzeichen abgegrenzt wird, z. B.: *Ach! Aha! Au! Bäh! Igitt! Oje! Hoppla! Peng!* |
| **Interpretation, Interpretieren eines literarischen Textes** | **Deuten** eines literarischen Textes anhand von Textstellen (→ Zitaten). Eine Textinterpretation schreibt man im **Präsens**. Sie sollte folgende **Bestandteile** aufweisen:<br>▪ Einleitung: Name der Autorin / des Autors, evtl. biografische Daten, Textsorte, Titel, Thema sowie erster Eindruck vom Text<br>▪ Hauptteil: Formulieren einer Interpretationshypothese, Inhaltsangabe, Darstellung und Deutung von Besonderheiten der Handlungs-, Orts-, Zeit- und Figurengestaltung, der Erzählperspektive, besonderer sprachlicher Mittel und deren Wirkung<br>▪ Schluss: Zusammenfassung des Interpretationsergebnisses, z. B. Bezug zum eigenen Leben |
| **Interview** | Mündliche **Befragung**, um Informationen über eine Person und/oder deren Meinungen, Einstellungen, Wissen und Verhalten zu erhalten. Am besten eignen sich für Interviews Ergänzungsfragen, die man ausführlich beantworten muss. Entscheidungsfragen, auf die man nur Ja oder Nein antworten muss, sind weniger geeignet. |
| **Ironie** | Aussage, die etwas Anderes, meist Gegenteiliges meint; dient oft der verdeckten Kritik oder will etwas bzw. jemanden lächerlich machen, z. B.: *»Das ist ja ein tolles Wetter heute!«* (wenn es regnet), *»Du bist ja völlig aus dem Häuschen«* (wenn sich jemand langweilt). |
| **Jugendsprache** | Zusammenfassung verschiedener **Gruppensprachen** von Jugendlichen, die jeweils der Abgrenzung von anderen und dem Zusammengehörigkeitsgefühl dienen. Das wichtigste Merkmal sind spezielle Ausdrucksweisen, z. B. erfundene, originelle, auffällige Wörter, die oft kurzlebig sind. |
| **Kabarett** | **Kleinkunstform**, in der darstellende, lyrische und musikalische Elemente mit kritischem Ansatz zu unterschiedlichen Themen dargeboten werden. Dazu bedient sich das Kabarett meist humoristischer, ironischer und satirischer Elemente (→ **Ironie**, → **Satire**). |

| | |
|---|---|
| **Kasus**<br>(Fall) | Fall in der Grammatik. Es gibt **vier Fälle**:<br>- **Nominativ** (Fragen: *Wer? Was?*), z. B.: *Die Lehrerin liest vor. Langsam fließt das Wasser ab.*<br>- **Genitiv** (Frage: *Wessen?*), z. B.: *Er fragt den Bruder seines Freundes.*<br>- **Dativ** (Fragen: *Wem? Wo?*), z. B.: *Wir helfen dem Mann. Er steht am Tisch.*<br>- **Akkusativ** (Fragen: *Wen? Was? Wohin?*), z. B.: *Ihren kleinen Hund finden alle lustig. Wir spielen ein neues Spiel. Er geht an den Schrank.* |
| **Kommasetzung** | Im → **einfachen Satz** müssen **Kommas** gesetzt werden:<br>- bei der → **Aufzählung** von Wörtern und Wortgruppen,<br>- bei → **Infinitivgruppen**,<br>- bei → **Partizipgruppen**,<br>- bei → **nachgestellten Erläuterungen** (auch in Form von **Appositionen** und **Datumsangaben**).<br>Im → **zusammengesetzten Satz** müssen **Kommas** gesetzt werden:<br>- in einem → **Satzgefüge** zwischen → **Haupt-** und → **Nebensatz**, z. B.:<br>*Wir packten gleich aus, als wir angekommen waren. Nachdem wir ausgepackt hatten, liefen wir zum See.*<br>- in einer → **Satzreihe** (**Satzverbindung**) zwischen den → **Hauptsätzen**, wenn sie nicht durch eine aufzählende → **Konjunktion** verbunden sind, z. B.: *Wir wollten etwas unternehmen, aber wir konnten uns nicht einigen. Tom ging ins Kino, ich blieb zu Hause.*<br>Durch Komma abgetrennt werden:<br>- **Anreden**, z. B.: *Hallo, Stefanie, ich empfehle dir die Bücher von Gabi Kreslehner.*<br>- besonders hervorgehobene **Ausrufe** und **Ausdrücke einer Stellungnahme**, z. B.: *Ach, du hast schon von dieser Autorin gehört? Ja, ich habe schon etwas von ihr gelesen.* |
| **Kommentar** | **Journalistische Textsorte**: Gibt die persönliche, namentlich gekennzeichnete Meinung eines Autors zu einem aktuellen Ereignis oder Vorgang wieder. |
| **Komödie** | → Drama |
| **Komparation, komparieren** | **Steigerung** von → **Adjektiven**:<br>- Positiv (Grundstufe), z. B.: *klein*,<br>- Komparativ (Mehrstufe), z. B.: *kleiner*,<br>- Superlativ (Meiststufe), z. B.: *am kleinsten*. |
| **Konjugation, konjugieren** | **Beugung** (Formveränderung) von → Verben nach **Person**, **Zahl** (→ Numerus), **Zeit** (Tempus) und **Handlungsform** (Aktiv, Passiv), z. B.: *(ich) schreibe, (wir) schrieben, (er) wurde geschrieben.* |
| **Konjunktion**<br>(Bindewort) | **Nicht veränderbare** → **Wortart**, die Wörter, Wortgruppen und Teilsätze miteinander verbindet. Nach ihrer **Bedeutung** unterscheidet man:<br>- **aufzählende Konjunktionen**, z. B.: *und, sowie, sowohl ... als auch, oder, weder ... noch*),<br>- **entgegenstellende Konjunktionen**, z. B.: *aber, doch, nicht nur ..., sondern auch ...*). |

| | |
|---|---|
| | Nach der **Funktion** unterscheidet man:<br>- **nebenordnende Konjunktionen**, z. B.: *aber, und, sondern, denn*,<br>- **unterordnende Konjunktionen**, z. B.: *weil, dass, wenn, falls, ehe, bevor, nachdem, sodass*. |
| **Konspekt, konspektieren** | **Methode der Texterschließung** und Form, Textinformationen übersichtlich schriftlich festzuhalten. Der Konspekt folgt der Gliederung des Textes und **fasst** alle **Hauptaussagen zusammen** (Stichpunkte, ggf. → Zitate). |
| **Kurzgeschichte** | Literarische **Textsorte** der Gattung → **Epik** mit bestimmten typischen Merkmalen: kurze, prägnante → **Erzählung** (in Anlehnung an die amerikanische *short story*) kurze und prägnante Erzählungen mit folgenden typischen **Merkmalen**:<br>- erzählt werden einzelne alltägliche Ereignisse oder Erlebnisse,<br>- wenige Figuren,<br>- unvermittelter Beginn und offenes, mitunter überraschendes Ende,<br>- begrenzte Handlungszeit (wenige Stunden oder Tage) und Handlungsorte (oft nur einer),<br>- knappe alltägliche Sprache, häufig Andeutungen und Metaphern. |
| **Kurzwort** | Wort, das durch das Weglassen von Wortteilen entsteht, z. B.: *Fotografie → Foto, Fahrrad → Rad*.<br>Besondere Formen von Kurzwörtern sind:<br>- **Buchstabenwörter** (Buchstaben werden einzeln oder zusammenhängend gesprochen), z. B.: *Lkw* (gesprochen: el-ka-we, Lastkraftwagen), *PLZ* (Postleitzahl).<br>- **Silbenwörter** (aus Anfangssilben zusammengesetzte Wörter), z. B.: *Kriminalpolizei → Kripo*. |
| **Lehnwort** | Wort, das aus einer anderen Sprache »entliehen« wurde und sich im Laufe der Zeit in Aussprache, Schreibung und Beugung **der deutschen Sprache angepasst** hat, z. B.: *Fenster* (von lateinisch *fenestra*). |
| **Leserbrief** | Zur Veröffentlichung vorgesehene Auseinandersetzung und **schriftliche Stellungnahme** zu einem Artikel in einer Zeitung/Zeitschrift. Er enthält dieselben **Bestandteile** wie eine **textbezogene** → **Erörterung**. |
| **Lesestrategien** | Je nach Leseabsicht, -interesse oder -aufgabe kann/muss man Texte:<br>- orientierend (überfliegend) lesen (→ Lesetechniken)<br>- vollständig erschließen (→ Konspekt) oder<br>- unter bestimmten Fragestellungen bzw. Aspekten (→ Exzerpt) lesen. |
| **Lesetechniken** | Techniken des **orientierenden Lesens** (→ Lesestrategien), die dem schnellen Erfassen von Textinhalten dienen, wie das:<br>- **Diagonallesen** (Augenbewegung quer über das Blatt),<br>- **Slalomlesen** (Augenbewegung in einer Schlängellinie über das Blatt),<br>- **Zickzacklesen** (Augen springen kreuz und quer über das Blatt),<br>- **Schlüsselwortlesen** (Augen suchen nur nach vorher festgelegten Wörtern oder erfassen nur aussagekräftige, für den Text wichtige Wörter). |

| | |
|---|---|
| **Lyrik** | Eine der drei großen literarischen **Gattungen** (neben → **Epik** und → **Dramatik**), → **Gedicht** |
| **Märchen** | Literarische **Textsorte** der Gattung → **Epik** mit bestimmten **Merkmalen**, wie z. B. gleicher oder ähnlicher Beginn und Schluss, Gegensatzpaare, magische Zahlen, Fantasiewesen, wiederkehrende Sprüche, Verwandlungen, Zaubereien, das Gute siegt über das Böse.<br>**Volksmärchen** wurden meist mündlich überliefert. Der Autor sowie Zeit und Ort des Entstehens lassen sich nicht mehr eindeutig feststellen.<br>**Kunstmärchen** sind die Schöpfung eines Dichters. |
| **Medien** | Mittel zur **Verständigung**, **Information**, **Präsentation**, **Wissensgewinnung**, **Unterhaltung** und Entspannung, wie z. B. Buch, Zeitung, Zeitschrift, Hörfunk, Film und Fernsehen, Computer.<br>Man unterscheidet **Printmedien** (zum Lesen) und **audiovisuelle Medien** (zum Hören und Sehen). |
| **mehrdeutiges Wort** | Wort, das mehrere Bedeutungen hat, z. B.: *Hahn* (Tier, Wasserhahn), *Flügel* (Teil eines Vogels oder Flugzeugs, Musikinstrument). Welche der Bedeutungen gemeint ist, wird erst aus dem Textzusammenhang klar. |
| **Meldung** | **Journalistische Textsorte**: Kurznachricht, die nur das Nötigste über ein Ereignis, oft nur das Ereignis selbst, bekanntgibt. Nur die **Schlagzeile** ist noch kürzer. |
| **Metapher** | → stilistisches Mittel |
| **Mindmap** (engl. *mind* – Gedanken, Gedächtnis; *map* – Landkarte) | **Methode zur Sammlung und logischen Strukturierung von Informationen** zu einem Thema. Ausgehend von dem zentralen Begriff, der in der Mitte steht, werden weiterführende Informationen ringsherum angeordnet. Linien (z. B. Haupt- und Nebenäste) verdeutlichen Beziehungen, z. B. zwischen Ober- und Unterbegriff oder Teil und Ganzem. |
| **Mitteilungen verfassen** | Es gibt verschiedene Anlässe und Formen, immer ist zu beachten, an wen und aus welchem Grund bzw. zu welchem Zweck man schreibt.<br>**Offizielle Briefe** bzw. **E-Mails** richten sich an Institutionen oder Unternehmen, z. B. Anträge, Beschwerden, → Bewerbungen. Man formuliert sachlich und knapp, aber höflich und achtet auf korrekte Rechtschreibung und Zeichensetzung, wie z. B. die Schreibung der → **Anredepronomen**.<br>Eine **Betreffzeile** enthält kurz den Anlass des Briefes, z. B.:<br>*Bewerbung um einen Praktikumsplatz.*<br>Übliche **Anrede- und Grußformeln** sind:<br>*Sehr geehrte Frau …, Sehr geehrter Herr …, Sehr geehrte Damen und Herren, …*<br>*Mit freundlichen Grüßen / Mit freundlichem Gruß*<br>In Briefen folgt die **persönliche Unterschrift**. |
| **Modalverb** | Im Deutschen gibt es **sechs Modalverben**. Sie drücken aus, wie eine Tätigkeit, ein Vorgang, ein Zustand speziell gemeint ist:<br>*wollen* (Absicht): *ich will kommen,*<br>*sollen* (Aufforderung): *er soll kommen,* |

| | |
|---|---|
| | *dürfen* (Erlaubnis): *er darf kommen,*<br>*können* (Fähigkeit oder Möglichkeit): *er kann kommen,*<br>*müssen* (Notwendigkeit): *er muss kommen,*<br>*mögen* (Wunsch): *er möchte kommen.* |
| **mündliche Kommunikation** | Mündliche **Kommunikationssituationen** sind durch unterschiedliche **Bedingungen** geprägt, z. B. durch Zeit, Ort, Thema (Inhalt), beteiligte Personen, Zweck eines Gesprächs.<br>Wichtig für das Gelingen ist die Berücksichtigung von:<br>▪ **Sachebene** (Inhalt des Gesprächs; Sache, um die es geht),<br>▪ **Beziehungsebene** (Verhältnis der Gesprächspartner, Verhalten der Sprecher und Zuhörer).<br>Jede **Äußerung eines Senders (Sprecherin/Sprecher)** enthält:<br>▪ einen **Sachinhalt** (Aussage/n), z. B.: *Das Zimmer ist unordentlich.*<br>▪ eine **Selbstkundgabe** (Hinweis/e auf die Situation oder die Gefühle der Sprecherin / des Sprechers), z. B.: *Mir gefällt die Unordnung in deinem Zimmer nicht.*<br>▪ einen **Appell** an den Empfänger (die Hörerin / den Hörer), z. B.: *Räum dein Zimmer auf!*<br>▪ einen **Beziehungshinweis** (Hinweis/e auf das Verhältnis zwischen Sender und Empfänger), z. B.: *Ich bin deine Mutter und darf dir Anweisungen geben.*<br>Dabei spielt auch das **nonverbale Gesprächsverhalten** (Mimik, Gestik, Lautstärke, Stimmführung) eine wichtige Rolle.<br>Wenn die Gesprächspartnerinnen/-partner annähernd gleichberechtigt sind, in etwa die gleichen Redeanteile haben und das Gespräch von ihnen gleichermaßen beeinflusst wird, spricht man von **symmetrischer Kommunikation**. Besteht zwischen ihnen Distanz und wird das Gespräch von einer oder einzelnen Personen dominiert, spricht man von **asymmetrischer** (komplementärer/ergänzender) **Kommunikation**.<br>**Informelle Gespräche** erfolgen ungeplant. Sie ergeben sich aus der Situation und zufälligen Begegnungen, z. B. in der Familie oder unter Freunden,<br>**Formelle Gespräche** haben einen organisatorischen (formalen) Rahmen, einen bestimmten Anlass und werden zielgerichtet geführt. Oft handelt es sich dabei um asymmetrische (komplementäre/ergänzende) Kommunikation, wie z. B. Mediationen, Prüfungs- und Vorstellungsgespräche.<br>Um **Konflikte** zu vermeiden oder zu lösen, sollte man die Gesprächspartner ansehen, sachlich und ruhig auf sie eingehen, ggf. einen Kompromiss vorschlagen. Geeignete sprachliche Mittel sind z. B.: *Das ist zwar richtig, aber ... Ich kann verstehen, dass ... Wir könnten uns einigen, wenn ...*<br>Ein **Small Talk** (engl. *small talk* – Geplauder) ist eine besondere Gesprächsform: lockere, beiläufige Unterhaltung über Alltägliches mit dem Ziel, eine angenehme Atmosphäre zu schaffen (die Beziehungsebene ist entscheidend), z. B.: **A** *Ach, das Wetter ist ja fürchterlich!*<br>      **B** *Oh ja, letztes Jahr war der Herbst ...* |

| | |
|---|---|
| **mündliche Sprache** | Wird v. a. in der → **mündlichen Kommunikation** oder zur Erzeugung einer bestimmten Wirkung, z. B. in literarischen Texten, verwendet. Im Unterschied zur → schriftlichen Sprache ist sie gekennzeichnet durch:<br>▪ aufgelockerten Satzbau: kurze oder unvollständige Sätze, z. B.: *Kann sein.*<br>▪ Gliederungswörter, z. B.: *äh, ne,*<br>▪ Reaktionsformeln, z. B.: *Na und? Ach wo!* |
| **Nacherzählen** | **Wiedergabe** gelesener oder gehörter Geschichten **mit eigenen Worten**. Zur Vorbereitung kann man die Geschichte in Abschnitte einteilen und Stichpunkte zum Inhalt notieren. Besonders zu achten ist auf die zeitliche Abfolge der Handlung, auf die Orte und auf die Gedanken und Gefühle der handelnden Personen/Figuren. |
| **nachgestellte Erläuterung** | Einem Beziehungswort (meist → Nomen/Substantiv) **nachgestellte Erklärung**, die durch **Kommas** abgegrenzt wird.<br>Es gibt nachgestellte Erläuterungen:<br>▪ im gleichen Fall wie das Beziehungswort (**Appositionen**), z. B.: *Sylva, Tochter eines tschechischen Vaters, steht im Mittelpunkt der Handlung.*<br>▪ die durch besondere Wörter eingeleitet werden, wie *und zwar, unter anderem (u. a.), zum Beispiel (z. B.), besonders, nämlich, vor allem (v. a.), das heißt (d. h.)*, z. B.: *Sylva liebt Sport, besonders das Schwimmen.*<br>▪ **Datumsangaben**, die zu einem Wochentag gestellt werden, z. B.: *Die Geburtstagsfeier fand am Mittwoch, dem 16. April(,) statt.* |
| **Nachricht** | **Journalistische Textsorte**: Kurze, sachliche Mitteilung über eine allgemein interessierende und nachprüfbare Tatsache. |
| **Nebensatz** | **Teilsatz eines** → **zusammengesetzten Satzes**, der allein meist nicht verständlich ist und durch **Komma** vom → **Hauptsatz** abgegrenzt wird, z. B.: *Wir packten gleich aus, als wir angekommen waren. Nachdem wir ausgepackt hatten, liefen wir zum See.*<br>Die meisten Nebensätze haben folgende **Merkmale**:<br>▪ die finite Verbform (→ Verb) steht an letzter Stelle,<br>▪ am Anfang steht ein Einleitewort.<br>Nach dem Einleitewort unterscheidet man:<br>▪ **Konjunktionalsatz**: durch eine unterordnende → Konjunktion eingeleitet, z. B.: *weil, dass, sodass, als, da, nachdem, bevor, seit,*<br>▪ → **Relativsatz**: durch ein → Relativpronomen eingeleitet, z. B.: *der, die, das, welcher, welche, welches,*<br>▪ **Fragewortsatz**: durch ein Fragewort eingeleitet, z. B.: *wo, wie, was, warum.*<br>**Einteilung der Nebensätze** nach:<br>▪ Funktion (Satzgliedwert): Gliedsatz (Subjekt-, Objekt-, Adverbialsatz), Gliedteilsatz (Attributsatz),<br>▪ Stellung zum übergeordneten (Teil-)Satz: Vordersatz, Zwischensatz, Nachsatz,<br>▪ Art des Einleiteworts: Konjunktional-, Relativ-, Fragewortsatz, |

| | |
|---|---|
| | - Grad der Abhängigkeit vom übergeordneten (Teil-)Satz: Nebensatz 1., 2., 3., … Grades, z. B.:<br>*Sie wusste nicht, ob ihr Leben, das sie seit einiger Zeit führte, das richtige ist.*<br>(Nebensatz 1: Objektsatz, Nachsatz, Konjunktionalsatz, 1. Grades;<br>Nebensatz 2: Attributsatz, Zwischensatz, Relativsatz, 2. Grades) |
| **Nomen/Substantiv** | → **Deklinierbare** → **Wortart**, die Lebewesen, Gegenstände, Gefühle, Vorstellungen, Vorgänge, Orte und Veranstaltungen bezeichnet. Nomen werden **großgeschrieben**. Sie können Begleiter (→ Artikel, Possessivpronomen) und → **Attribute** bei sich haben, an denen man Fall (→ **Kasus**), Zahl (→ **Numerus**) und Geschlecht (→ **Genus**) erkennt, z. B.: *die Wiese, unser Garten*. |
| **Nominalisierung/ Substantivierung** | Im Deutschen kann jedes Wort **als** → **Nomen/Substantiv gebraucht** – also nominalisiert/substantiviert – werden. Es wird dann wie Nomen **großgeschrieben** und kann ebenfalls einen Begleiter und ein → **Attribut** bei sich haben, z. B.: *das Blau, euer lautes Rufen*. |
| **Numerale** (Zahlwort) | Wort, das eine Menge oder eine Anzahl angibt. Man unterscheidet:<br>- **bestimmte Numeralien**, z. B.: *eins, zwei, erster*,<br>- **unbestimmte Numeralien**, z. B.: *einige, viele, alle*.<br>Numeralien gehören zu **verschiedenen** → **Wortarten**:<br>- → Nomen/Substantiv, z. B.: *eine Million*,<br>- → Adjektiv, z. B.: *zwei Schüler, in der sechsten Klasse*,<br>- → Adverb, z. B.: *er rief dreimal*. |
| **Numerus** (Zahl) | **Zahl**, in der → Nomen/Substantive, → Artikel, → Adjektive, → Pronomen oder → Verben auftreten können. Es gibt eine Form für den **Singular** (Einzahl) und eine andere Form für den **Plural** (Mehrzahl), z. B.: *(das) Kind – (die) Kinder; ich gehe, wir gehen*. |
| **Objekt** | → **Satzglied**, das das → **Prädikat** ergänzt. Der Fall des Objekts ist vom → Verb oder einer → Präposition abhängig. Man unterscheidet:<br>- **Dativobjekt** (Frage: *Wem?*), z. B.: *Sie hilft ihrer Oma*.<br>- **Akkusativobjekt** (Frage: *Wen? Was?*), z. B.: *Er liest ein Buch*.<br>- **Genitivobjekt** (Frage: *Wessen?*), z. B.: *Sie erfreut sich bester Gesundheit*. Genitivobjekte werden selten, meist in der Schriftsprache gebraucht.<br>- **Präpositionalobjekt** (Objekt, dessen Fall von einer → Präposition bestimmt wird), z. B.: *Sie wartet auf ihn. Über das Buch freute sie sich*. |
| **Parataxe** | → zusammengesetzter Satz |
| **Partizip** | **infinite Verbform** (→ Verb) |
| **Partizipgruppe** | Konstruktion, in deren Kern ein → **Partizip** enthalten ist.<br>**Vorangestellte** und **eingeschlossene Partizipgruppen** können durch Komma abgetrennt werden, z. B.:<br>*In Berlin angekommen(,) besuchte Sylva ihren alten Freund Niklas. Er stimmte ihr(,) heftig mit dem Kopf nickend(,) zu.* |

| | |
|---|---|
| | Nachgestellte **Partizipgruppen** müssen durch Komma abgetrennt werden, z. B.: *Er stimmte ihr zu, heftig mit dem Kopf nickend.*<br>Man kann Fehler vermeiden, indem man bei Partizipgruppen immer ein Komma setzt. |
| **Personifizierung** | → stilistisches Mittel |
| **Prädikat** | → **Satzglied**, das etwas über das → Subjekt aussagt (Satzaussage, Frage: *Was wird ausgesagt?*). **Subjekt** und **Prädikat** bilden den **Satzkern**. Wenn das Prädikat nur aus dem finiten (gebeugten) → Verb besteht, nennt man es **einteiliges Prädikat**, z. B.: *(er) liest*. Das **mehrteilige Prädikat** besteht aus der finiten (gebeugten) Verbform und anderen, infiniten (ungebeugten) Verbformen (Partizip II, Infinitiv) oder weiteren Wörtern. Das mehrteilige Prädikat kann andere Satzglieder einrahmen. Dann bildet es einen **prädikativen Rahmen**, z. B.: *Er hat ein Buch gelesen. Trotz der Kälte ging sie ohne Mütze los.* |
| **Präfix** | Dem → **Wortstamm** vorangestellter **Wortbaustein**, der nicht selbstständig stehen kann. Wichtige Präfixe sind *be-, er-, ent-, ge-, miss-, ver-, zer-*.<br>Durch das Anfügen von Präfixen entstehen oft neue Wörter mit veränderter Bedeutung (→ **Ableitung**), z. B.: *fallen → gefallen, verfallen, zerfallen, befallen.* |
| **Praktikumsbericht** | Dokumentation der Ziele, Aufgaben, des Verlaufs und der Ergebnisse eines Praktikums. Ein **Tagesbericht**, der als Tabelle oder als zusammenhängender Text gestaltet sein kann, enthält den Ablauf und die Ergebnisse eines Arbeitstages. In einem **Abschlussbericht** werden die wichtigsten Erkenntnisse und Erfahrungen aus dem gesamten Praktikum zusammengefasst. |
| **Präposition** | **Nicht veränderbare** → **Wortart**, die räumliche, zeitliche oder andere Beziehungen zwischen Wörtern und Wortgruppen ausdrückt, z. B.: *in, aus, bei, mit, nach, vor, hinter, über, zu.*<br>Präpositionen stehen meist **vor dem** → **Nomen/Substantiv** und seinen Begleitern und **fordern einen bestimmten Fall**, z. B.: *mit dem Ball* (Dativ), *für den Freund* (Akkusativ), *wegen des Wetters* (Genitiv), *auf dem Tisch* (*Wo?* → Dativ), *auf den Tisch* (*Wohin?* → Akkusativ). |
| **Präsentation, Präsentieren** | **Medial gestützter Vortrag** (→ Medien) mit dem Ziel, über bestimmte Themen, Vorhaben oder Arbeitsergebnisse zu **informieren**.<br>Das **Thema** sollte man **eingrenzen** bzw. **präzisieren**, z. B. durch konkrete Fragestellungen, zeitliche und/oder räumliche Beschränkungen, ausgewählte Personen, Werke oder Ereignisse.<br>▪ In der **Einleitung** sollte/kann man das Thema nennen, Interesse wecken, die Gliederung vorstellen.<br>▪ Am **Schluss** sollte/kann man eine Zusammenfassung geben, offene Fragen benennen, zum Weiterdenken und ggf. zum Handeln anregen.<br>▪ Für den **Hauptteil** sollte/kann man Stichpunkte notieren, Gliederungszeichen und Symbole nutzen, z. B. für Hinweise auf Visualisierungen (Bilder, Grafiken, Zitate u. Ä.), Wichtiges hervorheben, wichtige Aussagen, Fragen und → Zitate als vollständige Sätze formulieren. |

| | |
|---|---|
| | Beim **Vortragen** sollte man auf freies, langsames und deutliches Sprechen sowie Blickkontakt zu den Zuhörerinnen/Zuhörern achten und ggf. → **rhetorische Fragen** nutzen. |
| **Problemfrage** | **Frage**, meist als **Entscheidungsfrage** formuliert (mit Ja oder Nein zu beantworten), die längeres Nachdenken und Abwägen, ggf. eine → **Diskussion** und Meinungsbildung zum Sachverhalt erfordert, z. B.: *Hat die globale Erwärmung Auswirkungen auf unser Klima?* |
| **Pronomen** | → **Deklinierbare** → **Wortart**, die **Stellvertreter** oder **Begleiter** eines → Nomens/Substantivs sein kann, z. B.: *die Kinder → sie, ihr Vater.* Es gibt z. B. **Personalpronomen** (*ich, du, er, sie, es, wir, ihr, sie*), **Possessivpronomen** (besitzanzeigendes Pronomen: *mein, dein, ihr/sein, unser, euer, ihr*), **Demonstrativpronomen** (hinweisendes Pronomen: *diese/r, jene/r*), → **Relativpronomen** (bezügliches Pronomen: *der, die, das, welche, welcher, welches*). |
| **Protokoll** | Besondere **Form des** → **Berichts**, mit der kurz und genau informiert oder dokumentiert wird. Im **Verlaufsprotokoll** hält man den Ablauf und die Ergebnisse einer Veranstaltung, → Diskussion oder eines Experiments fest. Im **Ergebnisprotokoll** werden nur die Ergebnisse bzw. Beschlüsse notiert. |
| **Quellenangabe, Quellenverzeichnis** | Werden Informationen, Materialien, → **Zitate** verwendet, ist immer die Quelle anzugeben, auch wenn Aussagen nur sinngemäß übernommen werden (z. B. in indirekten Zitaten). Um solche sinngemäßen Wiedergaben deutlich zu machen, steht vor der Quellenangabe ein *vgl. (vergleiche)*. Quellenangaben können verschiedene **Formen** haben, z. B.:<br>• **vollständig in Klammern** hinter einem Zitat, Bild u. Ä., z. B.:<br>»Mut ist etwas Sonderbares.« (Nürnberger, Christian: Mutige Menschen für Frieden, Freiheit und Menschenrechte. Stuttgart: Gabriel Verlag, 2008, S. 9.)<br>• **vollständig als Fußnote** am Seitenende, z. B.:<br>»Mut ist etwas Sonderbares.«[1]<br>[1] Nürnberger, Christian: Mutige Menschen für Frieden, Freiheit und Menschenrechte. Stuttgart: Gabriel Verlag, 2008, S. 9.<br>• als Kurzangabe und **Verweis** auf das Quellenverzeichnis **in Klammern** hinter dem Zitat, Bild o. Ä. oder **als Fußnote**, z. B.:<br>»Mut ist etwas Sonderbares.« (Nürnberger, 2008, S. 9.)<br>Nürnberger schreibt, dass er keine Heldenverehrung betreiben wolle.[1]<br>[1] (Vgl. Nürnberger, 2008, S. 13.)<br>Am Ende eines Textes steht ein **Quellenverzeichnis** (Literaturverzeichnis), in dem alle verwendeten Quellen vollständig aufgeführt sind. Dabei sind zu unterscheiden:<br>• **Quellenangabe zu einem Buch**: Name, Vorname: Titel. Ort: Verlag, Jahr. Z. B.:<br>Nürnberger, Christian: Mutige Menschen für Frieden, Freiheit und Menschenrechte. Stuttgart: Gabriel Verlag, 2008. |

| | |
|---|---|
| | - **Quellenangabe zu einer Zeitung/Zeitschrift**: Name, Vorname: Titel. Aus: Zeitung/Zeitschrift, Nr. bzw. Datum der Ausgabe, Seite/n. Z. B.: *Hirsi Ali, Ayaan: Sie wissen nichts vom Holocaust. Aus: Die Welt, 16.12.2006, S. 9.*<br>- **Internetquellen**: Verfasser (wenn vorhanden): Titel. Online im Internet: Internetadresse [Datum des Abrufs]. Z. B.: *Stiftung Luthergedenkstätten in Sachsen-Anhalt: Von daher bin ich – Martin Luther und Eisleben. Online im Internet: http://www.martinluther.de/de/martin-luthers-geburtshaus/ausstellung.html [11.01.2012].* |
| Redewendung | **Feste sprachliche Wendung** (Wortgruppe), mit der man etwas besonders anschaulich und einprägsam ausdrückt, z. B.: *auf die Nase fallen, sich den Kopf zerbrechen.* |
| Relativpronomen | **veränderbare → Wortart**; **→ Pronomen**, das sich auf ein vorangehendes → Nomen/Substantiv bezieht (*der, die, das, welche, welcher, welches*), z. B.:<br>*das Spiel, das/welches sie gewannen.* |
| Relativsatz | Ein **→ Nebensatz**, der durch ein **→ Relativpronomen eingeleitet** wird. Das Relativpronomen bezieht sich auf ein → Nomen/Substantiv im vorangehenden → Hauptsatz (Bezugswort). Relativsätze werden durch **Komma** vom Hauptsatz abgegrenzt, z. B.:<br>*Die Suppe, die wir morgens gekocht hatten, aßen wir zu Mittag.*<br>*Dazu gab es Brot, welches wir selbst gebacken hatten.* |
| rhetorische Frage | Frage, auf die keine Antwort erwartet wird. Sie dient dazu, eine Aussage besonders zu betonen und Hörer/Leser zum Mitdenken anzuregen, z. B.:<br>*Hat Schiller hier nicht wirklich Mut bewiesen?* |
| Sachfrage | **Frage**, meist als **W-Frage** formuliert, die entsprechend des jeweiligen Kenntnis- bzw. Informationsstandes beantwortet werden kann/muss, z. B.:<br>*Welche Auswirkungen hat die globale Erwärmung auf unser Klima?* |
| Sachtexte erschließen | **Sachtexte** dienen vorrangig der Wissensvermittlung und können:<br>- **informieren**: relativ wertneutral über Sachverhalte/Geschehen berichten,<br>- **appellieren (auffordern)**: Leserinnen/Leser zu Reaktionen veranlassen,<br>- **werten**: Sachverhalte/Geschehen aus der Sicht einer Autorin / eines Autors darstellen.<br>Man unterscheidet **kontinuierliche** (Fließtext) und **diskontinuierliche Sachtexte** (Cluster-Texte aus verschiedenen Textbausteinen, z. B. Grafiken, Abbildungen, Tabellen, Textkästen, Fußnoten).<br>Das **Textverstehen** wird durch:<br>- **äußere verstehensfördernde Mittel** (z. B. Überschriften, Zwischenüberschriften, Absätze, Nummerierungen, Aufzählungszeichen) und<br>- **inhaltliche verstehensfördernde Mittel** (z. B. logische Ableitungen, Einschübe, Erläuterungen) sowie durch<br>- **Mittel der → Satzverknüpfung/Textgestaltung** unterstützt. |

| | |
|---|---|
| | Je nach **Leseabsicht** (Leseinteresse) oder Leseaufgabe kann/muss man verschiedene → **Lesetechniken** und → **Lesestrategien** nutzen.<br>Zum **Erschließen kontinuierlicher Texte** (Fließtexte) eignet sich die **5-Gang-Lesestrategie**:<br>1. Text überfliegen<br>2. Fragen an den Text stellen<br>3. Text gründlich lesen<br>4. das Wichtigste zusammenfassen<br>5. Text noch einmal lesen.<br>Zum **Erschließen diskontinuierlicher Texte** kann/sollte man so vorgehen:<br>1. Gesamteindruck vom Text verschaffen<br>2. Thema des Gesamttextes erfassen<br>3. Themen der Textbausteine erfassen<br>4. Textbausteine gründlich lesen (z. B. Tabellen/Grafiken auswerten)<br>5. Aussagen zueinander in Beziehung setzen<br>6. Aussagen des Gesamttextes zusammenfassen. |
| **Sage** | Literarische **Textsorte** der Gattung → **Epik** mit bestimmten **Merkmalen**: Sie enthalten einen **wahren historischen Kern** (geschichtliche Begebenheiten, Personen, landschaftliche Eigenheiten, Gebäude und Naturerscheinungen). Sagen wurden über Generationen weitererzählt. Man unterscheidet **Orts-, Götter-** und **Heldensagen**. |
| **Satire** | **Kunstrichtung** (Spottdichtung, -lied, Karikatur, Film), in der durch überspitzte Darstellung (Übertreibung, → Ironie, Verfremdung, Verzerrung, Spott) menschliche Schwächen oder gesellschaftliche Missstände auf humorvoll-bissige Weise kritisiert werden, z. B.:<br>*Gerade will ich schreien: »Mehr Personal!«, da erkenne ich den Sinn des Schlangestehens: Nur durch sehr langes Anstehen in sehr langen Reihen kann ich die sehr lange Getränkekarte wirklich so eingehend studieren, dass ich anschließend professionell bestellen kann. (F. Schroeder)* |
| **Satzart** | Man unterscheidet drei Satzarten:<br>• **Aussagesatz**: Man stellt etwas fest, informiert über etwas.<br>Merkmale: finite (gebeugte) Verbform (→ Verb) i. d. R. an zweiter Stelle, Satzschlusszeichen: Punkt, z. B.: *Am Montag kommt eine neue Lehrerin.*<br>• **Fragesatz**: Man fragt, erkundigt sich nach etwas.<br>Merkmale: oft durch ein Fragewort eingeleitet (z. B.: *wer, was, wie, wann, wo, warum*) oder finite (gebeugte) Verbform an erster Stelle, Satzschlusszeichen: Fragezeichen, z. B.: *Wann beginnen wir? Kommst du mit?*<br>• **Aufforderungssatz**: Man fordert jemanden zum Handeln auf oder drückt Bitten, Wünsche, Hoffnungen aus.<br>Merkmale: finite (gebeugte) Verbform an erster Stelle, Satzschlusszeichen: Ausrufezeichen oder Punkt, z. B.: *Holt bitte frisches Wasser! Sei einfach etwas freundlicher.* |

| | |
|---|---|
| Satzgefüge | → zusammengesetzter Satz |
| Satzglied | → **Subjekt**, → **Prädikat**, → **Objekt** und → **Adverbialbestimmung** sind Satzglieder. (Das Attribut ist ein Satzgliedteil.)<br>Satzglieder kann man mithilfe der → **Umstellprobe** ermitteln. Durch das Umstellen von Satzgliedern lassen sich auch verschiedene Aussageabsichten verwirklichen, z. B.: *Die Kinder / warten / am Morgen / auf den Bus.*<br>*Am Morgen / warten / … Auf den Bus / warten …* |
| Satzreihe (Satzverbindung) | → zusammengesetzter Satz |
| Satzverknüpfung/ Textgestaltung | Um Texte inhaltlich und sprachlich flüssig und verständlich zu gestalten, verwendet man **sprachliche Verknüpfungsmittel**, die oft im **Vorfeld** des Satzes (an erster Satzgliedstelle vor der finiten Verbform) stehen, wie z. B.:<br>- **Wiederaufnahme** aus vorherigen Sätzen oder Textteilen durch: **Wiederholung** (z. B.: *Ria fuhr zum See. Ria wollte baden.*), → **Pronomen** (z. B.: *Ria fuhr zum See. Sie wollte baden.*), → **Adverbien** (z. B.: *Sie fuhr zum See. Dort wollte sie baden.*), **bedeutungsähnliche Wörter** (→ **Synonyme**, z. B.: *Ria fuhr zum See. Das Mädchen wollte baden.*), **Teil-Ganzes-Beziehungen** (z. B.: *Die Landschaft war herrlich. Der See war klar und kühl.*)<br>- **Wiederaufnahme** und/oder **Hervorhebung** durch **Stellung der** → **Satzglieder**, besonders durch die **Vorfeldbesetzung** (Besetzung der ersten Stelle vor der finiten Verbform) z. B.: *Theo van Gogh fährt mit seinem Rad. Er will in seine Firma. Schwer verletzt bleibt er liegen.*<br>- Bildung → **zusammengesetzter Sätze**, deren Teilsätze unterschiedlich verknüpft sind, als:<br>  – → **Parataxe** (Nebenordnung) in einer → **Satzreihe (Satzverbindung)**, z. B.: *Ria fuhr zum See, sie wollte baden. Ria fuhr zum See, denn sie wollte baden. Ria fuhr zum See (,) und Tomi fuhr ins Dorf.*<br>  – **Hypotaxe (Unterordnung)** in einem → **Satzgefüge**, z. B.: *Ria fährt zum See, weil sie baden will. Ria fährt immer zu dem See, den sie am liebsten mag, wenn sie baden will.* |
| Schildern, Schilderung | **Darstellungsweise**, **Textsorte**, bei der Wahrnehmungen, Gedanken, Gefühle und Einstellungen von Personen oder Figuren ausführlich und anschaulich wiedergegeben werden. Man beschreibt z. B. **Sinneswahrnehmungen** (Hören, Sehen, Riechen, Schmecken, Fühlen) genau und verwendet → **direkte Rede**.<br>Geeignete **sprachliche Mittel** (→ stilistische Mittel) sind z. B.:<br>- bildhafte Vergleiche und Bezeichnungen, z. B.: *kalt wie Eis, klettern wie ein Affe, Bruchbude – Hütte – Palast*,<br>- abwechslungsreiche, genaue Bezeichnungen (→ Synonyme), z. B.: *Auto – Wagen – Gefährt*,<br>- treffende → **Verben** und → **Adjektive**, z. B.: *flüstern, glitschiger Untergrund*,<br>- → **Personifizierungen**, z. B.: *Kälte kroch in meine Zehen.* |

| Schreibkonferenz | **Texte** werden **gemeinsam** (in Gruppen) **überarbeitet**. Dazu sollte man Arbeitsschritte besprechen und festlegen (z. B. Text lesen; Notizen zu Inhalt, Satzbau, Wortwahl machen und vergleichen; Hinweise und Vorschläge formulieren). |
|---|---|
| Schreibwerkstatt | Der Spaß am gemeinsamen Schreiben steht im Mittelpunkt. Wie in einer Werkstatt wird **gemeinsam an Texten gearbeitet**. Die einzelnen Arbeitsschritte sind das Werkzeug und die Sprache ist das Material. |
| schriftliche Sprache | Wird v. a. in der **schriftlichen Kommunikation** verwendet, um verständlich (→ **Standardsprache**), sachlich und präzise darzustellen. Ist gekennzeichnet durch:<br>▪ genaue Wortwahl,<br>▪ längere und vollständige Sätze, korrekten Satzbau. |
| Semikolon | **Satzzeichen** (Strichpunkt), das zwischen gleichrangigen Wortgruppen oder Sätzen stehen kann, wo der Punkt zu stark, das Komma zu schwach abtrennen würde, z. B.:<br>*Schon immer hat Oliver Darm seinen Namen als Vorzeichen für sein Leben verstanden; kein Wunder, dass es nun verpfuscht ist.*<br>Man kann es auch verwenden, um zusammengehörige Gruppen in Aufzählungen zu markieren, z. B.:<br>*Muskat träumte von Wüsten und Steppen in Afrika; von Löwen, Elefanten und Flusspferden; von tanzenden Kriegern und Medizinmännern.* |
| Sketch | (*engl.* Skizze), dramaturgisch-szenische Umsetzung eines → Witzes oder anderen humorvollen Textes mit einer auffälligen Schlusspointe. |
| sprachliche Mittel | → stilistische Mittel |
| Sprachvarianten | **Erscheinungsformen** unserer Sprache. Man unterscheidet:<br>▪ → **Dialekte (Mundarten)**<br>▪ → **Umgangssprache**<br>▪ → **Standardsprache**<br>▪ → **mündliche Sprache**<br>▪ → **schriftliche Sprache**<br>▪ → **Fachsprache**<br>▪ **Gruppensprache** (→ **Jugendsprache**) |
| Sprichwort | Gibt Erfahrungen, Beobachtungen und Einsichten der Menschen in Form eines Satzes besonders anschaulich und einprägsam wieder, z. B.: *Wer andern eine Grube gräbt, fällt selbst hinein.* |
| Standardsprache | Eine → **Sprachvariante (Sprachvarietät)** des Deutschen, die v. a. in schriftlichen Texten (z. B. Literatur, Zeitungsartikel, Fachtexte, amtliche Mitteilungen), aber auch in bestimmten Sprechsituationen (z. B. Vorträge, Nachrichten) verwendet wird. Sie ist gekennzeichnet durch Wörter, die in allen Regionen des deutschen Sprachgebiets bekannt sind, einen geregelten Satzbau, |

| | |
|---|---|
| | eine geregelte Schreibung (Rechtschreibung) und eine geregelte Aussprache (nach bestimmten Normen). |
| **Standpunkt** | Als **Behauptung (These)** formulierte **Meinung** einer Person oder Personengruppe. Standpunkte sollten durch → **Argumente** belegt bzw. widerlegt werden. |
| **stilistische Mittel** | **Sprachliche Mittel** zur wirkungsvollen Satz- und Textgestaltung, wie z. B.:<br>- **Alliteration**: gleicher Anfangsbuchstabe, z. B.: *Ein Singen, Summen und Säuseln …*<br>- **Anapher**: Wiederholung eines Satzanfangs, z. B.: *Ich war nicht müde. Ich war nicht krank. Ich war einfach nur traurig.*<br>- **Antithese**: Gegenüberstellung von Gegensätzlichem, z. B.: *Heiß brannte das Feuer, eiskalt war die Nacht.*<br>- **Appell**: Aufruf, Aufforderung, z. B.: *Gebt uns eine Chance, unsere Unschuld zu beweisen!*<br>- **Aufzählung**, z. B.: *Ein Mann. Ein Land. Ein Leben.*<br>- **Ausruf**, z. B.: *Das ist das schönste Pferd der Welt!*<br>- **Ellipse**: unvollständiger Satz, z. B.: *Was nun?* (statt: *Was machen wir nun?*) *Guten Morgen.* (statt: *Ich wünsche dir/Ihnen einen guten Morgen.*)<br>- **Klimax**: Aufzählung mit Steigerung, z. B.: *Er ist ein Schurke, ein Mörder.*<br>- **Metapher**: Übertragung eines Ausdrucks mit seiner ursprünglichen Bedeutung auf einen anderen Sachbereich, Grundlage ist ein gemeinsames Bedeutungsmerkmal, z. B.: *Nussschale* (kleines Boot), *Mutter Natur.*<br>- **Neologismus**: Wortneuschöpfung, z. B.: *Sachensucher, tiefbegabt*<br>- **Nominalstil** (Verdichtung): häufige Verwendung nominalisierter/substantivierter Verben und von Ableitungen auf *-ung*, z. B.: *Zum Ablesen des Stromverbrauchs bitten wir um Terminvereinbarung.*<br>- **Parallelismus**: Wiederholung einer Satzkonstruktion, z. B.: *Wann wird es endlich wieder Sommer? Wann wird es endlich wieder warm? Wann wird das Leben wieder Spaß machen?*<br>- **Personifizierung**: Übertragung menschlicher Verhaltensweisen/Eigenschaften auf Unbelebtes, z. B.: *Der Tag verabschiedet sich. Die Sonne lacht.*<br>- **Reim**, z. B.: *Mars macht mobil, bei Arbeit, Sport und Spiel.*<br>- **Übertreibung**, z. B.: *Das ist der schönste Ort der Welt.*<br>- **Verbalstil (Auflockerung)**: Verwendung vieler Verben, besonders finiter Verbformen, z. B.: *Damit wir den Stromverbrauch ablesen können, bitten wir sie, einen Termin zu vereinbaren.*<br>- **Wortspiel**, z. B.: *Bemannte Raumfahrt.* |
| **Subjekt** | → **Satzglied**, über das im Satz etwas ausgesagt wird (Satzgegenstand). Es steht i. d. R. im **Nominativ** und kann mithilfe der Fragen *Wer?* oder *Was?* ermittelt werden, z. B.: *Am Abend trafen die Großeltern und mein Bruder ein. Der Schnee begann langsam zu tauen.*<br>**Subjekt** und **Prädikat** bilden den **Satzkern**. |

| | |
|---|---|
| **Substantiv, Substantivierung** | → Nomen,<br>→ Nominalisierung |
| **Suffix** | An den → **Wortstamm** angehängter **Wortbaustein**, der i.d.R. nicht selbstständig stehen kann. Durch das Anfügen von Suffixen entstehen Wortformen und neue Wörter (→ **Ableitungen**), z.B.: ler<u>nen</u>, ler<u>nte</u>, Ler<u>ner</u>; Kind<u>heit</u>, kind<u>lich</u>, kind<u>isch</u>.<br>Typische Suffixe für → Nomen/Substantive sind *-heit, -keit, -ung, -nis*, z.B.: Dunkel<u>heit</u>, Hinder<u>nis</u>.<br>Typische Suffixe für → Adjektive sind *-ig, -lich, -isch*, z.B.: wind<u>ig</u>, heim<u>lich</u>, himm<u>lisch</u>. |
| **Synonyme** | Zwei oder mehr Wörter mit verschiedener Form (Aussprache, Schreibung), die eine **ähnliche** (selten gleiche) **Bedeutung** haben. Sie bezeichnen denselben Gegenstand, dieselbe Handlung oder Eigenschaft, heben dabei aber oft unterschiedliche Merkmale hervor, z.B.: *Lärm – Krach – Geschrei*. |
| **Textbeschreibung** | Darstellung des Inhalts und der Besonderheiten eines Textes. Textbeschreibungen sollten folgende **Bestandteile** aufweisen:<br>• Einleitung: Autorin/Autor, Textsorte, Titel, Thema,<br>• Hauptteil: Inhaltsangabe; bei **literarischen Texten**: Besonderheiten der Handlungs-, Figuren-, Zeit-, Ortsgestaltung, Erzählperspektive und Sprache, besondere Wirkung der Gestaltungsmittel; bei **Sachtexten**: Aufbau (Gliederung, Textbestandteile, Funktion und Anordnung), Besonderheiten des Inhalts (Standpunkte, Hauptaussage, Thesen, Argumente) und der Sprache,<br>• Schluss: Bewertung von Inhalt und Darstellungsweise, ggf. eigene Meinung (Gedanken, Gefühle) zum Dargestellten, evtl. Leseempfehlung oder weitere Auskünfte zu Autorin/Autor.<br>Jeder Textbeschreibung muss eine genaue Untersuchung des Textes vorangehen. |
| **Tragödie** | → Dramatik |
| **Umfrage** | Mündliche oder schriftliche **Befragung** mithilfe eines **Fragebogens**, um Informationen über Meinungen, Einstellungen, Wissen und Verhalten verschiedener Menschen zu erhalten. Die Fragen sollten möglichst einfach, eindeutig und kurz formuliert sein, sodass die Antworten gut auszuwerten sind.<br>Zur Veranschaulichung der Ergebnisse können Diagramme, Tabellen oder Schaubilder dienen. |
| **Umgangssprache** | Eine → **Sprachvariante (Sprachvarietät)** des Deutschen, die in bestimmten Alltagssituationen, z.B. in der Familie, mit Freunden und anderen vertrauten Menschen, v.a. in gesprochener Sprache gebraucht wird, aber auch im privaten Schriftverkehr oder in der Literatur (Figurenrede) vorkommen kann. Merkmale der Umgangssprache sind bestimmte Wörter und Wendungen, aber auch unvollständige Sätze, z.B.: *die große Klappe haben*. |

| | |
|---|---|
| **Umstellprobe** | Probe zur Ermittlung der → **Satzglieder** eines Satzes: Alle Wörter, die nur zusammenhängend umgestellt werden können, bilden ein Satzglied. Im Aussagesatz kann jedes Satzglied, außer dem → **Prädikat**, die erste Stelle (vor der finiten Verbform) einnehmen. Die finite (gebeugte) Verbform nimmt immer die zweite Stelle ein. Vor der finiten Verbform kann immer nur *ein* Satzglied stehen, z. B.: <br> *Max und Moritz \| spielten \| den Erwachsenen \| häufig \| böse Streiche.* <br> *Den Erwachsenen \| spielten \| …* <br> *Häufig \| spielten \| …* |
| **unpersönliche Ausdrucksweise** | Wenn es **unwichtig** ist, **wer handelt**, wird die unpersönliche Ausdrucksweise verwendet (z. B. in → Berichten oder → Beschreibungen). <br> Es gibt zwei **Formen** der unpersönlichen Ausdrucksweise: <br> ▪ Verbform im Passiv, z. B.: *Das Wasser wird dazugegeben.* <br> ▪ man-Form, z. B.: *Man gibt das Wasser dazu.* |
| **Verb** | → **Konjugierbare** → **Wortart**, die Tätigkeiten, Vorgänge und Zustände bezeichnet. Es gibt: <br> ▪ **infinite** (ungebeugte) **Verbfomen**: Infinitiv (z. B. *lesen,*) Partizip I (z. B. *lesend*), Partizip II (z. B. *gelesen*), <br> ▪ **finite** (gebeugte) **Verbformen**: Personalformen, die durch → **Konjugation** entstehen und in Person und Zahl mit dem Subjekt übereinstimmen (z. B.: *ich lese, du gehst*). <br> Verben bilden **Zeitformen** (Tempusformen): **Einfache Zeitformen** sind **Präsens** und **Präteritum**, z. B.: *Ich lese gern. Er las gestern ein Buch.* **Zusammengesetzte Zeitformen** sind **Perfekt**, **Plusquamperfekt** und **Futur**, z. B.: *Wir haben viel gelesen. Er hatte viele Bücher mitgebracht. Bald werden wir neue Bücher bestellen müssen.* <br> Die meisten Verben haben eine **Aktivform** (Betonung des Handelnden) und eine **Passivform** (Unwichtigkeit des Handelnden). Beim Passiv sind zwei Formen zu unterscheiden: <br> ▪ das Vorgangspassiv, das den Ablauf der Handlung betont, <br> ▪ das Zustandspassiv, das den neuen Zustand als Ergebnis einer vorhergegangenen Handlung benennt. <br><br> Vorgangspassiv                                     Zustandspassiv <br> *Die Messe wurde geöffnet.*                  *Die Messe ist geöffnet.* <br> *Die Messe ist geöffnet worden.*           *Die Messe ist geöffnet gewesen.* <br> werden + Partizip II                                 sein + Partizip II <br> Verben bilden **Modusformen** (Formen der Aussageweise): <br> ▪ Verbformen im **Indikativ** (Wirklichkeitsform) werden verwendet, um Tatsachen und → direkte Rede wiederzugeben, z. B.: <br>   *Er arbeitet beim Zirkus. »Ich habe früh damit begonnen«, sagt Dergin.* <br> ▪ Verbformen im **Konjunktiv I** werden verwendet, um → indirekte Rede wiederzugeben, z. B.: *Er sagt, er arbeite beim Zirkus.* |

| | |
|---|---|
| | - Verbformen im **Konjunktiv II** (Möglichkeitsform) verwendet man, um (irreale) Wünsche, Bedingungen, Vorstellungen und Vergleiche auszudrücken, z. B.: *Wäre Tanzen ein Schulfach, gäbe es weniger Bewegungsmuffel.* Einige Verbformen im Konjunktiv II werden nur noch selten gebraucht, andere stimmen in der Form mit dem Indikativ überein. Man ersetzt sie durch **würde + Infinitiv**, z. B.: *sie log → sie löge – sie würde lügen, er fragte → er fragte – er würde fragen.*<br>Der **Konjunktiv II** oder die **würde**-Ersatzform wird auch zur indirekten Redewiedergabe verwendet, wenn sich Indikativ und Konjunktiv I oder II formal nicht unterscheiden (→ **indirekte Rede**).<br>- Verbformen im **Imperativ** werden verwendet, um Aufforderungen, Befehle, Ratschläge oder Empfehlungen auszudrücken, z. B.:<br>*Warte!* (Singular) *Wartet!* (Plural) *Warten Sie!* (Höflichkeitsform) |
| **Verlängerungs-probe** | Probe zur Ermittlung der Schreibung eines einsilbigen Wortes. Man verlängert das einsilbige Wort, indem man z. B. folgende Formen bildet:<br>- die Pluralform (z. B.: *Flu■ – Flüsse, Sta■ – Stäbe*),<br>- ein → Verb (z. B.: *Ba■ – baden*),<br>- ein → Adjektiv (z. B.: *Gol■ – golden, goldig*). |
| **Verwandtschafts-probe** | Probe zur Ermittlung der Schreibung eines Wortes. Man sucht ein stammverwandtes Wort aus der → **Wortfamilie**, z. B.: *mahlen – Mehl – Mühle; Biss – bissig.* |
| **Weglassprobe** | Probe, um zu ermitteln, ob ein → Attribut weggelassen werden kann, ohne dass der Sinn des Satzes verlorengeht, z. B.:<br>*Ich legte den (verhassten) (grünen) Wisch auf den Schrank (in der Küche) und spürte, wie mein (brodelnd) (heißes) Blut vom Kopf in den Bauch rann.* |
| **Witz** | **Epische Kurzform** (→ **epischer Text**), enthält meist eine überraschende Lösung (Pointe), die u. a. durch die Mehrdeutigkeit eines Wortes, Situationskomik oder Übertreibung entsteht. |
| **Wortart** | Wörter lassen sich verschiedenen Wortarten zuordnen. Es gibt<br>- **veränderbare Wortarten**: → Nomen/Substantiv (deklinierbar), → Verb (konjugierbar), → Adjektiv (deklinierbar, komparierbar), → Artikel (deklinierbar), → Pronomen (deklinierbar),<br>- **nicht veränderbare Wortarten**: → Präposition, → Adverb, → Konjunktion, → Interjektion.<br>- → Numeralien (Zahlwörter) können zu verschiedenen Wortarten gehören. |
| **Wortbildung** | Für die Wortbildung haben sich im Deutschen zwei Formen bewährt:<br>- die → **Ableitung** mithilfe von → Präfixen und → Suffixen,<br>- die → **Zusammensetzung** (Bestimmungswort + Grundwort).<br>Mithilfe der → **Zerlegeprobe** lassen sich Wörter in ihre Bauteile zerlegen. |
| **Wörterbuch** | Wörterbücher oder Lexika (Singular: Lexikon) enthalten meist eine Vielzahl von Informationen und sind so aufgebaut:<br>Die **Stichwörter** stehen in **alphabetischer Reihenfolge**. |

|  |  |
|---|---|
|  | **Seitenleitwörter** (das erste und letzte Wort einer Seite) helfen bei der Orientierung. Rechtschreibwörterbücher enthalten neben dem **Wörterverzeichnis** oft einen Anhang mit den gültigen **Rechtschreibregelungen**, meist mit K (Kennziffer) oder R (Regel) und einer Nummer gekennzeichnet. |
| **Wortfamilie** | Wörter, die einen **gemeinsamen** → **Wortstamm** haben, bilden eine Wortfamilie. Wortfamilien entstehen durch → **Ableitung** und → **Zusammensetzung**, z. B.: *lehren – Lehrer – Lehrbuch – Lehrling – gelehrig ...* |
| **Wortfeld** | Bedeutungsgleiche oder -ähnliche Wörter (→ **Synonyme**) bilden ein Wortfeld. Wörter eines Wortfeldes lassen sich in **Oberbegriffe** (mit allgemeiner Bedeutung) und **Unterbegriffe** (mit spezieller Bedeutung) einteilen, z. B.: *Pflanze: Baum – Birke, Buche, Fichte, ...* |
| **Wortstamm** | Entspricht meist der Nennform, unter der die Wörter im Wörterbuch aufgeführt werden, z. B.: *Mann, Hose, Kleid; jung, schön, groß.* Bei → Verben wird von der Nennform (Infinitiv) die Endung *-(e)n* abgestrichen, z. B.: *such-en, renn-en, seh-en; sammel-n, ärger-n, schummel-n.* |
| **Zerlegeprobe** | Probe zur Ermittlung der Schreibung eines Wortes. Man zerlegt Wörter in **Sprechsilben**, um zu erkennen, ob es mit zwei gleichen oder zwei verschiedenen Konsonanten geschrieben wird, z. B.: *es-sen, lis-tig.* Man kann Wörter auch in ihre **Bauteile** zerlegen, um Sicherheit über deren Schreibung zu bekommen, z. B.: *Ver-kauf, du nasch-st.* |
| **Zitat, zitieren** | Wiedergabe einer Textstelle in einem anderen Text, z. B. in einer → **Facharbeit** oder einem Vortrag. Ein **direktes Zitat** ist die wörtliche (buchstabengetreue) Wiedergabe einer Textstelle. Zitate stehen in **Anführungszeichen**, Auslassungen sind durch drei Punkte in eckiger Klammer [...] zu kennzeichnen. Wichtig ist auch die sinnvolle **Einbindung** von Zitaten, z. B.: <ul><li>in einem schriftlichen Text: *Christian Nürnberger beginnt sein Vorwort mit den Worten: »Mut ist etwas Sonderbares. [...].« (Nürnberger, 2008, S. 9.) Nürnberger bezeichnet Mut in seinem Vorwort als »etwas Sonderbares«. (Nürnberger, 2008, S. 9.)*</li><li>in einem mündlichen Vortrag: *Schiller schrieb 1782 an seinen Freund – ich zitiere – »Ich traf alles noch über meine Wünsche; keine Bedürfnisse ängstigen mich mehr, ...« – Ende des Zitats. (Genauer muss man die Quelle nicht nennen, man muss sie aber notiert haben: Aus: Friedländer, Paul (Hrsg.): Schiller. Ein Lesebuch für unsere Zeit. Berlin, Weimar: Aufbau, 1983, S. 91.)*</li></ul> Ein **indirektes Zitat** ist die sinngemäße Wiedergabe von Textstellen. Dazu wird meist der → **Konjunktiv I** verwendet, z. B.: *Christian Nürnberger schreibt, er wolle darstellen, dass der Mut der kleinen Leute nicht vergeblich sei. (Vgl. Nürnberger, 2008, S. 13.)* Zu jedem Zitat gehört eine genaue → **Quellenangabe**, ggf. in einem **Quellenverzeichnis**. |

| | |
|---|---|
| **zusammen-gesetzter Satz** | Satz, der aus zwei oder mehreren inhaltlich eng miteinander verbundenen **Teilsätzen** besteht. Die Teilsätze werden i.d.R. durch **Komma** voneinander getrennt. Jeder Teilsatz enthält mindestens ein → **Subjekt** und ein → **Prädikat** (finite Verbform). Man unterscheidet:<br>• **Satzgefüge**: Einem → **Hauptsatz** werden ein oder mehrere → **Nebensätze** untergeordnet. Dieses Verhältnis der Unterordnung nennt man **Hypotaxe**. Die inhaltliche Anknüpfung der Nebensätze wird mithilfe von **Einleitewörtern** erreicht:<br> – unterordnende → Konjunktionen, z.B.: *weil, (so)dass, wenn, nachdem;*<br> – → Relativpronomen, z.B.: *der, die, das; welche(-r, -s);*<br> – Fragewörter, z.B.: *wie, wo, warum,* z.B.:<br> *Wenn die Clowns auftreten, kommt Freude auf. Alle waren begeistert, als die Clowns auftraten, die für viel Unterhaltung sorgten.*<br>• **Satzreihe/Satzverbindung**: Zwei oder mehrere → **Hauptsätze** werden aneinandergereiht. Dieses Verhältnis der Nebenordnung nennt man **Parataxe**. Sie können unverbunden nebeneinander stehen oder durch nebenordnende → Konjunktionen (*und, oder, aber, denn*) bzw. → Adverbien (*deshalb, dann, trotzdem*) verbunden sein, z.B.:<br> *Die Clowns treten auf, die Zuschauer klatschen, dann setzt die Musik ein(,) und der Spaß beginnt.*<br>• **mehrfach zusammengesetzte Sätze**: Mehrere Haupt- und Nebensätze werden neben- und/oder untergeordnet verbunden, z.B.:<br> *Clown Tilo, der auf dem Kopf stand, konnte sich nicht wehren, als Clown Marek ihn umstieß und Clown Fred freute sich darüber.* |
| **Zusammensetzung** | Form der **Wortbildung**: Zusammensetzungen bestehen aus **Grund-** und **Bestimmungswort**. Manchmal ist ein **Fugenelement** eingefügt.<br>Das Grundwort bestimmt die → **Wortart** und das → **Genus** (Geschlecht) der Zusammensetzung, z.B.: *wunder\|schön, die Mittag\|s\|zeit.*<br>Bei zusammengesetzten → Verben gibt es:<br>• **fest zusammengesetzte Verben**, z.B.: *unterrichten – (er) unterrichtet,*<br>• **unfest zusammengesetzte Verben**, z.B.: *teilnehmen – (er) nimmt teil.*<br>Man kann sie durch die **Betonung** unterscheiden:<br>• Betonung auf dem Grundwort → fest zusammengesetzt,<br>• Betonung auf dem Bestimmungswort → unfest zusammengesetzt.<br>Einige Verben bilden in Verbindung mit **durch, hinter, über, unter** und **um** sowohl **feste** als auch **unfeste Zusammensetzungen** mit unterschiedlichen **Bedeutungen**, wie z.B.:<br>*Franz wollte während der Fahrradrallye mit Geschick alle aufgestellten Kegel umfahren und nicht einen einzigen umfahren.* |

# Lösungen zu den Tests

**Texte erschließen (S. 94–95)**

**1**

b  1 Eine ehrliche und realistische Selbsteinschätzung ist die wichtigste Voraussetzung bei der Berufsentscheidung.
2 Wer gerne verreist oder im Ausland arbeitet, wird sich einen Beruf in der Hotel- und Reisebranche suchen.
3 Du solltest im eigenen Umfeld fragen, wie dich andere einschätzen und ob der Beruf ihrer Meinung nach zu dir passen würde bzw. in welchem Beruf sie dich sehen würden. Außerdem sollte man überprüfen, ob man die Voraussetzungen für den Beruf mitbringt und sich vorstellen kann, lange in diesem Beruf zu arbeiten. Man sollte auch Leute befragen, die in dem Wunschberuf arbeiten.

**2**

a  1 falsch  2 richtig  3 falsch

b  1 Viele Jugendliche interessieren sich meist nur für wenige »Modeberufe«.
3 Wer einen schnellen Abschluss bevorzugt, wird eine zweijährige Ausbildung wählen.

**3**  Der Autor möchte informieren, wie man sich einen passenden Beruf suchen kann.

**4**  1 Die Grafik gibt einen Überblick über den Abschluss von Ausbildungsverträgen in den zehn beliebtesten Ausbildungsberufen im Jahre 2011.
2 Zu jedem der zehn Ausbildungsberufe ist dargestellt, wie viele Frauen und Männer 2011 einen Ausbildungsvertrag in diesem Beruf abgeschlossen haben.
3 Es gibt typische Frauenberufe (z. B. Bürokauffrau, Medizinische Fachangestellte, Friseurin) und typische Männerberufe (z. B. Kraftfahrzeugmechatroniker, Industriemechaniker). In anderen Ausbildungsberufen ist das Verhältnis von Frauen und Männern etwa gleich, z. B. Bankkaufmann/-frau, Kaufmann/-frau im Einzelhandel, Verkäufer(in).

**Über Sprache nachdenken (S. 150–151)**

**2**  Darm ist eine anfangs eher abstoßende Hauptfigur, deren inneren Beweggründen man nicht folgen kann. Doch im Laufe des Buches erfährt man immer mehr darüber, warum Darm alle provoziert und so wankelmütig ist. Damit kommt nicht so etwas wie Mitleid für ihn auf, aber man versteht ihn immer besser. Am Ende des Romans ist Darm dann fast so etwas wie geläutert, hat sein Leben mit den vielen Schicksalsschlägen ein wenig mehr akzeptiert und vermag(,) weniger schroff auf andere zuzugehen. Das ist kein Happy End, aber ein Hoffnungsschimmer, der als Ende des nicht gerade zimperlichen Jugendromans folgerichtig und wichtig scheint.

**3** *leicht zugängliches (Buch):* Attribut, *das schmale Bändchen:* Akkusativobjekt (mit Attribut: *schmale*), *am nächsten Tag:* Temporalbestimmung (mit Attribut: *nächsten*), *Die Handlung:* Subjekt, *das Buch:* Akkusativobjekt, *vom Schreibstil Gabi Kreslehners:* Präpositionalobjekt (mit Attribut: *Gabi Kreslehners*), *setzt [...] voraus:* Prädikat, *ab der Mitte:* Lokalbestimmung, *Die Puzzleteilchen:* Subjekt, *kommt:* Prädikat, *Am Ende:* Temporalbestimmung

**4** ..., um dann am nächsten Tag mit dem Buch fortzufahren. ..., weniger schroff auf andere zuzugehen.

**5**

**a und b** (Einleitewort, finite Verbform)
1 ..., die zunehmend packend wird (Attributsatz, Relativsatz, Nachsatz, 1. Grades)
2 ..., weil man wissen will (Adverbialsatz, Konjunktionalsatz, Nachsatz, 1. Grades)
..., wie alles ausgeht. (Objektsatz, Fragewortsatz, Nachsatz, 2. Grades)

**6** Je weiter ich gelesen habe, desto beeindruckter war ich von dem Roman, denn ab der Mitte kristallisiert sich eine Handlung heraus, die zunehmend packend wird. Die Puzzleteilchen fügen sich zu einem Ganzen(,) und es kommt Tempo in das Buch. Damit kommt nicht so etwas wie Mitleid für ihn auf, aber man versteht ihn immer besser.

**7** Buch – das schmale Bändchen – der Roman – Jugendroman – Jugendbücher; Darm – Hauptfigur; durchlesen – Lektüre – mit dem Lesen; beeindruckend – fasziniert – zunehmend packend

**8**

**a bis c**
(K I: Konjunktiv I, K II: Konjunktiv II, Ind.: Indikativ, Ers.: *würde*-Ersatzform, Signal der Redewiedergabe)
Ulf Cronenberg meint, die Handlung komme (K I) zu Beginn nicht so richtig in Fahrt. Die vielen Andeutungen, ohne dass man Genaueres erfahre (K I), würden das Buch zu keiner einfachen Lektüre machen (Ers.) / machten (K II) das Buch zu keiner einfachen Lektüre. U.C. ergänzt, dass er vom Schreibstil Gabi Kreslehners ziemlich fasziniert gewesen sei (K I) / ist (Ind.). Der setze (K I) einen wachen Leser voraus und sei (K I) anders, als man es von anderen Jugendbüchern gewohnt sei (K I). Je weiter er gelesen habe (K I), sagt U.C., desto beeindruckter sei (K I) er von dem Roman gewesen, denn ab der Mitte kristallisiere (K I) sich eine Handlung heraus, die zunehmend packend werde (K I). Die Puzzleteilchen würden sich zu einem Ganzen zusammenfügen (Ers.) / fügten sich (K II) zu einem Ganzen zusammen und es komme (K I) Tempo in das Buch. Am Ende könne (K I) man dann mit dem Lesen nicht aufhören, weil man wissen wolle (K I), wie alles ausgehe (K I).

**9** Darm wird zunächst als eher abstoßende Figur dargestellt (VP). Erst nach und nach wird sein Charakter entfaltet (VP). Am Ende ist zwar einiges geklärt (ZP), ein Happy End gibt es aber nicht.

**10** **Ableitung**:
eigentlich, Bändchen, Handlung, beeindruckt, erfährt, Andeutungen, kristallisiert, erfährt, provoziert, wankelmütig, versteht, akzeptiert, vermag, zimperlichen, wichtig
**Zusammensetzung**:
durchlesen, einmal, fortzufahren, Schreibstil, voraussetzen, Jugendbücher, Puzzleteilchen, aufhören, ausgeht, abstoßende, Hauptfigur, Beweggründen, wankelmütig, Mitleid, Schicksalsschlägen, zuzugehen, Hoffnungsschimmer, Jugendromans, folgerichtig

Neil Papworth verschickt. Das Empfangen und Senden von Nachrichten ist heute von jedem Handy aus möglich. Dabei ist keine Internetverbindung nötig. Und auch das Bedienen ist kinderleicht geworden. Gerade dieses Einfache und Schlichte wird von vielen Menschen geschätzt. Allerdings ist Sprachökonomie gefragt, denn der kleine Bildschirm bietet nicht viel Platz. Deshalb heißt es: In der Kürze liegt die Würze. Ja, dann: biba – bis bald.

**3** **1** d **2** c **3** b **4** a **5** b **6** d **7** b **8** b

## Richtig schreiben (S. 176–177)

a **1** allmählich **2** Apparat **3** Blamage **5** ein bisschen **7** entscheidend **8** im Großen und Ganzen **9** detailliert **11** Chaos **14** insgesamt **17** Journalist **20** Kommission **21** Korrektur **22** parallel **23** reparieren **24** Metallspäne **28** seit einer Stunde **29** Stress **30** Medaillon **31** morgen Nachmittag **32** unvergesslich **33** versehentlich **34** seid pünktlich **35** zusehends

b **3** sich blamieren **4** beamen **12** Experiment **13** Illustration **15** integrieren **23** Reparatur

**2** Die SMS ist aus unserem Leben nicht mehr wegzudenken. Nach Schätzungen werden jedes Jahr 55 Milliarden Nachrichten verschickt. Dabei nimmt die Konkurrenz durch das kostenlose Nutzen von Smartphones und Tablet-Computern immer mehr zu. Die erste SMS wurde im Jahre 1992 durch den britischen Ingenieur

# Quellenverzeichnis

## Textquellen

**6** Engel, Michael: Kaugummi, Kippen und Kaffeebecher. Online im Internet: http://www.dradio.de/dlf/sendungen/studiozeit-ks/1494187/ [04.01.2013]. **20 f.** Schneider, Bill: Realitätsnähe statt Smartboard. Nach: Berliner Zeitung, 10.09.2012, S. 18. **24** Beyer, Alexander: Jugendliche haben es heute viel schwerer. Das Interview zum Kinofilm »Summertime Blues«. Online im Internet: http://www.tvdigital.de/magazin/interviews [08.01.2013] **25** Äsop: Der Pfau und die Dohle. Aus: Antike Fabeln. Aus dem Griech. und Lat. übers. von Johannes Irmscher. Berlin und Weimar: Aufbau Verlag 1978, S. 123. Lessing, Gotthold Ephraim: Der Adler. Aus: Gotthold Ephraim Lessing: Werke in drei Bänden. Band I. München: Hanser, 1982. S. 49. **28** Das Glück … Aus: Albrecht, Peter (Hrsg.): Zitate und Sprichwörter. Genehmigte Lizenzausg. Reichelsheim: Edition XXL, 2001, S. 72. Die Zukunft … Hugo, Victor: Die Zukunft hat viele Namen. Zitiert nach: Fred Endres: Maximen der Lebenskunst. E-Book, 1997, S. 108. **29** Mal ist man … Aus: Kästner, Erich: Traurigkeit, die jeder kennt. In: E. K.: Gesang zwischen den Stühlen. Zürich: Atrium Verlag, 1985, S. 65. Hier ist mein Geheimnis … Aus: Saint-Exupéry, Antoine: Der kleine Prinz. Ins Deutsche übertragen von Grete und Josef Leitgeb. Düsseldorf: Karl Rausch Verlag, 2006, S. 96. **34** Kaléko, Mascha: Emigranten-Monolog. Aus: Kaléko, Mascha: Verse für Zeitgenossen. Erschienen im Rowohlt Taschenbuch Verlag, Reinbek © 1975 Gisela Zoch-Westphal. **40** Raatz, Christiane: Mittelmäßige Noten für das Schulessen in Sachsen. Nach: Ch. R.: Umfrage ergibt nur mittelmäßige Noten für das Schulessen in Sachsen. Aus: Leipziger Volkszeitung, 17.09.2012, S. 4. **41** Metzger, Hannah: Freibadschließung in Neundorf: Bürger proben den Aufstand im Rat. Nach: Freie Presse, 22.03.2012, S. 9. **44** *Berufsausbildungsvertrag* Online im Internet: http://www.ihk-ostbrandenburg.de/file/6221-BAV interaktivneu_3.pdf [25.02.2013] **46** *Formular (Berufsberatung)* Online im Internet: http://www.arbeitsagentur.de/nn_27 1 [01.02.2013] *Formular (Veranstaltungsdatenbank der BiZ)* Online im Internet: http://vdb.arbeitsagentur.de/vdb/faces/index.jspx?_afrLoop=6467435392516594&_afrWindowMode=0&_adf.ctrl-state=to27tt4z4_4 [01.02.2013] **47** Industriemechaniker(in). Online im Internet: http://berufenet.arbeitsagentur.de/berufe/docroot/r1/blobs/pdf/bkb/29055.pdf [01.02.2013] **48** Erzieher(in). Online im Internet: http://berufenet.arbeitsagentur.de/berufe/docroot/r1/blobs/pdf/bkb/9162.pdf [01.02.2013] **57** Jim Rakete – der Fotograf der interessanten Menschen. Aus: Langer, Freddy: Rosebud. In: Deutsches Filminstitut – DIF e. V. (Hrsg.): Jim Rakete – Stand der Dinge. Frankfurt am Main: Schirmer/Mosel, 2011, S. 9. **61 f.** Tolstoi, Lew: Der Sprung. Aus: Dieckmann, Eberhard (Hrsg.): Lew Tolstoi. Gesammelte Werke in zwanzig Bänden. Bd. 8: Das neue Alphabet. Russische Lesebücher. Aus dem Russ. übers. von Hermann Asemissen. Berlin: Rütten & Loening, 1968, S. 295–297. **65** Strittmatter, Erwin: Die Macht des Wortes. Aus: E. S.: Schulzenhofer Kramkalender. Berlin, Weimar: Aufbau Verlag, 1967, S. 46. **66** Watzlawick, Paul: Die Geschichte mit dem Hammer. Aus: Anleitung zum Unglücklich-Sein, Berlin/Darmstadt/Wien: Deutsche Buch-Gemeinschaft C. A. Koch's Verlag Nachf. 1983, S. 35 f. © R. Piper & Co. Verlag München. **67** Bürger, Gottfried August: Die Schatzgräber. Aus: Laufhütte, Hartmut (Hrsg.): Deutsche Balladen. Stuttgart: Reclam, 1991, S. 54. **70** Fürnberg, Louis: Spätsommerabend. Aus: L. F.: Gesammelte Werke in sechs Bänden. Bd. 2. Berlin und Weimar: Aufbau-Verlag, 1965, S. 202. Uhland, Ludwig: Frühlingsglaube. Aus: Fröschle, Hartmut und Scheffler, Walter (Hrsg.): Ludwig Uhland. Werke. Bd. I: Sämtliche Gedichte. München: Winkler, 1980, S. 31. **71** Kästner, Erich: Die Entwicklung der Menschheit. Aus: E. K.: Gesang zwischen den Stühlen. Zürich: Atrium Verlag, 1985, S. 8–9. **72** Goethe, Johann Wolfgang von: Prometheus. Aus: Johann Wolfgang Goethe. Sämtliche Gedichte. Frankfurt am Main, Leipzig: Insel Verlag, 2007, S. 235 f. **73 f.** Schiller, Friedrich: Kabale und Liebe. Erster Akt, siebente Szene (Auszug). Aus: F. S.: Kabale und Liebe. Ein bürgerliches Trauerspiel. Stuttgart: Philipp Reclam jun., 1989, S. 21 ff. **78 ff.** Mohl, Nils: Es war einmal Indianerland. Reinbek bei Hamburg: Rowohlt Verlag, 2011, S. 21–24. **82 f.** Schäfer, Amelie: Im Fahrstuhl. Aus: Seeger, Michael (Hrsg): anthologien 5. Kurzgeschichten und Gedichte. Eine Anthologie der Klasse 9 b am Faust-Gymnasium Staufen, 1996, S. 23–25. **86** Handy-Nutzung 2010. Online im Internet: http://www.netzwelt.de/news/86951-handy-nutzung-2010-deutsche-telefonierten-180-milliarden-minuten-lang.html [15.01.2013] **88** Schonert-Hirz, Sabine: Raus aus der Piepshow. Aus: Prisma. Das Fernsehmagazin der Zeitung, Nr. 26/2012, S. 35. **90 f.** *Diagramm, Text* Aus: Medienpädagogischer Forschungsverbund Südwest (Hrsg.): JIM-Studie 2012:

Jugend, Information, (Multi-)Media. Basisuntersuchung zum Medienumgang 12- bis 19-Jähriger. Stuttgart, 2012, S. 52 ff.   **92** Zwischen der/dem Ausbildenden ... Aus: Muster Berufsausbildungsvertrag der IHK, S. 1. Online im Internet: http://www.dihk.de/themenfelder/aus-und-weiterbildung/ausbildung/ausbildungsformulare-und-merkblaetter/mustervertraege [01. 02. 2013] Die/Der Auszubildende verpflichtet sich ... Aus: Muster Berufsausbildungsvertrag der IHK, S. 4. Online im Internet: http://www.dihk.de/themenfelder/aus-und-weiterbildung/ausbildung/ausbildungsformulare-und-merkblaetter/mustervertraege [01. 02. 2013]   **93** § 1 Aus: Muster Berufsausbildungsvertrag der IHK, S. 4. Online im Internet: http://www.dihk.de/themenfelder/aus-und-weiterbildung/ausbildung/ausbildungsformulare-und-merkblaetter/mustervertraege [01. 02. 2013]   **94 f.** Die Suche ... Nach: Bundesministerium für Wirtschaft und Technologie. Online im Internet: http://www.bmwi.de/DE/Themen/Ausbildung-und-Beruf/Ausbildungsberufe/passender-ausbildungsberuf,did=148062.html [12. 01. 2013] *Diagramm* Zahlen aus: Bildung und Kultur. Berufliche Bildung. Fachserie 11 Reihe 3. © Statistisches Bundesamt, Wiesbaden, 2012, S. 46.   **97** *Aphorismen* Aus: Aus: Harenberg Lexikon der Sprichwörter und Zitate. Dortmund: Harenberg Verlag, 1997, S. 593, 1398.
**97 f.** Der Psychologe ... Aus: Satorius, Christian: Wie uns der Clown zum Lachen bringt. Online im Internet: http://www.suedkurier.de/freizeit/wochenende/wochenende/Wie-uns-der-Clown-zum-Lachen-bringt;art438476,4746905 [16. 01. 13]   **99 f.** Kabarett wird 110 Jahre alt. Online im Internet: http://www.mopo.de/news/theater-110-jahre-deutsches-kabarett,5066732,6705348.html [19. 02. 13]   **101** Schroeder, Florian: Irgendwas-mit-Medien. Aus: F. Sch.: Offen für alles und nicht ganz dicht. Reinbek bei Hamburg: Rowohlt Taschenbuch Verlag, 2011, S. 42 ff.   **102 f.** Topal, Murat: Erst einsteigen lassen! Aus: Lachmann, Käthe (Hrsg.): Wir danken für Ihr Verständnis! Das Bahn-Comedy-Buch. Mit Texten von Eckart von Hirschhausen, Martina Brandl, Vince Ebert, Horst Evers, Johann König, Ingo Oschmann u. a. Carlsen, 2009, S. 59–61.   **103** *Beispiel im Merkkasten* Aus: Schroeder, Florian: Gefangene der Möglichkeiten. In: F. Sch.: Offen für alles und nicht ganz dicht. Reinbek bei Hamburg: Rowohlt Taschenbuch Verlag, 2011, S. 11.
**104** Globalisierung ist ... Aus: Barwasser, Frank-Markus: Die Globalisierung. In: F.-M. B.: Erwin Pelzig: Was wär' ich ohne mich? München: Piper Verlag, 2003, S. 43. Wenn es ... Wilhelm Busch: Ernstes und Heiteres. Aus: Busch, Wilhelm: Spruchweisheiten & Gedichte. Renningen: garant Verlag, 2010, S. 66. In Brandenburg ... Online im Internet: http://www.songtexte.com/songtext/rainald-grebe/brandenburg-33fcc0a1.html [02. 02. 13]

**106** Das Thema ... Nach: Susanne Altmann, Makelloses Panoptikum. Aus: http://www.art-magazin.de/fotografie/52383/herlinde_koelbl_dresden [16. 07. 2012]   **112** Die deutschen ... Nach: Gabel, Doris: Kleider machen Leute ... Online im Internet: http://www.ifb-adipositas.de/ifb/blog/kleider-machen-leute [18. 01. 2013]
**115** In Malis Hauptstadt ... Nach: Bemmer, Ariane: Die Schneiderin von Bamako. Aus: Der Tagesspiegel, 16. März 2007.   **124** Später dachte Darm ... Kreslehner, Gabi: Und der Himmel rot. Weinheim, Basel: Beltz & Gelberg, 2011, S. 5–6.   **127** Sie zogen los ... Aus: ebenda, S. 20.   **128** Darm stieg aus dem Bus ... Aus: ebenda, S. 9.   **129** Darm [...] folgte ... Aus: ebenda, S. 17. Darms Mutter Monika ... Nach: ebenda, S. 52–54.
**130** Darm ist ein Eisklotz ... Aus: ebenda, Klappentext.
**131** Schröder, Kristina: Ein Buch ist ... Aus: Online im Internet: http://www.djlp.jugendliteratur.org/vorwort-1.html [23. 01. 2013]   **132** Auf geht's ... Aus: Kreslehner, Gabi: Und der Himmel rot. Weinheim, Basel: Beltz & Gelberg, 2011, S. 12–13.   **133** *Zitate* Aus: Kreslehner, Gabi: Und der Himmel rot. Weinheim, Basel: Beltz & Gelberg, 2011.   **134** *Zitate im Merkkasten* Aus: Kreslehner, Gabi: Und der Himmel rot. Weinheim, Basel: Beltz & Gelberg, 2011.   **141** Wieler, Jochen: Kleine Sparklasse. Aus: Motorwelt, 9/2012, S. 28–32.   **142** Wendlandt, Torsten: Den Hüftspeck wegtanzen. Aus: Gesund. Magazin der LVZ, Nr. 16/2012, S. 10–11.   **143** In Djamilas Art ... Aus: Aitmatow, Tschingis: Djamila. Das Kamelauge. Aus dem Russischen von Hartmut Herboth. Berlin: Verlag der Nation, 1972, S. 13, 15.   **144** Hahn, Ulla: Bildlich gesprochen. Aus: U. H.: Herz über Kopf. Gedichte. Stuttgart: Deutsche Verlags-Anstalt, 2005, S. 48.   **146 f.** Richter, Dieter: Die Lufthülle – Schutzschild und Wetterküche. Aus: Geografie 10. Ausgabe Sachsen. Berlin: Cornelsen, Volk und Wissen Verlag, 2006, S. 12–13.   **149** Zippert, Christian (Hrsg.): Ich habe einen Traum: Texte und Reden von Martin Luther King. Wuppertal, Gütersloh: Kiefel, 1996, S. 46–47. (Übersetzung von Heinrich W. Grosse)   **150** Ein leicht ... Nach: Cronenberg, Ulf: Buchbesprechung: Gabi Kreslehner »Und der Himmel rot«. Online im Internet: http://ulfcronenberg.macbay.de/wordpress/2011/02/10/buchbesprechung-gabi-kreslehner-und-der-himmel-rot [22. 01. 2013]   **153** Nach: Kopf fit, 10/2012, S. 15 (ohne Autor).   **175** Youtube. Aus: Krone, Sabine: Die Erfolgsgeschichte von Youtube. Aus: Freie Presse, 5. Oktober 2012, S. B3.

## Bildquellen

**6** André Wenzel, Berlin  **12** © nyul – Fotolia.com  **19** © Noam – Fotolia.com  **23** picture alliance / dpa  **28** *links* picture alliance / dpa © epa *rechts* © mahey – Fotolia.com  **30** © Gina sanders – Fotolia.com  **32** picture alliance / ZB  **33** akg-images  **35** picture alliance / Everett Collection  **36** picture alliance / dpa  **40** © senkaya – Fotolia.com  **47** © ehrenberg-bilder – Fotolia.com  **48** © Mike Schröder / argus  **52** © Janina Dierks – Fotolia.com  **54** © contrastwerkstatt – Fotolia.com  **56** picture alliance / dpa  **57** picture alliance / dpa  **74** picture alliance  **78** *Buchcover:* Es war einmal Indianerland. Rowohlt Verlag, Hamburg 2011  **86** © 2013, BITKOM  **88** © bluedesign – Fotolia.com  **99** picture alliance / dpa  **101** picture alliance / BREUEL-BILD  **103** © BESS, Winfried Besslich, Reutlingen  **105** picture alliance  **107** © Oleg Gekman – Fotolia.com  **109** © Jörg Lantelme – Fotolia.com  **110** picture alliance / dpa  **112** © Iansc – Fotolia.com  **113** picture alliance / dpa  **114** © Tom Körner  **115** © Jens Schwarz / laif  **116** picture alliance / dpa  **117** *Buchcover:* Das Regenmädchen. Ullstein Verlag, Berlin 2010  **118** *Buchcover:* Und der Himmel rot. Beltz & Gelberg Verlag, Weinheim, Basel 2013  **131** Arbeitskreis für Jugendliteratur e. V.  **135** *Buchcover:* Charlottes Traum. Verlag Beltz & Gelberg, Weinheim, Basel, 2009  **136** picture alliance / dpa  **139** © Tatjana Balzer – Fotolia.com  **142** picture alliance / dpa  **146** Verlagsarchiv  **149** picture alliance / akg-images  **150** Ulf Cronenberg, Würzburg  **161** akg-images  **162** picture alliance / akg-images  **165** © chaoss – Fotolia.com  **169** picture alliance / epics  **175** picture allinace / Eventpress  **176** © L_amica – Fotolia.com

# Sachregister

## A
Abkürzung **45**
Ableitung **137**
Adverb **108**
Adverbialbestimmung **108**
Adverbialsatz **118, 122**
Alliteration **148**
Anapher **148**
Anglizismus **174**
Anrede **123**
Antithese **148**
Appell **148**
Apposition → nachgestellte
　Erläuterung
Argument **17, 39**
Attributsatz **118, 122**
Auflockern → Verbalstil
Aufzählung **123, 148**
auktorialer Erzähler **63**
Ausruf **123, 148**

## B
Bedeutung, übertragene **167**
Beschreiben,
　vergleichendes **30, 31**
Bestimmungswort **137**
Betonung **167**
Bewerbung
　Bewerbungsschreiben **51**
　B. online **53**
　tabellarischer Lebenslauf **52**
　Fehler in B. vermeiden **158**
Bewertung der Äußerungen
　anderer → indirekte Rede
Brief, offizieller **43**

## C
Comedy **102**

## D
Datumsangabe → nachgestellte
　Erläuterung
direkte Rede **106**
diskontinuierlicher
　Sachtext **85**
Drama, Dramatik **73**

## E
Eindrücke wiedergeben
　→ Schildern
Einleitewort **122**
Ellipse **132, 148**
Erläuterung, nachgestellte **123**
Erörterung (schriftliche)
　Gliederung einer E. **22**
　textbezogene
　　(textgebundene) E. **20, 23**
　textunabhängige
　　(freie) E. **17, 19**
Erzähler **63**
Erzählperspektive **63**

## F
Facharbeit **55, 58, 59**
　Gliederung einer F. **58**
Fachbegriffe, -wortschatz
　**92, 140**
Formulare ausfüllen **45, 53**
Frage, rhetorische **37**
Fragewortsatz **122**
freie Erörterung → Erörterung
Fremdwort **172, 173, 174**

## G
Gespräch
　formelles G. **11**
　informelles G. **8**
Gesprächsverhalten,
　nonverbales **10**
Gesetzestexte **92**
gestaltendes Erschließen
　**78, 82, 84**
Getrennt- und Zusammen-
　schreibung **167, 168, 170**
Gliederung
　G. einer Erörterung **22**
　G. einer Facharbeit **58**
Gliedsatz **118**
Gliedteilsatz **118**
Groß- und Kleinschreibung **164**
Grundwort **137**

## H
Hauptsatz **123**
Hypotaxe (Unterordnung) **118**

## I
Indikativ **108**
indirekte Rede **106**
　Bewertung der
　　Äußerungen **108**
Infinitivgruppe **123**
Informationen
　recherchieren **56**
Informationen aus Sachtexten
　entnehmen **85**
Interjektion **114**
Interpretation literarischer
　Texte **77**
　I. epischer Texte **64**
　I. lyrischer Texte **69**
　I. einer Dramenszene **75, 76**

## K
Kabarett **100**
Klimax **148**
Kommasetzung **123**
Kommunikation
　asymmetrische K. **8, 11**
　symmetrische K. **8**
　Modell der K. **9**
Komödie **73**
Konjunktionalsatz **122**
Konjunktiv I **108**
Konjunktiv II **108**
kontinuierlicher Sachtext **85**

## L
Leserbrief **39**
Lesen, Lesestrategie **85**
　überfliegendes L. **85**
　gründliches L. **85**

## M
Mediation **11**
Meinung **15**
Metapher **148**
Mittel, sprachliche **31, 148**
Modalverb **108**

## N
nachgestellte Erläuterung **123**
Nebenordnung (Parataxe) **117**
Nebensatz **118, 123**

Funktion des N. **118, 122**
Stellung des N. **122**
Art des Einleitewortes **122**
Grad der Abhängigkeit **118, 122**
Neologismus **136, 148**
Nominalisierung **136**
Nominalstil **148**
nonverbales Gesprächsverhalten **10**

**O**
Objektsatz **118, 122**
offizieller Brief **43**

**P**
Parallelismus **148**
Parataxe (Nebenordnung) **117**
Partizipgruppe **123**
Passiv
　Vorgangspassiv **112**
　Zustandspassiv **112**
Personifizierung **148**
Placemat **14**
Präfix **138, 172**
Präsentation
　Einleitung einer P. **36**
　Hauptteil einer P. **37**
　Schluss einer P. **36**
　Thema eingrenzen **35**
　visualisieren **37**
Prüfungsaufgaben **26, 29, 77, 84, 96, 178**
Prüfungsgespräch **11**

**Q**
Quelle **134**
Quellenverzeichnis **59, 134**

**R**
Recherchieren **56**
Rechtschreibprogramme **160**
Rede
　direkte **106**
　indirekte **106**
Reim, Reimschema **68, 148**
Relativsatz **122**
rhetorische Frage **37**

**S**
Sachtexte **85, 96**
　Informationen aus S. entnehmen **85**
　Textbeschreibung zu S. **89, 90**
Satire **103**
Satzgefüge **118**
Schildern **28, 29**
Semikolon **127**
Sketch **98**
sprachliche Mittel **31, 148**
Standpunkt **15, 17, 31, 87**
Straßennamen **170**
Subjektsatz **120, 122**
Suffix **138, 172, 173**

**T**
Textbeschreibung zu Sachtexten **89, 90**
textbezogene (textgebundene) Erörterung **20, 23**
Textgestaltungsmittel **148**
textunabhängige (freie) Erörterung **17, 19**
Tragödie **73**

**U**
übertragene Bedeutung **167**
Übertreibung **148**
Unterordnung (Hypotaxe) **118**

**V**
Verb
　Aktiv **112**
　Modalverb **108**
　Passiv **112**
　redeeinleitendes V. **108**
Verbalstil **148**
Verdichten → Nominalstil
vergleichendes Beschreiben **30**
Verweisen **58, 134**
Vorgangspassiv **112**
Vorstellungsgespräch **11, 54**

**W**
Wiedergeben von Eindrücken → Schildern
Witz **98**
wörtliche Rede → direkte Rede
Wortschatzerweiterung **136**
Wortspiel **148**
Wortstamm **138**

**Z**
Zitat, Zitieren **37, 134**
　direktes Z. **134**
　indirektes Z. **134**
zusammengesetzter Satz
　Kommasetzung **123**
　Satzgefüge **118**
　Satzreihe (Satzverbindung) **117**
Zusammensetzung **137**
Zustandspassiv **112**